studio [express]

KOMPAKTKURS DEUTSCH
Deutsch als Fremdsprache

Übungsbuch

A1–B1

von Hermann Funk
und Christina Kuhn

Cornelsen

studio [express] – Der Kompaktkurs Deutsch A1–B1
Deutsch als Fremdsprache

Herausgegeben und erarbeitet von Hermann Funk und Christina Kuhn

Basierend auf **studio [21] A1, A2 und B1** von Hermann Funk, Christina Kuhn und Britta Winzer-Kiontke (A2, B1) sowie **studio d A1, A2 und B1** von Hermann Funk, Christina Kuhn, Silke Demme und Britta Winzer-Kiontke (B1)

Symbole

Hörverstehensübung

Ausspracheübung

Zertifikatstraining: Anita Grunwald

Redaktion: Maria Giovanna Mirisola, Laura Nielsen, Vanessa Wirth sowie Dagmar Garve

Redaktionelle Mitarbeit: Maria Funk

Redaktionsleitung: Gertrud Deutz

Beratende Mitwirkung: Spiros Koukidis (Athen)

Illustrationen: Andrea Naumann, Andreas Terglane: S. 71, 90, 95, 98 f., 138, 151, 156, 164, 167, 173, 175 f., 178, 182 f., 186, 188 f., 195, 197 f.

Umschlaggestaltung, Layout und technische Umsetzung: Klein & Halm Grafikdesign, Berlin

Tonstudio: Clarity Studio, Berlin

Regie und Tontechnik: Christian Marx, Christian Schmitz

Sprecherinnen und Sprecher: Denis Abrahams, Meylan Chao, Marianne Graffam, Susanne Kreutzer, Sabine Lüders, Andrea Mackensen, Susan Mathias, Regin Osman, Kim Pfeiffer, Benjamin Plath, Christian Schmitz, Paul Sonderegger, Felix Würgler

www.cornelsen.de

1. Auflage, 1. Druck 2017

Alle Drucke dieser Auflage sind inhaltlich unverändert und können im Unterricht nebeneinander verwendet werden.

Druck: Grafisches Centrum Cuno GmbH & Co.KG, Calbe

ISBN: 978-3-06-549950-7

PEFC™
PEFC/04-31-1370

PEFC zertifiziert

Dieses Produkt stammt aus nachhaltig bewirtschafteten Wäldern und kontrollierten Quellen

www.pefc.de

Inhalt

*interaktive Online-Übungen dazu auf scook.de/eb

Kaffee oder Tee?

1 Treffen im Café

a) Bringen Sie die Dialoge in die richtige Reihenfolge.

1.
- [1] Hallo, Marina! Marina, das ist Conny. Sie ist Deutschlehrerin. Conny, das ist Marina Álvarez.
- [ ] Was möchtet ihr trinken?
- [ ] Zwei Cappuccini und ein Wasser, bitte.
- [ ] Ich auch.
- [ ] Ich komme aus Argentinien, aus Rosario.
- [ ] Cappuccino.
- [2] Hallo, Marina. Woher kommst du?

2.
- [1] Entschuldigung, ist hier noch frei?
- [ ] Ja. Ich heiße Isabel und das ist Carlos. Wir kommen aus Kolumbien. Wie heißt du und woher kommst du?
- [ ] Kaffee und Wasser.
- [ ] Ja klar, bitte. Seid ihr auch im Deutschkurs?
- [ ] Drei Kaffee und zwei Wasser, bitte!
- [ ] Ich bin Tuva. Ich komme aus Schweden und wohne jetzt in Berlin. Was trinkt ihr?

1.2 **b) Hören Sie und kontrollieren Sie die Dialoge.**

2 Redemittel üben. Was passt zusammen? Verbinden Sie.

Entschuldigung, ist hier frei?	1	a	Tee, bitte.
Marina, das ist Conny.	2	b	Ja klar, bitte.
Kaffee oder Tee?	3	c	Ich auch.
Sind Sie auch im Deutschkurs?	4	d	Hallo, Conny.
Ich trinke Kaffee.	5	e	Ja, im Kurs A1.

3 Fragen und Antworten. Ergänzen Sie die Dialoge.

1. Hallo, ich bin Ina Albrecht. Wie heißen Sie?
   ....
2. Tag, Lena!
   ....
3. Was trinken Sie?
   ....
4. Woher kommst du?
   ....
5. ....
   Hallo, Katja.
6. ....
   Aus China.
7. ....
   Tee, bitte.

4 Ganze Sätze lernen. Hören Sie und sprechen Sie nach.

1.3

5 Dialog im Café

a) Wie heißen Sie? Woher kommen Sie? Ergänzen Sie.

- …
- Ja klar, bitte.
- …
- Hallo, ich bin ……………………………………. Woher kommt ihr?
- …
- Ich komme aus …………………………………….
- …
- Tee mit Zucker.
- …

b) Textkaraoke. Hören Sie und sprechen Sie die -Rolle im Dialog.

1.4

6 Flüssig sprechen. Hören Sie und sprechen Sie nach.

1.5

1. mit Milch. – Tee mit Milch. – Ich möchte Tee mit Milch.
2. wenig Zucker. – viel Milch und wenig Zucker. – Kaffee mit viel Milch und wenig Zucker. – Ich trinke Kaffee mit viel Milch und wenig Zucker.
3. ohne Zucker. – viel Eis und ohne Zucker. – Eistee mit viel Eis und ohne Zucker. – Ich nehme Eistee mit viel Eis und ohne Zucker.

7 Wer trinkt was? Hören Sie und kreuzen Sie an.

1.6

1.

a ☐ Fanta mit viel Eis.

b ☐ Fanta mit wenig Eis.

2.

a ☐ Kaffee mit viel Zucker.

b ☐ Kaffee mit viel Milch.

3.

a ☐ Orangensaft.

b ☐ Cola.

4.

a ☐ Rotwein.

b ☐ Weißwein.

8 Verben. Ergänzen Sie.

1. ○ Frau Sánchez, woher *kommen* Sie? ● Ich ………………e aus Barcelona.
2. ○ Hallo, ich ……………e Jenny. Ich ……………e in Berlin. Und ihr, wo ……………t ihr?
   ● Wir ……………en auch in Berlin!
3. ○ Noemi, ……………t Peter lieber Tee oder Kaffee? ● Er ……………t lieber Kaffee.
4. ○ Sandra, wie ……………t die Studentin? ● Sie ……………t Rani.
5. ○ Alida und Belal, was ……………t ihr? ● Wir ……………en zwei Milchshakes.

9 1.7 **Zahlen verstehen. Wer trinkt was? Hören Sie und schreiben Sie die Zahlen.**

Nichtalkoholische Getränke

206. Mineralwasser
207. Mineralwasser, groß
208. Tafelwasser
209. Tafelwasser, groß
210. Cola
211. Sprite
212. Fanta
213. Spezi (Cola mit Fanta)
214. Apfelsaft
215. Orangensaft
216. Bananensaft
217. Kirschsaft
218. Tomatensaft
219. Apfelschorle
220. Apfelschorle, groß

Tisch 3: ....

Tisch 88: ....

Tisch 34: ....

10 1.8 **Wie ist die Telefonnummer? Hören Sie und ergänzen Sie die Telefonnummern. Lesen Sie dann die Telefonnummern laut.**

Julian .... Sabine ....

Michaela .... Jarek ....

11 1.9 **Telefonzentrale. Hören Sie und ergänzen Sie die Telefonnummern.**

1. Empfang, Stein am Apparat.
   - Hallo, Paech hier. Wie ist die Telefonnummer von Frau Mazanke, Marketingabteilung?
   - Einen Moment, ... und die Durchwahl ist ....
   - Danke schön.
2. Hallo, ich brauche die Telefonnummer von Herrn Feldmeier in München.
   - Ja, die Vorwahl ist .... und dann die ....
3. Stein, Empfang.
   - Guten Morgen, Frau Stein. Wie ist die Telefonnummer von Frau Rosenberg in Dresden?
   - Frau Rosenberg, Serviceteam?
   - Ja.
   - Das ist die .... und die .... für Dresden.

12 1.10 **Am Bahnhof. Welcher Zug ist richtig? Hören Sie und kreuzen Sie an.**

1. ☐ ICE 2430 ☐ ICE 3340 ☐ ICE 3043
2. ☐ EC 1509 ☐ EC 1590 ☐ EC 5109
3. ☐ ICE 8788 ☐ ICE 8878 ☐ ICE 8887

13 Kennenlernen – bestellen – bezahlen

a) Was passt? Ordnen Sie zu.

Was nehmen Sie? – Wir möchten bitte zahlen! – Hallo, Lena! Das ist Joe. – Hi! Woher kommst du, Joe? – Zusammen oder getrennt? – Drei Kaffee, bitte.

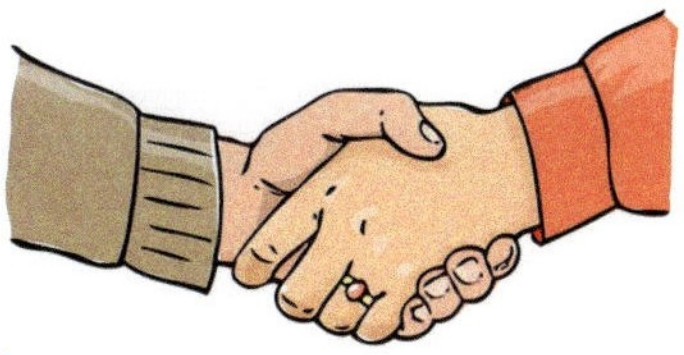

1.

2.

3.

b) Schreiben Sie zwei Dialoge.

1.
trinken? → zwei Tee, bitte.
mit/ohne Milch? → mit Milch und Zucker.

2.
zahlen, bitte. → zusammen/getrennt?
zusammen. → zwei ..., das macht ...
Bitte. → Danke, ...

1. + Was möchten Sie trinken? – Wir nehmen ...

14 Textkaraoke. Hören Sie und sprechen Sie die -Rolle im Dialog.

1.11

...
Ich möchte zahlen, bitte.
...
Zusammen, bitte.
...
Hier, bitte.
...
Auf Wiedersehen!

15 Dialoge hören und verstehen. Was ist richtig? Hören Sie und kreuzen Sie an.

1.12

1. Woher kommt Angelina?
   - a ☐ Aus Spanien.
   - b ☐ Aus Italien.
   - c ☐ Aus Frankreich.
2. Was trinkt Frau Brauer?
   - a ☐ Tee mit Milch.
   - b ☐ Tee mit Milch und Zucker.
   - c ☐ Tee ohne Milch.
3. Was bezahlt Emil?
   - a ☐ 3,50 €.
   - b ☐ 5,50 €.
   - c ☐ 5,30 €.

1 Fragen stellen

1.13

a) Welcher Gegenstand passt zum Dialog? Hören Sie und kreuzen Sie an.

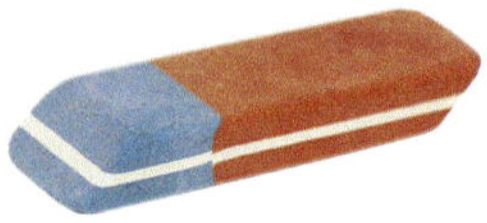

☐

☐

☐

1. .... 2. .... 3. ....

b) Was ist das? Ergänzen Sie in a) die Wörter mit Artikel.

c) Ergänzen Sie die Fragen.

verstehe – buchstabieren – Entschuldigung – heißt

1. Wie .... das auf Deutsch?
2. Das .... ich nicht.
3. ...., wie bitte?
4. Können Sie das bitte ....?

2 Kursraum-Rätsel. Was ist das? Schreiben Sie die Wörter mit Artikel.

1. ....
2. ....
3. ....
4. ....
5. ....
6. ....
7. ....
8. ....
9. ....
10. ....

3 Wortreihen

a) Ergänzen Sie die Artikel.

1.	.... Handy	.... Computer	.... Whiteboard	*die* ... Brille
2.	.... Kuli	.... Radiergummi	.... Bleistift	.... Füller
3.	.... Heft	.... Becher	.... Wörterbuch	.... Kursbuch
4.	.... Tisch	.... Stuhl	.... Papier	.... Lampe

b) Welches Wort passt nicht? Streichen Sie durch.

4 Flüssig sprechen. Hören Sie und sprechen Sie nach.

1.14

1. Deutsch? – auf Deutsch? – Wie heißt das auf Deutsch?
2. Deutsch? – auf Deutsch? – Was ist das auf Deutsch?
3. bitte? – wie bitte? – Entschuldigung, wie bitte?
4. wiederholen? – bitte wiederholen? – Können Sie das bitte wiederholen?
5. buchstabieren? – bitte buchstabieren? – Können Sie das bitte buchstabieren?
6. anschreiben? – bitte anschreiben? – Können Sie das bitte anschreiben?

5 Textkaraoke. Hören Sie und sprechen Sie die -Rolle im Dialog.

1.15

...
Entschuldigung, wie heißt das auf Deutsch?
...
Ich verstehe das nicht. Können Sie das bitte wiederholen?
...
Ah. Können Sie das bitte buchstabieren?
...

6 Job, Hobby oder im Kurs? Ordnen Sie die Wörter zu.

die Tafel – der Pilot – das Heft – die Oper – der Sport – die Ingenieurin – der Musiker – die Musik – der Tisch – die Lehrerin – das Buch

Jobs	*Hobbys*	*im Kurs*
....	....	....

7 Wortkarten

a) Ergänzen Sie die Wortkarten wie im Beispiel.

Vorderseite	die Frau	der Mann	.... Handy	.... Stuhl
Rückseite	die Frau**en**	die M**ä**nn**er**	....	....

b) Schreiben Sie weitere Wortkarten mit den Nomen aus 6. Die Wörterliste hilft.

1.16

8 Elternabend. Was brauchen die Kinder für die Schule? Hören Sie und schreiben Sie.

4 Hefte, ...

9 *ein, eine* → *kein, keine.* Schreiben Sie die Antworten.

1. Ist das ein Kuli? — Nein, das ist kein Kuli, das ist ein Bleistift.

2. Ist das ein Stuhl? — ....

3. Ist das ein Rucksack? — ....

4. Ist das ein Füller? — ....

5. Ist das ein Handy? — ....

6. Ist das ein Buch? — ....

1.17

10 Umlaute

a) Hören Sie und schreiben Sie die Wörter.

1. .... 5. ....
2. .... 6. ....
3. .... 7. ....
4. .... 8. ....

b) Kontrollieren Sie mit dem Wörterbuch oder der Wörterliste.

c) Hören Sie noch einmal und sprechen Sie nach.

11 Das Verb *haben.* Ergänzen Sie. Die Magazintexte auf S. 29 im Kursbuch helfen.

Grammatik

ich	....	wir	haben
du	hast	ihr	habt
er/es/sie	....	sie/Sie	....

12 Verben und Infinitive. Lesen Sie den Text noch einmal. Markieren Sie alle Verben und schreiben Sie die Infinitive.

1. leben ....
2. ....
3. ....
4. ....
5. ....
6. ....
7. ....
8. ....

Zaira Franca lebt in Sao Paulo. Sie arbeitet bei BASF. Sie lernt Deutsch im Goethe-Institut, im A1-Kurs. Sie lebt allein und hat ein Kind. Luisa ist 12 und geht in das Colègio Visconde de Porto Seguro. Zaira sagt: „Deutsch ist wichtig für meine Arbeit und die Kurse im Goethe-Institut machen Spaß."

13 Frau Gonzales erzählt über sich

a) Lesen Sie und sammeln Sie Informationen.

Ich bin Teresa Gonzales. Ich komme aus Mexiko und lebe in Mexiko-Stadt. Ich bin 20 Jahre alt. Ich bin verheiratet mit José Gonzales. Wir haben keine Kinder. Ich spreche Spanisch, Englisch und Portugiesisch. Ich lerne Deutsch im Goethe-Institut in Mexiko-Stadt. Deutschland ist für mich Technik und Fußball!

1. Wer? ....
2. Wie alt? ....
3. Welche Sprachen? ....

1.18 **b) Was ist anders? Hören Sie und markieren Sie.**

14 Und Sie? Schreiben Sie einen Ich-Text.

1. Wie heißen Sie? ....
2. Woher kommen Sie? ....
3. Wo leben Sie? ....
4. Haben Sie Kinder? ....

....

5. Welche Sprachen sprechen Sie? ....

....

6. Welche Hobbys haben Sie? ....

....

Städte – Länder – Sprachen

1 **Fragen und Antworten. Ordnen Sie zu.**

Was ist das?	**1**	**a**	In Venedig.
Wo ist das?	**2**	**b**	In Italien.
In welchem Land ist das?	**3**	**c**	Das ist der Markusplatz.

2 **Kennen Sie das? Was? Wo? In welchem Land? Schreiben Sie Sätze.**

1 das Bauhaus-Museum, Weimar (D)

3 die Elbphilharmonie, Hamburg (D)

5 die Hofburg, Wien (A)

2 das Schloss Ambras, Innsbruck (A)

4 die Kapellbrücke, Luzern (CH)

6 das Zentrum Paul Klee, Bern (CH)

1. Das ist das Bauhaus-Museum in Weimar. Weimar ist in Deutschland.

1.19

3 **Woher kommen die Personen? Wo ist das? Hören Sie und ordnen Sie zu.**

A Frank	**1** kommt aus Interlaken.	**a** Das ist in den USA.
B Mike	**2** kommt aus Prag.	**b** Das ist in Deutschland.
C Nilgün	**3** kommt aus San Diego.	**c** Das ist in der Schweiz.
D Stefanie	**4** kommt aus Koblenz.	**d** Das ist in der Türkei.
E Světlana	**5** kommt aus Izmir.	**e** Das ist in Tschechien.

4 **Warst du schon mal in ...?**

1.20

a) **Ergänzen Sie den Dialog. Hören Sie und kontrollieren Sie.**

ist – ist – ist – komme – komme – kommst – kommst – war – Warst

- Carlos, woher .... du?
- Ich .... aus Brasilia. Das .... in Brasilien. Und du, woher .... du?
- Ich .... aus Russe. .... du schon mal in Russe?
- Nein, wo .... denn das?
- Das .... in Bulgarien.
- Ah, ich .... schon mal in Sofia!

b) Schreiben Sie einen Dialog wie in a). Die Dialoggrafik hilft.

Woher …? ↘

↙ … aus … / Das ist in … / Du?

… aus … / Warst du schon mal …? ↘

↙ Nein, …

… in … ↘

Ah, ich war schon mal in …

5 Satzakzent und Melodie in Fragen

1.21

a) Hören Sie und markieren Sie die Melodie.

1. Wie 'ist dein Name? — Und wie ist 'dein Name?
2. Wo liegt denn Bern? — Und wo liegt Zürich?
3. Warst du schon mal in Leipzig? — Und warst du schon mal in München?
4. In welchem Land ist das? — Und in welchem Land ist das?

b) Hören Sie noch einmal und sprechen Sie nach.

6 Orientierung auf der Landkarte: Wo liegt …? **Schreiben Sie Sätze. Arbeiten Sie mit der Karte vorne im Buch.**

1. Augsburg – München *Augsburg liegt im Nordwesten von München.*
2. Wien – Linz ....
3. Bern – Basel ....
4. Erfurt – Weimar ....
5. Klagenfurt – Wien ....
6. Zürich – Bern ....

7 Ein Urlaubsblog. **Ergänzen Sie *sein* im Präteritum.**

Liebe Freunde,

gestern .... Paula und ich in Istanbul. Ich .... in der Hagia Sophia und Paula in der Blauen Moschee. .... ihr schon mal auf einem Basar? Der Capali Çarşi .... sehr interessant. Hier sind ein paar Fotos. Es .... super! Heute sind wir in Ankara!

Grüße und güle güle

Paul und Paula

8 Fragen stellen

a) Schreiben Sie Fragen.

1. Wo ist Poznań? .... Poznań ist in Polen.
2. .... Polen liegt östlich von Deutschland.
3. .... Ja, Tschechien liegt auch im Osten.
4. .... Nein, ich war nicht in Polen.
5. .... Ja, Darek kommt aus Poznań.
6. .... Małgorzata kommt aus Warschau.

b) Markieren Sie die Verben wie im Beispiel.

9 Wer ist Fatih Akin? **Lesen Sie. Korrigieren Sie die Sätze und schreiben Sie sie richtig.**

Fatih Akin (* 25. 8. 1973 in Hamburg) kommt aus Deutschland und wohnt in Hamburg. Seine Eltern kommen aus der Türkei und wohnen auch in Hamburg. Er spricht Deutsch, Türkisch und Englisch. Er ist Regisseur, macht Filme und arbeitet manchmal auch als DJ.

1. Fatih Akin kommt aus der Türkei. ....
2. Seine Eltern leben in der Türkei. ....
3. Er spricht Deutsch und Türkisch. ....
4. Er macht Filmmusik. ....

10 Hypothesen vor dem Hören. **Sammeln Sie Informationen zu Frau Baier aus dem Familienalbum.**

Familie: .... Wohnort: ....

Land: .... Sprachen: ....

11 Hören und Hypothesen prüfen

1.22

a) Stimmen Ihre Hypothesen in 10? Hören Sie und vergleichen Sie.

b) Was ist richtig? Hören Sie noch einmal und kreuzen Sie an.

1. Frau Baier hat …
   - a ☐ ein Kind.
   - b ☐ kein Kind.
2. Frau Baier kommt …
   - a ☐ aus Österreich.
   - b ☐ aus Deutschland.
3. Innsbruck liegt …
   - a ☐ im Westen von Österreich.
   - b ☐ im Westen von Tirol.
4. In Tirol spricht man …
   - a ☐ Deutsch.
   - b ☐ Deutsch, Italienisch und Englisch.

12 Sprachen aus der ganzen Welt. Hören Sie und ordnen Sie zu.

1.23

Vážené dámy a pánové, dobrý večer!

a ☐ Tschechisch

女士们，先生们，晚上好！

c ☐ Chinesisch

مساء الخير سيداتي و سادتي

b ☐ Arabisch

Good evening ladies and gentlemen!

d ☐ Englisch

13 Textkaraoke

a) Woher kommen Sie? Welche Sprachen sprechen Sie? Ergänzen Sie.

…

Ich komme aus ....

…

Bei uns spricht man ....

…

Ich spreche .... Und Sie?

…

b) Hören Sie und sprechen Sie die -Rolle im Dialog.

1.24

14 Nachbarländer – Nachbarsprachen. Lesen Sie den Text und sammeln Sie Informationen.

Welche Sprache sprechen die Nachbarn von Deutschland?

Deutschland liegt im Zentrum von Europa. Es hat neun Nachbarländer. Im Osten liegt Polen, hier spricht man Polnisch. Südlich von Polen liegt Tschechien, dort spricht man Tschechisch. Südlich von Deutschland liegen Österreich und die Schweiz. In Österreich spricht man Deutsch und Slowenisch. Westlich von Österreich liegt die Schweiz. Hier spricht man vier Sprachen: Deutsch, Italienisch, Französisch und Rätoromanisch. Französisch spricht man in Frankreich. Das liegt südwestlich von Deutschland. Im Westen und Nordwesten sind Luxemburg, Belgien und die Niederlande. In Luxemburg spricht man drei Sprachen: Deutsch, Französisch und Luxemburgisch. Das ist die Nationalsprache in Luxemburg. In Belgien spricht man auch drei Sprachen: Niederländisch, Deutsch und Französisch. In den Niederlanden spricht man Niederländisch und Friesisch. Nördlich von Deutschland liegt Dänemark. In Dänemark spricht man Dänisch und Deutsch.

Land	Sprache(n)
Belgien	*Französisch, Deutsch, Niederländisch*
Dänemark	

4 Menschen und Häuser

1 Geräusche-Quiz

1.25

a) Hören Sie. Welches Foto passt? Notieren Sie die Nummer.

☐ ....

☐ *1* ....

☐ ....

☐ ....

☐ *das Einfamilienhaus* ....

☐ ....

b) Ordnen Sie in a) zu.

~~das Einfamilienhaus~~ – das Reihenhaus – auf dem Land –
das Studentenwohnheim – die Altbauwohnung – in der Stadt

2 Adressen

1.26

a) Wer wohnt wo? Hören Sie und ergänzen Sie.

1
Deniz Gülmaz
Wiesenstraße ....
.... *Berlin*

2
Hannah Schmidt
An der 19
.... Jena

3
Benno Heller
.... 98
51817 ....

b) Notieren Sie Ihre eigene Adresse.

....

Straße: ....

.... Hausnr.: ....

Postleitzahl (PLZ): ....

Ort: ....

3 Wer wohnt wo?

a) Wer sagt was? Lesen Sie die Aussagen und hören Sie.

1.27

Elisabeth (E) Boris (B)

1. .... arbeitet in Berlin.
2. .... wohnt gern in der Stadt.
3. .... wohnt in einem Haus mit Garten.
4. .... findet Weimar klein und ruhig.
5. .... hat eine Altbauwohnung.
6. .... findet die Nachbarn nett.

b) Lesen Sie die Texte und kontrollieren Sie in a).

1. Wir sind die Familie Lustig. Das sind Paul und Laura, mein Mann Peter und ich, Elisabeth. Wir wohnen gerne in der Stadt. Wir wohnen in Weimar. Die Stadt ist klein und ruhig. Wir haben eine Altbauwohnung. Unsere Wohnung ist sehr alt, groß und gemütlich.

2. Ich bin Boris Lomonossov. Ich arbeite in Berlin und wohne auf dem Land. Ich wohne in Oranienburg. Das ist nördlich von Berlin. Ich habe dort ein Haus mit Garten. Der Garten ist groß und die Nachbarn sind nett.

4 Eine Wohnungsbesichtigung. Was ist richtig? Hören Sie und kreuzen Sie an.

1.28

1. Die Wohnung hat
   - a ☐ zwei Zimmer.
   - b ☐ drei Zimmer.
   - c ☐ vier Zimmer.
2. Die Wohnung hat
   - a ☐ einen Garten.
   - b ☐ einen Keller.
   - c ☐ einen Balkon.
3. Die Wohnung kostet
   - a ☐ 450 Euro.
   - b ☐ 550 Euro.
   - c ☐ 650 Euro.

5 Flüssig sprechen. Hören Sie und sprechen Sie nach.

1.29

1. leben. – auf dem Land leben. – Ich möchte auf dem Land leben.
2. auf dem Land. – ein Haus auf dem Land. – Ich möchte ein Haus auf dem Land.
3. Fenster. – keine Fenster. – Das Bad hat keine Fenster.
4. mit Balkon. – eine Wohnung mit Balkon. – Ich habe eine Wohnung mit Balkon.

6 Selbsttest (1). Ergänzen Sie den bestimmten oder unbestimmten Artikel im Akkusativ.

An... Claudia
Cc...
Betreff: Unser Haus!

Liebe Claudia,

wir haben *ein* Haus!!! Endlich! Unser Haus ist alt und hat fünf Zimmer. Oben gibt es .... Balkon. Das Wohnzimmer ist groß, aber ich finde .... Küche zu klein. Das Haus hat .... Flur: Er ist lang und dunkel. Wir haben auch .... Garten. Ich finde .... Garten sehr schön. Und du? Was machen die Kinder?

Viele Grüße
Julia

7 Selbsttest (2): Possessivartikel. Was passt nicht? Streichen Sie.

1. Ist das ~~dein~~/deine Tasche, Anna? – Ja, danke, das ist mein/meine Tasche.
2. Ist das Ihr/Ihre Auto, Herr Schröder? – Ja, das ist mein/meine Auto. Ganz neu!
3. Sind das euer/eure Kinder, Maria und Lukas? – Ja, das sind unser/unsere Kinder.
4. Ist das dein/deine Buch, Tina? – Nein, das ist das Buch von Lena. Es ist ihr/sein Buch.

8 Textkaraoke. Hören Sie und sprechen Sie die -Rolle im Dialog.

1.30

…
Habt ihr ein Esszimmer?
…
Hat die Wohnung auch einen Balkon?
…
Wo ist denn euer Arbeitszimmer?
…
Ist eure Wohnung teuer?
…

9 Gegenteile. Ergänzen Sie.

klein – billig – viel – laut – neu – kurz – hell – rechts

1. groß ……………
2. dunkel ……………
3. leise ……………
4. links ……………
5. teuer ……………
6. alt ……………
7. wenig ……………
8. lang ……………

10 Adjektive. Was passt? Kreuzen Sie an.

1. Die Wohnung kostet 1500 Euro. Das finden Maria und Nils
   - ☐ teuer.
   - ☐ schön.
   - ☐ klein.
2. Anja wohnt im Studentenwohnheim. Das Zimmer ist nur 14 qm
   - ☐ ruhig.
   - ☐ lang.
   - ☐ groß.
3. Bruno und Heide wohnen in einem Hochhaus. Es ist ziemlich
   - ☐ modern.
   - ☐ kurz.
   - ☐ alt.
4. Familie Galle hat ein Haus mit Garten. Der Garten ist
   - ☐ teuer.
   - ☐ groß.
   - ☐ leise.
5. Wir wohnen in der Stadt, im Zentrum. Es ist leider etwas
   - ☐ laut.
   - ☐ lang.
   - ☐ alt.
6. Petra lebt in Köln. Ihre Wohnung ist klein, aber der Flur ist
   - ☐ teuer.
   - ☐ modern.
   - ☐ lang.

11 Das ist zu … Ergänzen Sie.

laut – alt – lang – klein

1. Der Stuhl ist  …………………… .
2. Das Haus ist  …………………… .
3. Die Musik ist  …………………… .
4. Das Auto ist  …………………… .

12 **Ein Zimmer im Studentenwohnheim.** Wie heißen die Möbel und Gegenstände? Schreiben Sie.

1. das Bett ....
2. ....
3. ....
4. ....
5. ....
6. ....
7. ....
8. ....
9. ....
10. ....
11. ....
12. ....

13 **Wortpaare.** Hören Sie und sprechen Sie nach.

1.31

14 **Komposita**

a) Ergänzen Sie die Artikel.

1. .... Arbeitszimmer — die Arbeit / das Zimmer
2. .... Bürostuhl — das Büro / der Stuhl
3. .... Bücherregal — die Bücher / das Regal

b) Kontrollieren Sie mit der Wörterliste hinten im Kursbuch.

15 **Aussprache von *ch***

1.32

a) Was hören Sie? Kreuzen Sie an.

1. ☐ die Küche ☐ kochen
2. ☐ die Bücher ☐ das Buch
3. ☐ die Nächte ☐ die Nacht
4. ☐ die Töchter ☐ die Tochter

b) Hören Sie noch einmal und sprechen Sie nach.

5 Termine

1 **Nach der Uhrzeit fragen.** **Was sagen die Personen? Schreiben Sie.**

....

....

....

....

2 **Termine.** **Hören Sie und notieren Sie die Termine.**

1.33

16 228-137 ☽ Montag	17 229-136 Dienstag	18 230-135 Mittwoch	19 231-134 Donnerstag	20 232-133 Freitag
Termine	7	7	7	7
8 8⁰⁰ Zahnarzt	8	8	8	8
9	9	9	9	9
10	10	10	10	10
11	11	11	11	11
12	12	12	12	12
13	13	13	13	13
14	14	14	14	14
15	15	15	15	15
16	16	16	16	16
17	17	17	17	17
18	18	18	18	18
19	19	19	19	19
20	20	20	20	20

3 **Wie spät ist es?**

a) **Zeichnen Sie die Uhrzeiten ein.**

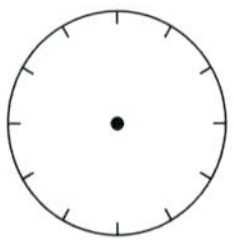

1. Es ist zwanzig nach eins.

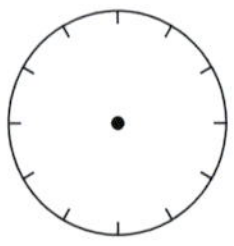

2. Es ist halb sieben.

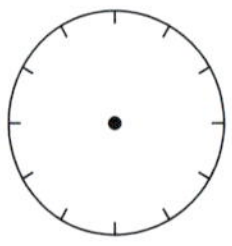

3. Es ist Viertel vor drei.

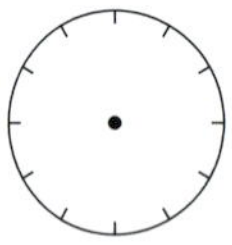

4. Es ist fünf nach fünf.

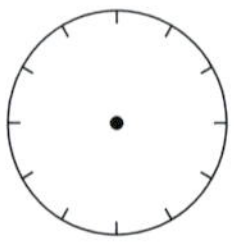

5. Es ist Punkt vier.

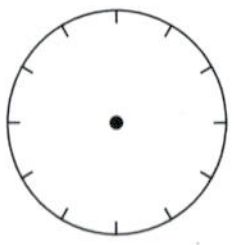

6. Es ist zehn vor acht.

b) **Schreiben Sie. Es gibt mehrere Möglichkeiten.**

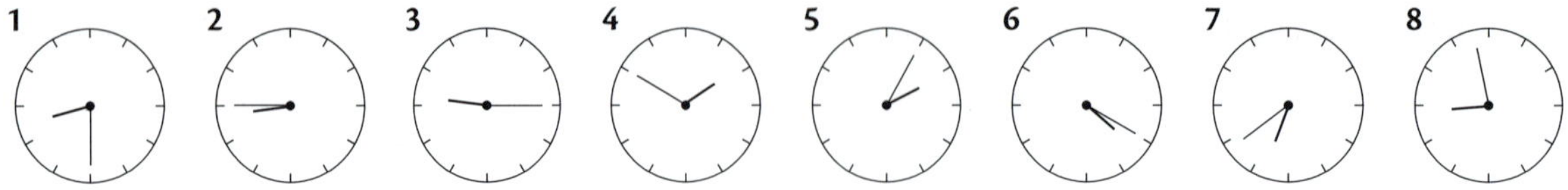

1. Es ist 8.30 Uhr / halb neun. ....

2. ....

3. ....

4. ....

5. ....

6. ....

7. ....

8. ....

4 Tagesabläufe international. **Lesen Sie und schreiben Sie Fragen und Antworten.**

José lebt in Malaga. Das ist in Spanien. Er steht jeden Tag um 8 Uhr auf, dann frühstückt er. Von 9.30 bis 19.30 Uhr arbeitet er. Zwischen 12 und 14 Uhr macht er eine Pause. Am Dienstag macht er Sport, er spielt Tennis. Um 21 Uhr geht er mit Freunden aus. Er geht um 24 Uhr ins Bett.

My kommt aus China. Sie steht jeden Tag um 5 Uhr auf. Von 5.15 bis 6 Uhr macht sie Yoga. Um 6.15 Uhr frühstückt sie. Von 7.30 bis 16 Uhr arbeitet My. Um 18 Uhr liest sie Zeitung. Sie geht um 22 Uhr ins Bett.

1. Wann steht José auf? — Um 8 Uhr. ....
2. Von wann bis wann arbeitet er? — ....
3. Wann macht er eine Pause? — ....
4. .... — My macht von 5.15 bis 6 Uhr Yoga.
5. .... — Sie arbeitet von 7.30 bis 18 Uhr.
6. .... — Sie geht um 22 Uhr ins Bett.

5 Ein ganz normaler Tag

a) Was machen Sie wann? Ergänzen Sie.

1. Am .... frühstücke ich um ...... Uhr.
2. Am .... arbeite ich von ...... bis ...... Uhr.
3. Um ...... Uhr habe ich Mittagspause.
4. Am .... mache ich von ...... bis ...... Uhr Sport.
5. Ich gehe um ...... Uhr ins Bett.

b) Hören Sie und sprechen Sie nach. 1.34

c) Und am Sonntag? Schreiben Sie.

6 Tageszeiten

a) Was sagen Sie wann? Verbinden Sie.

6 bis 10 Uhr
10 bis 12 Uhr
12 bis 14 Uhr
14 bis 18 Uhr
18 bis 22 Uhr
22 bis 6 Uhr

Guten Abend!
Guten Morgen!
Gute Nacht!
Guten Tag!

b) Ergänzen Sie die Tageszeiten.

der Morgen ....
....
....
....
....
....

7 Textkaraoke

1.35

a) Hören Sie und sprechen Sie die -Rolle im Dialog.

…
Guten Tag. Mein Name ist … Ich hätte gern einen Termin.
…
Nein.
…
Um acht Uhr kann ich leider nicht. Geht es auch um 14 Uhr?
…
Danke und auf Wiederhören!
…

b) Hören Sie und lesen Sie noch einmal. Was ist richtig? Kreuzen Sie an.

Der Termin ist
- ☐ am Mittwochmorgen.
- ☐ am Mittwochnachmittag.

8 Gehen wir aus?

a) Lesen Sie und ergänzen Sie den Dialog.

von 15 bis 17 Uhr – Gehen – bis Sonntag – Ja, gern – das geht

Hallo, Thomas! .... wir zusammen ins Konzert?
.... Wann denn?
Am Sonntag. Das Konzert ist ....
Ja, ... Um wie viel Uhr treffen wir uns?
Um halb drei?
Okay. Dann ....!

b) Lesen Sie den Dialog noch einmal und ergänzen Sie den Notizzettel.

Konzert
am .... (von .... bis .... Uhr)
mit ...., treffen um .... Uhr

c) Schreiben Sie einen Dialog wie in a).

Hallo, … Gehen wir …? →
← Ja … / Wann?
Am … / … von … bis … →
← Ja … / Um wie viel Uhr?
Um …? →
← Okay. Dann …
Bis …

+ Hallo, Julia. Gehen wir zusammen in die Disko?
– …

9 Wir hatten eine Panne

a) Ergänzen Sie das Präteritum von *haben* und *sein*.

An... Thomas
Cc...
Betreff: Panne

Lieber Thomas,

Entschuldigung, wir *waren* ..... gestern Abend nicht bei der Party. Wir .... eine Panne. Ich .... kein Handy und kein Geld für den Bus. Und ein Rad .... Joan und ich auch nicht. Joan .... ein Handy, aber sie .... deine Nummer nicht. .... ihr eine tolle Party? .... viele Leute da? .... du viel Spaß?

Liebe Grüße
Maja

b) Markieren Sie die Verneinungen.

10 Ein Tag von Robert. Schreiben Sie Sätze.

1. um 7.30 Uhr aufstehen — *Robert* *steht* *um 7.30 Uhr* *auf*.
2. um 9 Uhr im Büro anfangen ....
3. am Nachmittag einkaufen ....
4. dann eine Freundin anrufen ....
5. mit Freunden ausgehen ....

11 Eine Verabredung. Ergänzen Sie.

kaufe ... ein – fängt ... an – Sehen ... an – rufe ... an – ~~gehen ... aus~~

Robert (24), Köln

- Hi, Robert! Hier ist Gitte.
- Hallo, Gitte.
- Robert, wann *gehen* .... wir wieder zusammen *aus* ....? Hast du heute Zeit?
- Ja, heute geht es. .... wir uns den Film von Woody Allen ....?
- Ja, gern. Ich .... auch noch Sabine .... Wann .... der Film ....?
- Um 20.45 Uhr. Ich .... schnell .... und wir kochen Spaghetti. Dann gehen wir ins Kino.
- Super, dann treffen wir uns um sechs?
- Ja. Bis dann!

12 Mein Sonntag. Ergänzen Sie die Sätze.

Mein Sonntag ist schön. Ich stehe *nicht* .. um *7.30 Uhr* .. auf. Ich frühstücke .... um .... Ich fange .... um .... im Büro an. Ich kaufe .... am Nachmittag ein.

....

6 Orientierung

1.36

1 Interviews auf der Straße: „Wie kommen Sie zur Arbeit?" **Hören Sie und ergänzen Sie.**

1

Ich arbeite .... in Münster. Münster ist klein. Ich stehe .... auf. Ich fahre .... zur Arbeit.

3

Ich lebe in Hamburg und arbeite am Hamburger Hafen. Ich stehe jeden Morgen .... auf und fahre .... zur Arbeit.

2

Ich arbeite am Max-Planck-Institut in Jena und wohne in Weimar. Ich stehe .... auf. Ich fahre eine Viertelstunde .... und .... zum Institut am Beutenberg.

4

Ich arbeite in Berlin und lebe in Potsdam. Von Montag bis Freitag stehe ich .... auf. Potsdam ist südwestlich von Berlin. Ich fahre .... bis zum Hauptbahnhof und .... bis zur Arbeit.

2 In der Stadt. **Was kennen Sie? Schreiben Sie acht Wörter mit Artikel.**

1. ....
2. ....
3. ....
4. ....
5. ....
6. ....
7. ....
8. ....

3 Wo wohnen Sie? Wie kommen Sie zur Arbeit?

a) Ergänzen Sie die Fragepronomen.

.... wohnen Sie? **1**	**a** Ich fahre mit dem Fahrrad zum Deutschkurs.
.... fährt morgens Ihr Bus? **2**	**b** Ich arbeite im Krankenhaus in Freiburg.
.... fahren Sie nach Hause? **3**	**c** Ich wohne in Freiburg.
Wie fahren Sie zur Arbeit? **4**	**d** Ich fahre um 17 Uhr nach Hause.
.... arbeiten Sie? **5**	**e** Der Bus fährt um 6.55 Uhr.
.... kommen Sie zum Deutschkurs? **6**	**f** Ich fahre mit dem Bus zur Arbeit.

b) Was passt zusammen? Verbinden Sie.

c) Und Sie? Wo wohnen Sie und wo arbeiten Sie? Wie kommen Sie zum Deutschkurs?

....

4 In der Bibliothek. **Was ist wo? Hören Sie und schreiben Sie.**

1.37

Wo?

in der ....

....

....

....

im Erdgeschoss ....

Was?

....

die Verwaltung ....

....

....

....

5 [f] und [v]

1.38

a) Hören Sie die Dialoge. Markieren Sie [f] und [v].

1. Hallo, entschuldigen Sie. Wo finde ich Frau Vierstein?
   Sie finden Frau Vierstein in der vierten Etage. Sie arbeitet in der Verwaltung im Zimmer 44.
2. Frau Freud, wann ist Herr Fürstenfeld in Verden?
   Herr Fürstenfeld ist vom 5. bis 15.05. in Verden.
3. Hey, Friederike. Um wie viel Uhr fährt der Zug nach Freiburg?
   Der Zug fährt um Viertel nach vier.

b) Hören Sie noch einmal und sprechen Sie nach.

6 Textkaraoke. Hören Sie und sprechen Sie die -Rolle im Dialog.

1.39

...
Ja, wo ist denn bitte die Caféteria?
...
In welcher Etage sind die Lesesäle?
...
Und die Gruppenarbeitsräume? Wo finde ich die Gruppenarbeitsräume?
...
Und ... Entschuldigung, wo sind die Toiletten bitte?
...
Vielen Dank!

7 Entschuldigung, wo finde ich ...? Hier sind die Antworten. Schreiben Sie die Fragen.

1. ....?
   Das Sekretariat ist in der ersten Etage links, Zimmer 103.
2. ....?
   Die Garderobe ist hier im Erdgeschoss links.
3. ....?
   Die Toiletten? Gleich hier rechts, neben dem Lesesaal.
4. ....?
   Der Ausgang ist hier vorne rechts und dann geradeaus.
5. ....?
   Die Verwaltung finden Sie in der vierten Etage.
6. ....?
   Das Büro von Frau Müller ist in der zweiten Etage, Zimmer 247.
7. ....?
   Das Café „Alibi"? Das ist im Erdgeschoss, neben dem Ausgang.
8. ....?
   Die Zeitungen finden Sie in der ersten Etage.

8 Im Studentenwohnheim: vor und nach der Party. Was ist wo? Schreiben Sie Sätze wie im Beispiel.

Vor der Party

Die Gitarre hängt an der Wand.

Nach der Party

Die Gitarre ...

9 Termine bei der Ärztin. Hören Sie und ergänzen Sie die Termine. Heute ist Montag.

1.40

Montag, 9. 8.	Dienstag, 10. 8.	Mittwoch, 11. 8.	Donnerstag, 12. 8.	
8	8 00	8 00	8 00 *Schulze*	
8 15	8 15	8 15 *Köhler*	8 15	
8 30	8 30 *Beckmann*	8 30	8 30 *Franz*	
8 45 *Fröhlich*	8 45	8 45	8 45	
9 00	9 00	9 00 *Yildirim*	9 00 *Bauer*	
9 15 *Hermann*	9 15	9 15	9 15	
9 30	9 30 *Friedrich*	9 30	9 30	
9 45 *Wozniak*	9 45	9 45	9 45	
10 00	10 00	10 00	10 00 *Steiner*	10 00
10 15	10 15	10 15 *Müller*	10 15	10 15
10 30	10 30 *Lopez*	10 30	10 30	10 30
10 45 *Finster*	10 45	10 45	10 45 *Ziegler*	10 45
11 00	11 00	11 00 *Schmidt*	11 00	11 00
11 15	11 15	11 15	11 15	11 15 *Schumann*
11 30	11 30	11 30	11 30	11 30

10 Geburtstage der Stars. Hören Sie und schreiben Sie das Datum.

1.41

Queen Elizabeth

George Clooney

Heidi Klum

Vitali Klitschko

1. ....
2. ....
3. ....
4. ....

7 Berufe

1 Berufe und Gegenstände

a) Welcher Beruf ist das? Ordnen Sie zu.

☐ die Krankenschwester – ☐ der Taxifahrer – ☐ der Koch –
☐ die Sekretärin – ☐ die Floristin – ☐ der Ingenieur

1

3

5

2

4

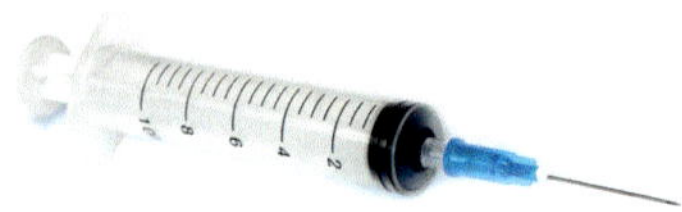
6

b) Welche weiteren Berufe kennen Sie? Schreiben Sie. Arbeiten Sie mit dem Wörterbuch.

die Friseurin, …

2 Interviews über Berufe. Was ist richtig? Hören Sie und kreuzen Sie an.

1.42

1. Abbas Samet ist …
   - ☐ Taxifahrer in Düsseldorf und Bochum.
   - ☐ Taxifahrer in Dortmund und Düsseldorf.
   - ☐ Taxifahrer in Bochum und Dortmund.
2. Anna Zimmermann arbeitet als …
   - ☐ Floristin in Leonberg.
   - ☐ Floristin in Stuttgart.
   - ☐ Friseurin in Stuttgart.
3. Simon Winter ist …
   - ☐ Ingenieur in Freiburg.
   - ☐ Ingenieur in Freiburg und Bern.
   - ☐ Ingenieur in Bern.
4. Frieda Neumann arbeitet in …
   - ☐ Graz als Ärztin.
   - ☐ Gießen als Floristin.
   - ☐ Graz als Krankenschwester.

3 Nach dem Beruf fragen. Schreiben Sie die Fragen. Es gibt verschiedene Möglichkeiten.

1. ……………………………………………………? Ich bin Ärztin von Beruf.
2. ……………………………………………………? Sebastian arbeitet als Verkäufer in Leipzig.
3. ……………………………………………………? Ulrike und ich arbeiten als Lehrerinnen in Erfurt.
4. ……………………………………………………? Beruflich? Ich bin Zahnarzt in Zürich.

4 Wie heißen die Berufe für Frauen? Ergänzen Sie.

1. der Florist ……………………………
2. der Sekretär ……………………………
3. der Programmierer ……………………………
4. der Koch ……………………………
5. der Ingenieur ……………………………
6. der Friseur ……………………………
7. der Mechatroniker ……………………………
8. der Taxifahrer ……………………………
9. der Verkäufer ……………………………
10. der Hausmann ……………………………

5 Berufe im Internet

a) Was ist Benjamin von Beruf? Lesen Sie den Text „Über mich" und ergänzen Sie den Beruf.

Netzwerk | Karriere | Gruppen | Events

Aktivität | Profildaten | Kontakte

Benjamin Herbst

* .... 1978 Beruf: ....

Business | Privat | Web | Bearbeiten

Autohaus Weber, Hellerhofstraße 5
60327 Frankfurt am Main +49 69 ....
Deutschland (Karte) +49 176 ....

Über mich

Mein Name ist Benjamin Herbst. Ich bin 39 Jahre alt und lebe in Frankfurt. Ich repariere Autos. Ich arbeite in einem Autohaus in Frankfurt. Bearbeiten

1.43 **b) Benjamin stellt sich vor. Hören Sie und ergänzen Sie weitere Informationen.**

6 Berufswörter. Sammeln Sie Wörter zu den Berufen.

der Friseur: ....

die Sekretärin: ....

7 Berufe raten

1.44

a) Welche Berufe sind das? Hören Sie und bringen Sie die Berufe in die richtige Reihenfolge.

a ☐ die Taxifahrerin
b ☑ 1 der Kfz-Mechatroniker
c ☐ die Sekretärin
d ☐ der Friseur
e ☐ der Verkäufer
f ☐ die Ärztin

b) Hören Sie noch einmal und schreiben Sie zu den Berufen aus a) je einen Satz.

Die Taxifahrerin fährt in die Zillestraße 9.

Der Kfz-Mechatroniker ...

8 Visitenkarten

1.45 **a) Welche Karte passt? Hören Sie und kreuzen Sie an.**

Martina Kaiser
Programmiererin
Brüder & Hansen
Otto-Brenner Straße 78
30159 Hannover
Tel.: 0511/906423
☐

Maren Kaiser
Programmiererin
Brüder & Hansen
Jacobstraße 35
06110 Halle
0345/64381
☐

Maren Kaiser
Computerexpertin
Breitung & Heller
Kieler Straße 145
22769 Hamburg
040/43762
☐

b) Welche Informationen finden Sie nicht auf den Karten? Streichen Sie durch.

die Adresse – die E-Mail-Adresse – der Name – der Beruf – die Telefonnummer – die Handynummer

1.45 **c) Hören Sie noch einmal. Richtig oder falsch? Kreuzen Sie an und korrigieren Sie die falschen Aussagen.**

	richtig	falsch
1. Frau Kaiser kommt aus Halle.	☐	☐
2. Sie hat drei Kinder.	☐	☐
3. Ihr Mann ist Programmierer.	☐	☐
4. Sie arbeitet seit sechs Jahren bei einer Firma.	☐	☐

9 Vera oder Martin? Lesen Sie die Texte auf Seite 59 und schreiben Sie Sätze mit den Verben.

1. telefonieren ....
2. informieren ....
3. reservieren ....
4. reparieren ....
5. kontrollieren ....
6. organisieren ....

10 Wortschatz üben. Was passt nicht? Streichen Sie durch.

1. im Büro	sitzen – arbeiten – ~~reparieren~~
2. eine Party	organisieren – kochen – machen
3. Kunden am Telefon	schreiben – beraten – informieren
4. einen Kurs	planen – treffen – leiten
5. ein Flugticket	reservieren – haben – hören
6. Freunde	treffen – sehen – korrigieren

11 Traumberuf: Erzieherin. Ein Interview

1.46 **a) Hören Sie und sprechen Sie die 👄-Rolle im Dialog.**

👂 ...
👄 Ja, sehr. Es ist mein Traumberuf.
👂 ...
👄 Ich kann jeden Tag mit Kindern arbeiten. Ich muss nicht im Büro am Computer sitzen. Das ist super!
👂 ...
👄 Ich kann gut Gitarre spielen und singen. Also singe ich oft mit den Kindern.
👂 ...
👄 Ich muss sehr früh aufstehen. Und ich kann nicht viel Geld verdienen.
👂 ...

Jana Soltau (35), Erzieherin

b) Lesen Sie die Antworten noch einmal und ergänzen Sie.

Ich kann ...
Ich muss ...

12 Fragen an eine Call-Center-Agentin. **Schreiben Sie die Antworten.**

1. Kannst du viele Sprachen sprechen? (ja, drei Sprachen)
   Ja, ich (kann) drei Sprachen (sprechen.)
2. Musst du als Call-Center-Agentin am Wochenende arbeiten? (ja, am Samstag)
   .... (..........) .... (..........)
3. Müsst ihr immer freundlich sein? (ja, am Telefon)
   .... (..........) .... (..........)
4. Kann deine Tochter dir helfen? (nein, nicht kochen)
   .... (..........) .... (..........)
5. Musst du früh aufstehen? (ja, um 6.30 Uhr)
   .... (..........) .... (..........)

13 Flüssig sprechen. **Hören Sie und sprechen Sie nach.**

1.47

1. Kristina muss aufstehen. – Kristina muss um 7.30 Uhr aufstehen. – Kristina muss jeden Morgen um 7.30 Uhr aufstehen.
2. Sie kann gehen. – Sie kann zur Arbeit gehen. – Sie kann zu Fuß zur Arbeit gehen.
3. Sie muss arbeiten. – Sie muss bis 17 Uhr arbeiten. – Sie muss jeden Tag bis 17 Uhr arbeiten.
4. Sie kann lesen. – Sie kann ein Buch lesen. – Sie kann am Abend ein Buch lesen.

14 *ng* oder *nk*? **Hören Sie und ergänzen Sie. Hören Sie dann noch einmal und sprechen Sie nach.**

1.48

1. Kra....enpfleger
2. Süde....land
3. la....
4. de....en
5. Wohnu....
6. Ba....

15 Meinungen über die Arbeit

a) Lesen Sie den Text und markieren Sie die Possessivartikel im Akkusativ.

Ich mag meinen Job und unsere Chefin. Ich bin Köchin in einem Restaurant in Düsseldorf. Mein Bruder Max arbeitet hier als Kellner. Ich finde unser Team super, die Atmosphäre ist gut. Nur meine Arbeitszeiten mag ich nicht. Ich muss in der Nacht arbeiten und habe keine Pausen. Aber am Wochenende habe ich frei. Dann räume ich meine Wohnung auf, lese ein Buch oder meine E-Mails.

Ute Heinze (26), Köchin

b) Ergänzen Sie die Possessivartikel im Akkusativ.

- ☐ 1. Ich mag .... Chefin.
- ☐ 2. Am Wochenende räume ich .... Wohnung auf.
- ☐ 3. Ute braucht .... Brille.
- ☐ 4. Ute mag .... Arbeitszeiten nicht.
- ☐ 5. Max findet .... Chefin gut.
- ☐ 6. In der Pause liest Max .... E-Mails.

c) Was sagt Ute nicht im Text? Lesen Sie noch einmal und kreuzen Sie in b) an.

8 Berlin sehen

1 **Der Bus Linie 100. Welche Aussagen finden Sie im Interview auf Seite 62? Kreuzen Sie an und ergänzen Sie die Zeile.**

1. ☐ Die Linie 100 fährt an vielen Sehenswürdigkeiten vorbei. Zeile ....
2. ☐ Das Ticket kostet nicht viel. Zeile ....
3. ☐ Der Bus fährt zur Humboldt-Universität. Zeile ....
4. ☐ Der Bus fährt täglich. Zeile ....
5. ☐ In dem Bus sind oft viele Personen. Zeile ....

2 **Orientierung in der Stadt. Ordnen Sie die Bilder zu.**

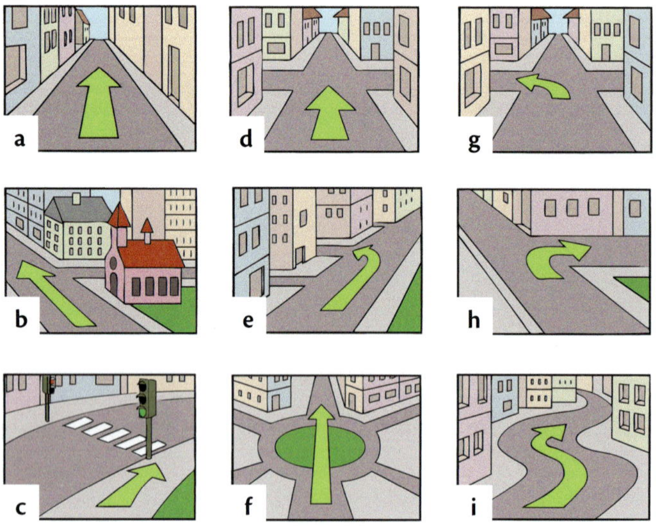

1. ☐ Gehen Sie hier rechts.
2. ☐ Gehen Sie hier links.
3. ☐ Gehen Sie geradeaus.
4. ☐ Gehen Sie die Straße entlang.
5. ☐ Gehen Sie bis zur Ampel.
6. ☐ Gehen Sie bis zur Kreuzung.
7. ☐ Gehen Sie die zweite Straße links.
8. ☐ Gehen Sie an der Kirche vorbei.
9. ☐ Gehen Sie über den Platz.

1.49 **3** **Wegbeschreibung**

a) **Merle Schramm will vom Museum zum Schloss. Welcher Dialog ist eingezeichnet? Hören Sie und kreuzen Sie an.**

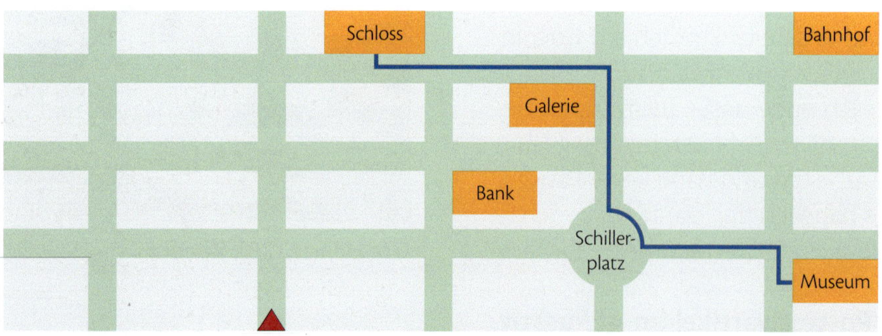

1. ☐ Dialog 1
2. ☐ Dialog 2

b) **Ergänzen Sie die Sätze. Hören Sie den Dialog 2 noch einmal und kontrollieren Sie.**

| zur dritten Kreuzung – rechten Seite – einfach – geradeaus |

Ja, das ist ....! Gehen Sie geradeaus bis .... Dann gehen Sie links und immer weiter .... Das Schloss ist das große Gebäude auf der ....

c) **Hören Sie noch einmal. Zeichnen Sie den zweiten Weg ein.**

4 Aussprache *r*

1.50

a) **r wie *Reichstag* oder r wie *Fernsehturm*? Hören Sie und markieren Sie.**

1. eine Route planen – vom Stadttor erzählen – Tourist auf dem Reuter-Platz
2. hier auf dem Alexanderplatz – die Regierung verstehen – eine Reihe rechts
3. eine Reise in die Großstadt machen – Kultur und Tradition erleben

b) **Hören Sie noch einmal und sprechen Sie nach.**

5 Textkaraoke. **Hören Sie und sprechen Sie die -Rolle im Dialog.**

1.51

...
Ja, gehen Sie geradeaus und an der nächsten Kreuzung rechts. Dann die nächste Straße links.
...
Nein, an der nächsten Kreuzung rechts.
...
Die Bank ist das große moderne Haus auf der rechten Seite.
...
Na ja, etwa fünf Minuten.
...

6 Orientierung mit dem Stadtplan

a) **Schreiben Sie den Dialog.**

Entschuldigung – Ernst-Reuter-Platz? ....

Zuerst – zur Ampel. ....

Dann – geradeaus – Uhlandstraße entlang ....

Danach links – Dann sehen ....

b) **Nadine und Steffi sind im Café am Savignyplatz. Herr Dr. Bettermann will sie an der Deutschen Oper treffen. Wie gehen sie? Schreiben Sie.**

7 1.52 **Flüssig sprechen. *r* am Silbenanfang. Hören Sie und sprechen Sie nach.**

1. das Rote Rathaus. – wir suchen das Rote Rathaus. – Entschuldigung, wir suchen das Rote Rathaus.
2. Oranienburgerstraße. – rechts in die Oranienburgerstraße. – Fahren Sie rechts in die Oranienburgerstraße.
3. Botschaft. – geradeaus zur Russischen Botschaft. – Dann gehen Sie geradeaus zur Russischen Botschaft.

8 Der Touristenführer Erkan. Lesen Sie den Text und ergänzen Sie die Wörter.

Alexanderplatz – Museen – Regierungsviertel – Einkaufsstraßen

Erkan (23), Student und Reiseführer

Ich arbeite seit drei Jahren als Touristenführer in Berlin. Die Touristen gehen gern in ...., sie lieben zum Beispiel das Pergamonmuseum und die Alte Nationalgalerie. Viele wollen in Berlin einkaufen. Sie laufen durch ...., beliebt ist die Friedrichstraße. Die Touristen wollen auch die Sehenswürdigkeiten sehen. Mit dem Bus fahren Sie zum .... Dort gehen Sie in den Reichstag oder ins Bundeskanzleramt. Am Abend laufen sie oft über den .... Dort gibt es viele Bars und Clubs.

9 Besuch in Berlin

a) Ergänzen Sie die Präpositionen.

in die – am – in den – über die – zum

Alejandro (25), und Paula (23)

Paula und Alejandro kommen aus Madrid. Sie besuchen Freunde in Berlin. Sie gehen .... Brandenburger Tor und machen viele Fotos. Sie fahren mit dem Bus .... Bundeskanzleramt vorbei und laufen .... Schlossbrücke. Am Nachmittag gehen sie .... Berliner Dom und hören ein Konzert. Am Abend essen sie Pizza und gehen danach .... Disko „Wilde Renate".

1.53 **b) Hören Sie und kontrollieren Sie.**

10 **Berlin ist super! Lesen Sie die Nachricht. Markieren Sie das Modalverb *wollen* und das Verb im Infinitiv.**

Hi Julia! Berlin ist super! Die Stadt ist echt klasse. Wir wollen gleich noch eine Stadtrundfahrt machen. Danach will ich in die Nationalgalerie gehen. Anschließend wollen Maria und ich auf der Friedrichstraße bummeln. Und heute Abend wollen wir noch ein Musical sehen! Ich muss los ...
LG Carla

11 **Der Berlinbesuch. Wer will was machen?**

1. Mirko sagt: „Ich .... in der Friedrichstraße einkaufen.
   Natascha, ... du auch mitkommen?"
2. Natascha hat keine Lust. Sie .... lieber den Reichstag besichtigen.
3. Atsuko und Tetsuya fragen: „Fahren wir am Potsdamer Platz vorbei?
   Wir .... Fotos machen."
4. Der Busfahrer antwortet: „Die Stadtrundfahrt ist am Sony-Center zu Ende.
   Dann habt ihr frei. Ihr könnt dann machen, was ihr ...."

12 **Aussprache *l* und *r*. Hören Sie und sprechen Sie schnell.**

1.54

1. Franzi läuft in den Park.
2. über den Marktplatz
3. rechts zur Schlossbrücke
4. an der Ampel vorbei
5. links durch den Garten

13 **Die Berlin-Exkursion**

a) Was machen die Studenten in Berlin? Lesen Sie noch einmal das Programm auf Seite 63 und die Aussagen. Richtig oder falsch? Kreuzen Sie an.

	richtig	falsch
1. die Museumsinsel besuchen	☐	☐
2. zur Christopher Street Day Parade gehen	☐	☐
3. einen Stadtbummel in Kreuzberg machen	☐	☐
4. das Regierungsviertel besuchen	☐	☐
5. ins Deutsche Theater gehen	☐	☐
6. eine Stadtrundfahrt machen	☐	☐

b) Schreiben Sie die Sätze mit *wollen*. Korrigieren Sie die falschen Aussagen.

1. Die Studenten wollen die Museumsinsel besuchen.
2. Sie wollen ...

c) Und Sie? Was wollen Sie in Berlin machen? Schreiben Sie.

Ich will ...

9 Ab in den Urlaub

1 **Urlaub. Ordnen Sie die Wörter den Fotos zu. Es gibt viele Möglichkeiten.**

die Altstadt – das Meer – Ski fahren – der Stadtbummel – wandern – lesen – die Berge – besichtigen – der Strandkorb – die Natur – die Sonne – das Schloss – baden – der Wald – einkaufen – das Café – der Strand

1

2

3

2 **Textkaraoke. Hören Sie und sprechen Sie die 👄-Rolle im Dialog.**

1.55

👂 …
👄 Guten Tag, Herr Marquardt. Waren Sie im Urlaub?
👂 …
👄 Wo waren Sie denn?
👂 …
👄 Und wie war es?
👂 …
👄 Und wie war das Wetter?
👂 …

Kreidefelsen auf der Insel Rügen

3 **Wo waren Sie im Urlaub?**

a) Lesen Sie und ergänzen Sie das Interview.

Das Wetter war in den ersten Tagen gut. In Marseille hat es einen Tag geregnet. – Ich war mit meinem Freund zwei Wochen in Südfrankreich. – Mein Mann und ich waren zehn Tage in der Schweiz, nur unsere Tochter Sophie nicht. – Es war sehr schön. In Marseille war es toll.

- Wo waren Sie im Urlaub, Frau Abt? — Mein Mann …
- Und wo warst du, Sophie?
- Und wie war es in Südfrankreich?
- Und wie war das Wetter?

Frau Abt (51)

Sophie Abt (25)

b) Markieren Sie die Präteritum-Formen von *sein* und machen Sie eine Tabelle.

4 **Und wie war der Urlaub? Hören Sie die Wörter und markieren Sie: langer oder kurzer Vokal?**

1.56

Der Urlaub war …

schlecht – langweilig – gut – schön – toll – prima – super!

5 Urlaub in Österreich

1.57

a) Hören Sie die Radiosendung und bringen Sie die Fotos in die richtige Reihenfolge.

Linzfest ☐ — Linz an der Donau 1 — Botanischer Garten ☐ — Mariendom ☐

b) Was ist richtig? Hören Sie noch einmal und kreuzen Sie an.

1. Linz
   - a ☐ ist die Hauptstadt von Österreich.
   - b ☐ liegt nördlich von Wien.
   - c ☐ liegt im Nordosten von Österreich.
2. Linz war Kulturhauptstadt
   - a ☐ 2007.
   - b ☐ 2009.
   - c ☐ 2012.
3. Das Linzfest
   - a ☐ ist ein Musikfestival.
   - b ☐ ist im Sommer.
   - c ☐ spielt Musik nur aus Österreich.
4. Seit 1653 gibt es schon
   - a ☐ den Botanischen Garten.
   - b ☐ die Linzer Torte.
   - c ☐ das Linzfest.

6 Eslem und Stefan in Linz

kaufen – probieren – machen – machen – fotografieren – besuchen

a) Was wollen sie machen? Ordnen Sie die Verben zu.

☐ einen Bummel durch Linz ....
☐ die Linzer Torte ....
☐ das Linzfest ....
☐ eine Schiffstour ....
☐ den Mariendom ....
☐ Geschenke ....

b) Was haben Eslem und Stefan gemacht? Lesen Sie und kreuzen Sie in a) an.

Eslem (33) und Stefan (34) aus Neuss

Linz war super! Wir waren dort zwei Tage. Wir haben in einem Hotel im Zentrum übernachtet. Wir haben eine Schiffstour gemacht und den Mariendom und das Rathaus fotografiert. Wir haben die Altstadt angeschaut. Und wir haben Linzer Torte probiert – hm, sehr lecker! Das war alles.

Nein, wir haben auch noch viele Geschenke gekauft!

c) Markieren Sie die Partizip-II-Formen in b) und ergänzen Sie die Tabelle.

ge...(e)t	...ge...(e)t	...(e)t
....	....	übernachtet
....	....	....

7 Der Urlaub von Familie Mertens

eingekauft – erreicht – besucht – gemacht (2x) – besichtigt – übernachtet – fotografiert

a) Ergänzen Sie die passenden Verben.

1. ☐ Familie Mertens hat eine Radtour von Passau nach Linz ....
2. ☐ Am zweiten Tag haben sie .... und an der Donau ein Picknick ....
3. ☐ In Linz haben sie in einer Pension ....
4. ☐ In Linz haben sie ein Kloster ....
5. ☐ In Wien haben sie das Rathaus .... und ....
6. ☐ In Budapest hat die Familie ihr Ziel ....

b) Lesen Sie das Tagebuch von Silvia auf Seite 70 noch einmal. Welche Sätze in a) sind richtig? Kreuzen Sie an und korrigieren Sie die falschen Sätze.

8 Was hat Peter im Sommer gemacht? Schreiben Sie Sätze.

1. *Peter (hat) in der Ostsee (gebadet).*
2. *Er* ( ) .... ( )
3. ( ) .... ( )
4. ( ) .... ( )
5. ( ) *ein Fest* ( )

9 Der Unfall von Frau Mertens. Ergänzen Sie.

1. Entschuldigung, ist Ihnen etwas ....? (*passieren*)
2. Ich bin vom Rad .... (*fallen*)

3. Wie ist das genau ....? (*passieren*)
4. Der Ball ist ins Rad .... (*fliegen*)
5. Ich habe Sie .... (*anrufen*)

10 Das Perfekt

a) Wie heißt der Infinitiv? Schreiben Sie.

1. Die Kinder haben Ball gespielt. *spielen*
2. Der Ball ist ins Rad geflogen. ....
3. Es ist nicht viel passiert. ....
4. Die Mutter ist aufgestanden. ....
5. Der Vater hat angerufen. ....
6. Die Polizei ist gekommen. ....
7. Sie haben uns geholfen. ....
8. Wir sind weitergefahren. ....

b) *sein* oder *haben*? Sammeln Sie Verben aus 9 und 10 und machen Sie eine Tabelle.

Perfekt mit haben	*Perfekt mit sein*
sie haben gespielt	....

11 Selbsttest: Mit dem Fahrrad durch Frankreich. Ergänzen Sie die Perfektformen.

fahren (2x) – bleiben – schreiben – arbeiten – besichtigen – passieren – helfen – fallen

Liebe Freunde,

ich ....[1] lange nichts ....[2]. Seit sechs Monaten sind wir mit dem Fahrrad im Urlaub. Es ist toll! Wir ....[3] von Freiburg über Besançon nach Lyon ....[4]. In Lyon ....[5] wir eine Woche ....[6]. Lyon ist super! Wir ....[7] viele Sehenswürdigkeiten und die Altstadt ....[8]. Danach ....[9] wir nach Marseille ....[10]. Hier ....[11] ein Unfall ....[12]: Max ....[13] vom Rad ....[14], aber eine Frau ....[15] uns ....[16]. Wir ....[17] hier einen Monat in einer Fabrik ....[18]. Und morgen geht es weiter!

Liebe Grüße von Christine und Max

12 Urlaubstypen

a) Wer macht wo Urlaub? Vermuten Sie und ordnen Sie zu.

Wo? in der Stadt – im Wald – am Meer – in den Bergen – am Strand
Was? Rad fahren – baden – wandern – feiern – in Cafés gehen – lesen – Museen besuchen
Mit wem? allein – mit Freunden – mit der Freundin

Sven Hesse (27)
Wo? Was?
Mit wem?

Marcel Lindner (30)
Wo? Was?
Mit wem?

Gregor Bayer (25)
Wo? Was?
Mit wem?

1.58 **b) Welcher Steckbrief passt? Hören Sie die drei Interviews und ordnen Sie zu.**

13 Und welcher Urlaubstyp sind Sie? Schreiben Sie einen Steckbrief.

Wo? Was? Mit wem? Wann?

10 Essen und trinken

1 **Lebensmittel.** **Machen Sie eine Tabelle und ordnen Sie zu.**

Milchprodukte	Obst und Gemüse	Fleisch und Wurst
der Joghurt	....	....
....	....	....

1.59

2 **Frau Meier kauft ein.** **Wie viel hat sie gekauft? Hören Sie und notieren Sie die Menge.**

1. .... Butter **3.** .... Bananen **5.** .... Salami **7.** .... Brot

2. .... Milch **4.** .... Brötchen **6.** .... Käse **8.** .... Paprika

1.60

3 **Der Einkaufszettel.** **Hören Sie und schreiben Sie.**

1 l Milch ....

....

....

....

....

....

....

....

....

4 Textkaraoke. Hören Sie und sprechen Sie die -Rolle im Dialog.

1.61

…
Guten Tag. Ich hätte gern fünf Äpfel.
…
Ja, ich nehme noch zwei Paprika.
…
Was kosten denn die Tomaten?
…
Dann nehme ich bitte ein Pfund.
…
Danke, das ist alles.

5 *-e*, *-en* und *-el* am Wortende. Hören Sie und sprechen Sie nach.

1.62

1. Hallo, was darf es sein?
   Guten Tag, ich hätte gern sechs Äpfel und 1 kg Orangen.
   Noch etwas?
   Ja, ich nehme noch eine Banane.

2. Guten Tag, bitte schön?
   Guten Tag. Ich möchte vier Brötchen und ein Weißbrot.
   Noch etwas?
   Haben Sie Schokoladentorte? Ich hätte gern vier Stück.

6 Was kosten/kostet denn …? Hören Sie und schreiben Sie die Preise.

1.63

- 1 kg Tomaten ……………………
- 1 Bund Möhren ……………………
- 1 kg Kartoffeln ……………………
- 1 kg Äpfel ……………………
- 500 g Erdbeeren ……………………
- 1 Gurke ……………………

7 Ich hätte gern … Wer sagt was? Ordnen Sie zu.

Ich nehme ein Kilo Kartoffeln. – Danke, das ist alles. – Darf es sonst noch etwas sein? – Was kosten die Äpfel? – Das macht zusammen 18,75 €. – Sie wünschen, bitte? – Ich hätte gern vier Brötchen. – Noch etwas? – Haben Sie Birnen?

Verkäuferin/Verkäufer	Kundin/Kunde
……………………………………	……………………………………
……………………………………	……………………………………
……………………………………	……………………………………

8 Auf dem Markt. Lesen Sie und bringen Sie den Dialog in die richtige Reihenfolge.

- [1] Guten Tag, was darf es sein?
- ☐ Gern, sonst noch etwas?
- ☐ Nur 1,20 Euro.
- ☐ Das macht zusammen 3,75 Euro.

- ☐ Wie viel kostet der Salat?
- [2] Ich hätte gern ein Kilo Kartoffeln.
- ☐ Dann nehme ich noch einen Salat und zwei Orangen. Das ist dann alles.
- ☐ Bitte.

9 Was essen Mian und Alok gern? Was ist richtig? Lesen Sie und kreuzen Sie an.

Was esst ihr am liebsten in der Mensa? Was esst ihr lieber als in eurer Heimat?

Ich bin Mian und komme aus China. Ich esse lieber Kartoffeln als Reis. In Deutschland esse ich am liebsten Currywurst mit Pommes. Ich trinke sehr gern und sehr viel Tee mit viel Zucker.

Mein Name ist Alok. Ich esse kein Fleisch. Ich bin Vegetarier. Ich esse viel Obst und Gemüse. Am liebsten esse ich Tofu, Reis und Gemüse. Dazu trinke ich gern Saft oder Wasser.

Mian

1. Was isst Mian lieber?
   - a ☐ Kartoffeln.
   - b ☐ Eis.
   - c ☐ Reis.
2. Was isst sie am liebsten?
   - a ☐ Bratwurst mit Pommes.
   - b ☐ Currywurst mit Pommes.
   - c ☐ Tomaten mit Pommes.
3. Was trinkt sie gern?
   - a ☐ Wasser.
   - b ☐ Saft.
   - c ☐ Tee.

Alok

1. Was isst Alok?
   - a ☐ Wenig Fleisch.
   - b ☐ Kein Fleisch.
   - c ☐ Viel Fleisch.
2. Was isst er am liebsten?
   - a ☐ Tofu und Reis.
   - b ☐ Fleisch und Kartoffeln.
   - c ☐ Tofu und Nudeln.
3. Was trinkt er gern?
   - a ☐ Cola.
   - b ☐ Saft.
   - c ☐ Kaffee.

10 Landeskunde: Essen in Deutschland, Österreich und in der Schweiz. Ergänzen Sie *viel, mehr* oder *mehr ... als*.

1. Die Deutschen essen gern Döner. In Berlin gibt es .... Döner-Lokale .... in Istanbul.
2. In Deutschland und Österreich isst man .... Wurst, in der Schweiz .... Käse.
3. Die Menschen in Deutschland, Österreich und in der Schweiz essen .... Kartoffeln .... die Menschen in Südeuropa.
4. In Österreich gibt es .... Dessertvariationen .... in Deutschland.
5. In Deutschland, Österreich und in der Schweiz kocht man .... zu Hause.

11 Und was denken Sie? Schreiben Sie sechs Sätze und vergleichen Sie im Kurs.

Ich esse/trinke Die Deutschen/Schweizer/ Österreicher essen/trinken In meinem Land essen/ trinken die Menschen	viel / mehr … als gern / lieber … als / am liebsten / kein/e/en	Fisch/Schweinefleisch. Currywurst mit Pommes. Kartoffeln/Reis/Nudeln. Schokoladentorte. Bier/Wein/Wasser.

12 Vanille, Schokolade oder Erdbeere? Lesen Sie den Dialog und ergänzen Sie die Sätze.

Ich mag gern Schokolade und Vanille. Und du, Laura?
Vanille? Nein, ich mag gern Schokolade, aber noch lieber mag ich Erdbeere. Und du, Lukas?
Ich mag am liebsten Vanille!
Und jetzt? Ich kann nur eine Kugel Eis kaufen. Lukas, magst du auch gern Schokolade?
Nein, ich mag lieber Erdbeere.
Ja, Erdbeere!
O.k. Bitte eine Kugel – Erdbeere.

Lukas Laura Tim

1. Tim mag gern .... und ....
2. Laura mag lieber .... als Schokolade.
3. Lukas mag am liebsten ....
4. Lukas mag lieber .... als Schokolade.

13 *gern, lieber, am liebsten.* Ergänzen Sie.

gern – gern – lieber – lieber – lieber – am liebsten – besser – am besten

1. Reis esse ich nicht so ...., ich esse .... Nudeln.
2. Möchtest du .... Tee oder Kaffee?
3. Ich esse .... Obst und .... esse ich Bananen.
4. Ich mag keinen Tee, ich trinke .... Wasser.
5. Ich finde Apfelsaft schmeckt .... als Wasser.
6. Was schmeckt dir ....? Pizza oder Nudeln?

14 Das Fragewort *welch-*. Ergänzen Sie.

1. .... Käse möchten Sie?
   Den Camembert, bitte.
2. .... Lebensmittel kaufen Sie oft ein?
   Brot, Milch und Obst.
3. .... Marmelade isst du lieber: Erdbeere oder Aprikose?
   Ich esse am liebsten Erdbeermarmelade.
4. .... Obst kaufst du?
   Ich nehme Äpfel und Bananen.
5. .... Gemüse ist heute billig?
   Gurken und Salat.

15 Gern oder nicht gern? Was essen und trinken Sie gern oder nicht gern? Schreiben Sie sechs Sätze.

1. Ich …

11 Kleidung und Wetter

1 Modetrends im Frühling und Sommer

a) Lesen Sie den Zeitschriftentext (Seite 80/81) noch einmal. Was ist richtig? Kreuzen Sie an.

	richtig	falsch
1. Dunkle Farben sind dieses Jahr in.	☐	☐
2. Jeans bleiben immer in Mode, egal ob dunkel oder hell.	☐	☐
3. Bei gutem Wetter trägt Sarah gern Rot.	☐	☐
4. Ein dunkler Anzug ist klassisch.	☐	☐
5. Die Farben Blau und Schwarz bleiben immer aktuell.	☐	☐

b) Korrigieren Sie die falschen Aussagen.

1. *Blau, Gelb und* ……………………………………

2 Modeberaterin Frau Günther im Interview

1.64

a) Hören Sie und bringen Sie die Fragen in die richtige Reihenfolge.

☐ Und welches Kleidungsstück ist im Sommer besonders in?
☐ Frau Günther, was sind die Modetrends für den Frühling und Sommer?
☐ Und der Trend für den Sommer?

Alice Günther (41)

b) Welche Farben und welche Kleidungsstücke sind im Sommer in? Hören Sie noch einmal und schreiben Sie.

	Farben	*Kleidungsstücke*
Frauen	…………	…………
Männer	…………	…………

3 Herr Schwarz fährt in den Urlaub. Was nimmt er mit? Schreiben Sie.

Er nimmt vier Hemden ……………………………………
……………………………………
……………………………………
……………………………………
……………………………………

4 Was trägst du gern?

1.65

a) Welches Foto passt? Hören Sie und kreuzen Sie an.

1. a ☐

b ☐

2. a ☐

b ☐

b) Was tragen die Personen? Schreiben Sie.

Paula trägt ein T-Shirt und eine Jeans. Sie mag Rot und Blau.

5 Farben mischen. Schreiben Sie.

grau = ... + ...

grün = ... + ...

rosa = ... + ...

orange = ... + ...

braun = ... + ...

violett = ... + ...

6 Über Geschmack sprechen. Was gefällt Alica, Pia und Bente? Lesen Sie und ergänzen Sie die Namen.

1. .... findet die Kleider zu bunt.
2. .... gefällt der Hut gut.
3. .... gefallen die Sommerkleider.
4. .... zieht am liebsten Jeans an.

Alica Diese Fotos habe ich im Internet gefunden. Wie gefällt euch der neue Modetrend für den Sommer?

Pia Die Fotos gefallen mir überhaupt nicht. Die Kleider sind hässlich, zu viele Farben!

Bente Die Kleider gefallen mir sehr gut. Das ist doch super schick. Bunte Kleider sind wieder in. Wie findet ihr den Hut?

Alica Den finde ich schick. Ich trage gern Hüte. Was zieht ihr gern an?

Pia Ich ziehe gern Röcke an, aber am liebsten trage ich Jeans.

7 Familie Kühn macht Sport. Ergänzen Sie die Adjektivendungen.

Familie Kühn macht viel Sport.

Frau Kühn spielt Fußball. Sie trägt eine grün.... Hose, ein schwarz.... T-Shirt und weiß.... Schuhe.

Ihr Mann spielt Tennis. Heute hat er einen blau.... Trainingsanzug und gelb.... Schuhe angezogen.

Ihr Sohn geht joggen. Er zieht eine schwarz.... Hose und einen rot.... Pullover an.

Ihre Tochter tanzt. Sie trägt ein blau.... Kleid und schwarz.... Schuhe.

8 Schöne Möbel für ein neues Wohnzimmer

a) Sie sind umgezogen. Welche Möbel kaufen Sie für Ihr Wohnzimmer? Schreiben Sie.

das Bücherregal – das Sofa – die Lampe – der Sessel – der Tisch – die Vase – die Bilder – die Stehlampe – die Kommode

Ich kaufe ein ....
....
....
....
....
....

b) Und welche Farbe haben die Möbel? Kombinieren Sie und schreiben Sie Sätze.

ein braunes oder weißes Regal
eine rote oder grüne Vase
einen weißen oder roten Schrank
eine **schwarze** oder blaue Kommode
ein graues oder gelbes Sofa
eine graue oder blaue Lampe
einen gelben oder braunen Tisch
einen grünen oder roten Sessel

In meinem Wohnzimmer habe ich …

9 Textkaraoke. Hören Sie und sprechen Sie die -Rolle im Dialog.

1.66

…
Ich suche eine Hose.
…
Größe 40. Haben Sie eine schwarze Hose fürs Büro?
…
Kann ich die in Blau anprobieren?
…
Hmm … die gefällt mir gut. Sie ist auch sehr bequem. Steht sie mir?
…
Gut, dann nehme ich sie.

10 Einkaufsdialoge. Ordnen Sie die Antworten zu. Hören Sie dann und kontrollieren Sie.

1.67

36 oder 38. – Die blaue Jacke gefällt mir nicht. Ich probiere die braune an. Wo ist die Umkleidekabine? – Nein, die Ärmel sind zu lang. Sie steht mir nicht. – Ja, ich suche eine Jacke.

Guten Tag! Kann ich Ihnen helfen?
....
Welche Größe haben Sie denn?
....
Wir haben hier eine braune Jacke in 38 und eine blaue in Größe 36.
....
....
Hinten rechts. Und passt Ihnen die Jacke?
....
....

11 Sie brauchen Kleidung für Ihren Urlaub. Stellen Sie Fragen.

1. Sie suchen eine Fahrradhose. ....?
2. Sie brauchen die Hose in Größe 42. ....?
3. Sie wollen ein T-Shirt anprobieren. ....?
4. Sie wollen die Hose in Rot. ....?

12 Das gefällt mir auch nicht! Lesen Sie den Dialog und markieren Sie die Demonstrativa.

1. ○ Also dieses T-Shirt ist toll!
   ○ Das ist doch zu kurz. Das gefällt mir nicht.
2. ○ Aber diese Schuhe sind super. Ich liebe schwarze Schuhe!
   ○ Hmm, ich finde sie zu hoch.
3. ○ Und diese Jacke? Die ist schön.
   ○ Nein, sie ist mir zu bunt.
4. ○ Und die Hose? Ich finde diese Hose schick. Oder?
   ○ Na ja, mir gefällt sie nicht.
   ○ Was gefällt dir dann?

13 Dieser oder dieser hier? Ergänzen Sie *welch-* oder *dies-*.

1. ○ .... Wintermantel findest du schöner?
   .... oder ....?
   ○ Ich finde .... hier schöner.
   Aber .... ist wärmer?
   ○ Beide sind warm. Ich nehme .... hier.
2. ○ .... Stiefel sind Größe 39?
   ○ .... hier.
   ○ Und .... hier nicht?
   ○ Nein, ... sind Größe 38.
3. ○ Gefällt dir .... Kleid?
   ○ ....? Dieses hier? Nein,
   aber .... ist schön!
   ○ .... Kleid ist doch zu klein!

14 Europawetter

1.68

a) Wie warm ist es in ...? Hören Sie und ergänzen Sie die Temperaturen auf der Karte.

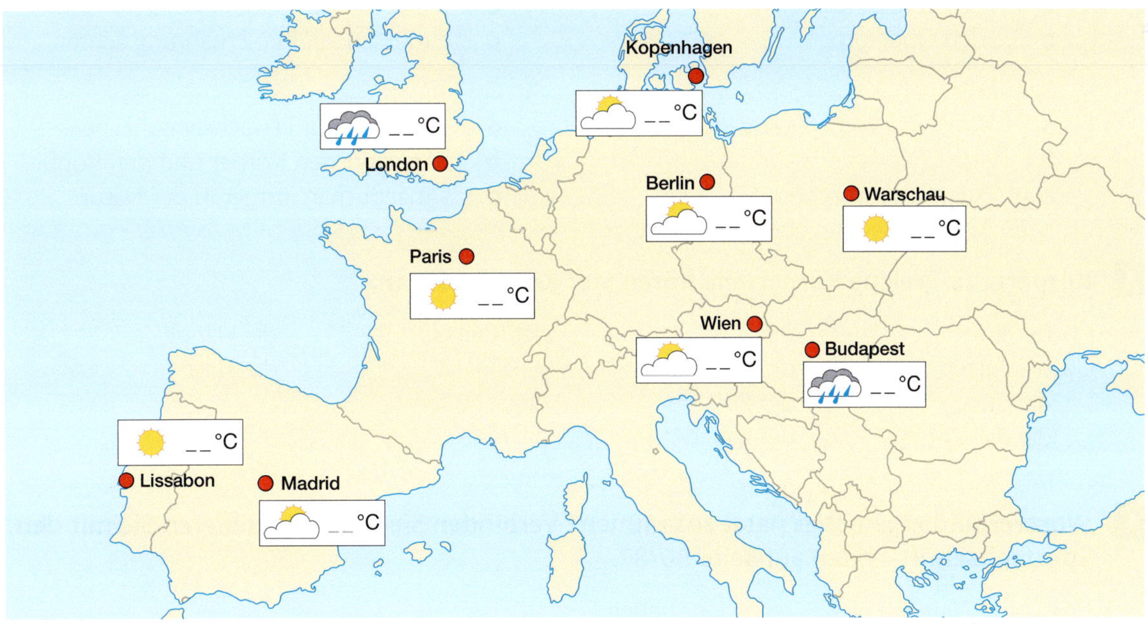

b) Wie ist das Wetter in ...? Hören Sie noch einmal und schreiben Sie.

Madrid: Es ist bewölkt.

12 Körper und Gesundheit

1 Sportarten

a) Markieren Sie die Sportarten in den Sportzeitschrift-Texten auf Seite 86/87 und in den Aussagen von Isabel und Stefan.

Ich mache viel Sport. Ich gehe regelmäßig laufen und schwimmen. Ich mache gerne Sport allein. Dann habe ich Zeit zum Nachdenken und Entspannen. Im Urlaub fahre ich Ski oder gehe Bergsteigen. Bergsport ist mein Lieblingshobby! Ballsportarten gefallen mir nicht. Ich mag keinen Fußball oder Handball. Das finde ich blöd.

Isabel

In der Woche mache ich wenig Sport. Ich muss viel arbeiten und habe wenig Zeit. Aber ich fahre jeden Tag mit dem Fahrrad zu meiner Arbeit. Am Wochenende spiele ich mit Freunden Tennis oder Fußball. Ich mag Sport in der Gruppe. Tennis ist super, es macht fit und macht viel Spaß. Laufen oder Bodybuilding finde ich langweilig.

Stefan

b) Welche Sportarten gefallen Isabel und Stefan, welche nicht? Schreiben Sie.

2 Sport und Training. Lesen Sie die Sportzeitschrift-Texte auf Seite 86/87 noch einmal. Was ist richtig? Kreuzen Sie an.

1. Laufen ist gut für
   - a ☐ Augen und Ohren.
   - b ☐ den ganzen Körper.
   - c ☐ den Oberkörper.
2. Bergsport
   - a ☐ muss gut vorbereitet werden.
   - b ☐ ist sicher.
   - c ☐ kann jeder machen.
3. Bodybuilder
   - a ☐ müssen einmal die Woche trainieren.
   - b ☐ dürfen kein Fleisch essen.
   - c ☐ müssen auf ihre Ernährung achten.
4. Tai Chi
   - a ☐ können nur Erwachsene machen.
   - b ☐ trainiert den Körper und den Kopf.
   - c ☐ macht man immer in der Natur.

3 Körperteile. Welche Körperteile hören Sie? Kreuzen Sie an.

1.69

☐ der Kopf	☐ die Füße	☐ der Rücken	☐ die Hände
☐ die Augen	☐ die Arme	☐ die Finger	☐ die Nase
☐ die Ohren	☐ der Po	☐ die Schultern	
☐ die Beine	☐ der Bauch	☐ die Knie	

4 Wortverbindungen. Was passt zusammen? Verbinden Sie und kontrollieren Sie mit den Sportzeitschrift-Texten auf Seite 86/87.

Muskeln **1**	**a** heben
Augen und Ohren **2**	**b** trainieren
den Arm **3**	**c** brauchen
den Körper **4**	**d** anwinkeln
das Bein **5**	**e** öffnen

5 Anmeldung in der Zahnarztpraxis

a) Ergänzen Sie den Dialog.

Nein, leider nicht. – Guten Tag, ich habe starke Zahnschmerzen. – Hier, bitte. – Ja, mein Name ist Marianowicz. Muss ich lange warten? – Gut, mache ich. Danke.

- Guten Tag.
- ....
- Haben Sie einen Termin?
- ....
- Waren Sie schon einmal bei uns?
- ....
- Leider ja. Wir haben heute viele Patienten. Ich brauche Ihre Versichertenkarte.
- ....
- Danke ... So, hier ist Ihre Karte. Bitte nehmen Sie im Wartezimmer Platz.
- ....

b) Hören Sie und kontrollieren Sie. 1.70

6 Wer sagt was? Ordnen Sie die Aussagen zu: Arzt (A) oder Patient (P)?

1. ☐ Sie dürfen keinen Alkohol trinken.
2. ☐ Mir geht es nicht gut, ich fühle mich seit Tagen krank.
3. ☐ Ich schreibe Sie krank. Trinken Sie viel Tee und ruhen Sie sich aus!
4. ☐ Sie haben eine Erkältung. Bleiben Sie ein paar Tage zu Hause.
5. ☐ Wann muss ich die Medikamente nehmen?
6. ☐ Ich habe Magenschmerzen.
7. ☐ Gute Besserung!
8. ☐ Ich habe seit drei Tagen Fieber.

7 Bei der Hausärztin

a) Was fehlt Ihnen? Schreiben Sie.

a) .... b) .... c) .... d) ....

b) Welche Tipps sind für welche Person?

1. ☐ Nehmen Sie den Hustensaft dreimal täglich!
2. ☐ Bleiben Sie im Bett! Sie müssen viel schlafen!
3. ☐ Essen Sie heute nichts!
4. ☐ Nehmen Sie eine Kopfschmerztablette!

8 Textkaraoke. Hören Sie und sprechen Sie die -Rolle im Dialog.

1.71

- ...
- Ich habe Kopfschmerzen.
- ...
- Ja, seit zwei Tagen.
- ...
- Aaahhhhhhhh!
- ...
- Wie oft muss ich die Medikamente nehmen?
- ...
- Danke. Auf Wiedersehen!

9 Gute Besserung! Was ist richtig? Kreuzen Sie an.

1. Medikamente kauft man
   a ☐ im Wartezimmer.
   b ☐ in der Apotheke.

2. Termine bei der Ärztin / beim Arzt macht man
   a ☐ in der Apotheke.
   b ☐ bei der Sprechstundenhilfe.

3. Alle Versicherten haben
   a ☐ eine Krankenversichertenkarte.
   b ☐ eine Apothekenkarte.

4. Das Rezept für die Medikamente bekommt man
   a ☐ beim Arzt.
   b ☐ in der Apotheke.

10 Tipps im Internet

a) Lesen Sie den Text und sammeln Sie Tipps gegen Magenschmerzen.

Themen | Fragen | Antworten | Tipps | Bearbeiten

Omas Tipps bei Magenschmerzen

Was macht man gegen Magenschmerzen?

Simone55:
Meine Oma hat einen super Tipp. Sie trinkt heißen Kamillentee. Den Tee mit Honig trinken und fertig! Das hilft sehr gut.

Kate:
Das ist ein klasse Tipp, danke. Eine Suppe hilft bei mir auch immer super!

Sonnenmarie:
Ich gehe bei Magenschmerzen immer zum Arzt. Der kann am besten helfen!

Michel:
Ich finde, man sollte zu Hause im Bett bleiben! Cola und Salzstangen helfen auch ☺

b) Schreiben Sie weitere Tipps.

Medikamente nehmen – kein Fastfood essen – keinen Alkohol trinken – ...

11 Ich habe Halsschmerzen. Was sagt die Ärztin? Hören Sie und kreuzen Sie an.

1.72

- ☐ viel Obst essen
- ☐ 2 x am Tag vor dem Essen die Tabletten nehmen
- ☐ morgens nach dem Frühstück die Medikamente nehmen
- ☐ viel Tee trinken
- ☐ ein Glas Wein am Tag
- ☐ nicht rauchen
- ☐ nicht arbeiten und ausruhen
- ☐ Gemüse und Suppe essen

12 Imperative

a) Was sagen Sie?

1. mehr Sport machen (Sie) *Machen Sie bitte mehr Sport!*
2. mindestens drei Liter Wasser am Tag trinken (ihr) …………………………!
3. mehr Obst und Gemüse essen (Sie) …………………………!
4. jeden Tag spazieren gehen (du) …………………………!
5. den Hustensaft abends nehmen (ihr) …………………………!
6. regelmäßig Rückengymnastik machen (Sie) …………………………!
7. weniger Schokolade essen (du) …………………………!
8. heute einen Termin beim Arzt machen (ihr) …………………………!

b) Markieren Sie die Verben.

13 Verbote

a) Was darf man / dürfen Sie hier nicht? Schreiben Sie Sätze.

parken – fotografieren – ~~ins Wasser springen~~ – weiterfahren – Fußball spielen – essen und trinken – Ski fahren

1. *Hier dürfen Sie nicht* …………………………
2. …………………………
3. …………………………
4. *Hier darf man nicht ins Wasser springen.*
5. …………………………
6. …………………………
7. …………………………

b) Ergänzen Sie die fehlenden Formen von *dürfen* in der Tabelle.

	ich	du	er/es/sie	wir	ihr	sie/Sie
dürfen	…………	darfst	…………	dürfen	…………	…………

14 Persönliche Fragen und Antworten. **Wie heißt die Frage, wie heißt die Antwort?**

1. …………………………? Ja, ich liebe dich.
2. …………………………? Nein, ich verstehe dich nicht.
3. …………………………? Ja, wir denken an euch.
4. Küsst du mich? *Nein,* ………………………….
5. Kennst du schon meinen Freund? *Ja,* ………………………….
6. Brauchen Sie mich? *Nein,* ………………………….

13 Leben und lernen in Europa

1 Studium und Beruf

a) Welche Situationen verbinden Sie mit dem Studium und welche mit dem Beruf? Tragen Sie A (Studium), B (Beruf) oder C (beide) ein.

b) Arbeit mit dem Wörterbuch. Ordnen Sie die Definitionen zu.

☐ der Konzern ☐ die Krise ☐ der Kooperationspartner
☐ der Arbeitsplatz ☐ das Praktikum ☐ der Experte

a *Ort, an dem man arbeitet*

b *schwere Situation oder Zeit, z. B. für eine Person, ein Land oder eine Firma*

c *ein Teil der Ausbildung in einer Firma*

d *jmd., der mit anderen zusammenarbeitet*

e *Fachmann für einen Beruf*

f *verschiedene Firmen, die zusammen eine Verwaltung haben*

2.2 **c) Ergänzen Sie die Sätze. Hören Sie dann und kontrollieren Sie.**

Marketing-Studium – Auslandssemester – Examen – ERASMUS-Programm

1. Ein .... testet das Wissen, z. B. am Ende vom Studium oder von der Ausbildung.
2. Das .... ist ein Programm für Studenten. Sie können für ein oder zwei Semester im Ausland studieren und bekommen von der EU etwas Geld.
3. In Deutschland ist das .... sehr beliebt, viele Studenten interessieren sich für dieses Studium.
4. Viele Studenten machen in ihrem Studium ein .... Sie leben und studieren dann in einem anderen Land und lernen Sprachen.

d) Lesen Sie die Texte auf Seite 93 noch einmal und beantworten Sie die Fragen.

1. Wo wohnt Ahmed jetzt?
2. Wo lebt seine Familie?
3. Wo arbeitet Alice?
4. Was gefällt Alice an der deutschen Sprache?
5. Wo war Isabella als ERASMUS-Studentin?
6. Wo hat Isabella Deutsch gelernt?

2.3 **2 Ein Interview mit Jannis. Was ist richtig? Hören Sie das Interview und kreuzen Sie an.**

1. ☐ Jannis ist Krankenpfleger.
2. ☐ Jannis arbeitet in einem Krankenhaus in Dortmund.
3. ☐ Er hat ein ERASMUS-Semester in Köln gemacht.
4. ☐ Deutsch hat er in der Schule gelernt.
5. ☐ Jannis hat in Dortmund einen Intensivkurs gemacht.

3 Auma Obama: eine Biografie

a) Lesen Sie und schreiben Sie kurze Notizen zu der Biografie.

1960 *geboren in Kenia*

Auma Obama, geb. 1960, kommt aus Kenia. In der *Kenya High School* in Nairobi hat sie 1976 Deutsch gelernt. Sie hat ab 1980 in Saarbrücken und Heidelberg Germanistik studiert, weil sie sich sehr für deutsche Literatur und Geschichte interessiert. Sie mag die Schriftsteller Heinrich Böll und Christa Wolf.

1988 hat sie an der Universität in Nairobi und am Goethe-Institut Nairobi gearbeitet. Ein Jahr später ist sie zurück nach Deutschland gegangen. Sie hat in Bayreuth promoviert, an der Filmakademie in Berlin studiert und als Journalistin gearbeitet.

Seit 2006 lebt Auma Obama wieder in Kenia und arbeitet bei der Organisation *Care International* in Nairobi. 2008 hat sie ihrem Bruder Barack Obama bei der Präsidentenwahl geholfen. 2010 hat sie ihre Biografie *„Das Leben kommt immer dazwischen. Stationen einer Reise"* geschrieben. Sie hat immer noch viel Kontakt zu Deutschen und spricht sehr gut Deutsch.

- 64 -

b) Was ist richtig? Lesen Sie noch einmal und kreuzen Sie an.

1. Auma Obama hat Deutsch
   - a ☐ in der Schule in Bayreuth gelernt.
   - b ☐ in der Schule in Nairobi gelernt.
   - c ☐ am Goethe-Institut in Nairobi gelernt.
2. Auma Obama ist
   - a ☐ Germanistin und Journalistin.
   - b ☐ Ärztin und Journalistin.
   - c ☐ wie ihr Bruder in der Politik.
3. Auma Obama
   - a ☐ interessiert sich für das deutsche Theater.
   - b ☐ liebt deutsches Essen.
   - c ☐ mag deutsche Literatur.
4. Auma Obama
   - a ☐ spricht sehr gut Deutsch und Französisch.
   - b ☐ kennt immer noch viele Deutsche.
   - c ☐ liest immer noch gern auf Deutsch.

4 Flüssig sprechen. Hören Sie und sprechen Sie nach.

2.4

1. Deutsch gelernt. – Deutsch in der Schule gelernt. – Auma hat Deutsch in der Schule gelernt.
2. Germanistik studiert. – Germanistik in Saarbrücken und Heidelberg studiert. – Auma hat Germanistik in Saarbrücken und Heidelberg studiert.
3. als Journalistin gearbeitet. – in Deutschland als Journalistin gearbeitet. – Auma hat in Deutschland als Journalistin gearbeitet.
4. geholfen. – Barack Obama geholfen. – Auma hat Barack Obama geholfen.

5 Gründe für das Deutschlernen. Verbinden Sie.

Ahmed lernt Deutsch, 1	a weil sie deutsche Literatur und Geschichte mag.
Alice hat Deutsch gelernt, 2	b weil Deutsch Spaß gemacht hat.
Isabella lernt Deutsch, 3	c weil er in Deutschland leben und arbeiten will.
Auma hat Deutsch gelernt, 4	d weil ihr Freund ein Deutscher ist.
Florence lernt Deutsch, 5	e weil sie in Deutschland Examen machen will.

6 Gründe nennen

a) Verbinden Sie die Sätze mit *weil*.

1. Glauco kauft eine deutsche Grammatik. Er will den B1-Test machen.

   ....

2. Marina hat in der Schule viel Deutsch gelernt. Sie hatte jeden Tag Deutschunterricht.

   ....

3. Vangelis arbeitet in einem Verlag. Er liest gern.

   ....

4. Vangelis sieht seine Eltern häufig. Der Flug von Berlin nach Athen ist billig.

   ....

b) Lesen Sie die Texte auf Seite 94 noch einmal und beantworten Sie die Fragen.

1. Warum lernen viele Chinesen Englisch?
2. Warum lernt Florence Deutsch?
3. Warum lernt Osama Deutsch?

Viele Chinesen lernen Englisch, weil …

7 Wortakzent in internationalen Wörtern

a) Ordnen Sie die Wörter den Zeichnungen zu.

der Intensivkurs – das E-Book – die Universität – das Radio – die Politik

....

....

....

....

....

2.5

b) Ergänzen Sie die passenden Wörter. Hören Sie dann und kontrollieren Sie Ihre Lösungen.

1. Ich höre Musik mit dem .... oder mit dem Computer.
2. Ich studiere an der .... Bonn Wirtschaft und .... In zwei Monaten gehe ich für ein Auslandssemester nach Seoul. Ich mache einen .... Koreanisch.
3. Fremdsprachen lerne ich an der Volkshochschule. Ich lerne aber auch gern zu Hause mit dem ....

c) Hören Sie noch einmal, markieren Sie die Akzente in den internationalen Wörtern und sprechen Sie die Wörter schnell.

8 Komparativ und Superlativ

a) Markieren Sie die Komparative und Superlative und schreiben Sie sie in die Tabelle in b).

L	F	O	M	E	R	E	L	U	N	O	**L**	**Ä**	**N**	**G**	**E**	**R**	H	F	T	K	B	R	H
Ä	F	F	E	N	H	Ö	H	E	R	C	G	F	S	A	R	P	K	L	R	Ü	I	L	Ö
N	A	E	I	L	Z	S	T	H	Ä	S	S	L	I	C	H	S	T	E	P	R	O	A	C
G	R	S	C	H	N	E	L	L	E	R	Q	K	H	A	Y	W	E	N	F	Z	S	N	H
S	H	Ö	C	H	B	P	E	R	L	K	S	C	H	N	E	L	L	S	T	E	N	G	S
T	H	Ä	S	S	L	I	C	H	E	R	Z	A	V	B	R	D	K	K	I	R	G	Ö	T
E	I	N	E	D	G	T	I	D	B	A	L	Q	B	E	I	D	J	P	H	M	X	S	E
N	E	N	E	O	D	M	V	I	E	L	E	Ü	I	K	Ü	R	Z	E	S	T	E	E	N

b) Ergänzen Sie dann die Tabelle.

Grundform	Komparativ	Superlativ	
lang	länger als	am längsten	der/das/die längste ...

9 Tierrekorde. Ergänzen Sie die passenden Adjektive im Komparativ und im Superlativ.

Das .... (schnell) Tier auf dem Land ist der Gepard. Er kann 110 km in der Stunde laufen. Der Wanderfalke ist aber noch .... (schnell). Er fliegt mit 350 km in der Stunde zur Erde.

Welcher ist der .... (groß) Fisch? Das ist der Walhai. Der Blauwal ist viel .... (groß), aber der Blauwal ist kein Fisch.

Der Hals von der Giraffe ist .... (lang) als der Hals vom Strauß. Aber der Vogel Strauß ist .... (groß) und .... (schnell) Laufvogel auf der Erde.

10 Sprache im Internet. Lesen Sie den Text und ergänzen Sie *als* und die Formen von *viel* und *wenig*.

Welche Sprachen findet man am meisten im Internet?
Mehr als jede zweite Webseite ist auf Englisch und Chinesisch. Die meisten Personen im Internet sprechen Englisch (26,8 %) und Chinesisch (24,2 %). Danach folgen die Sprachen Spanisch (7,8 %), Japanisch (4,7 %), Portugiesisch (3,9 %), Deutsch (3,6 %) und Arabisch (3,3 %). 3 % der Personen sprechen Französisch und Russisch. Koreanisch ist mit 2 % die „kleinste" der untersuchten Sprachen.

1. In keiner Sprache gibt es *mehr* Webseiten .... auf Englisch und Chinesisch.
2. Aber es gibt .... englischsprachige Personen im Internet .... chinesische.
3. Auf Portugiesisch gibt es .... Seiten .... auf Deutsch.
4. Man findet auf Arabisch .... Internetseiten .... auf Deutsch und auf Japanisch.

14 Familiengeschichten

1 Jacqueline erzählt

a) Lesen Sie den Text in 1 auf Seite 98 noch einmal. Notieren Sie Informationen zu den Personen.

Name	*Informationen*
Jacqueline	*Sie hat einen Sohn (Name: Lukas).*
Marko	*Er hat einen Hund (Name: ...*

2.6

b) Hören Sie die Beschreibung von Jacqueline in 2 a) auf Seite 99 noch einmal. Welche Informationen sind neu? Ergänzen Sie die Tabelle in a).

2 Meine Familie

2.7

a) Yasmina stellt ihre Familie vor. Hören Sie und ergänzen Sie die Namen und die Familienwörter wie im Beispiel.

b) Hören Sie noch einmal und notieren Sie Informationen zu den Personen.

Jascha: • ist zwei Jahre jünger als Yasmina
• studiert ...
Alfred: • lebt in Frankfurt, ...

3 Alfreds Familie. Sie sind jetzt Alfred. Beschreiben Sie die Familie. Wie heißen die Familienwörter jetzt?

Das ist meine Familie.
Meine Frau heißt Helga.

4 Familienwörter – Wortfamilie. Kombinieren Sie.

die Großfamilie, die Familienfeier ...

Familie -n-

groß
klein

Feier
Foto
Urlaub

Leben
Treffen
Name

5 s am Nomen. Echo spielen. Formulieren Sie Sätze wie im Beispiel.

1. Das ist der Bruder von Yasmina.
2. Das ist die Mutter von Yasmina und Jascha.
3. Das ist der Mann von Sabine.
4. Das ist der Schwager von Wolfgang und Astrid.
5. Das sind die Enkelkinder von Alfred.

Ach so, das ist Yasminas Bruder.

6 Über Fotos sprechen

a) Großmutter Gitta stellt ihre Familie vor. Sehen Sie das Foto an. Welche Aussage ist richtig? Kreuzen Sie an.

Familie Vogt aus Bremen

- ☐ *„Meine Enkeltochter Kaja sitzt hinten links."*
- ☐ *„Thorsten sitzt hinter seinem Sohn Malte."*
- ☐ *„Rechts hinten sitzt meine Enkeltochter Sophie, daneben sitzt Luisa."*
- ☐ *„Meine Tochter Birgit sitzt vorne links."*

b) Schreiben Sie weitere Sätze zum Foto. Die Redemittel auf Seite 100 helfen.

„Thorsten sitzt …

7 Possessivartikel im Dativ. Ergänzen Sie die Tabelle.

Grammatik

		der Bruder das Enkelkind	die Tante
Singular	ich	meinem	....
	du	deinem	....
	er/es	seinem	....
	sie	....	ihrer
Plural	wir	....	unserer
	ihr	eurem	eurer
	sie/Sie	....	ihrer/Ihrer
Plural (Nomen)	meinen/unseren Kindern/Tanten/Cousins …		

Minimemo
Artikel im Dativ
meinem/(k)einem
meiner/(k)einer

Minimemo
Dativ Plural
die Kinder → mit den Kindern

8 Einladungen

a) Lesen Sie die Einladungen und die Wünsche. Ordnen Sie die Wünsche den Einladungen zu.

Von: Thaumann, Nadja
Cc:
Betreff: Geburtstagsfeier

Hallo liebe Freundinnen und Freunde,
nächste Woche habe ich Geburtstag! Wenn das kein Grund zum Feiern ist!
Ich lade euch zu meiner Geburtstagsfeier am 26.08. ab 21 Uhr ein.
Es gibt Getränke und einen DJ.
Wir feiern im Theatercafé in der Wiesenstraße 53.
Ich freue mich auf euch!
Eure Nadja ☐

Einladung zu meiner *Taufe*

Lena

am Sonntag, den 8. Juni 2017 um 10:00 Uhr in der Peterskirche in Wien ☐

Liebe Maja,
unser Haus ist endlich fertig!

Am Sonntag feiern wir unseren Einzug mit Familie und Freunden. Ab 11 Uhr frühstücken wir bei uns in der Friedensallee 102.

Wir freuen uns auf dich!
Herzliche Grüße
Franzi und Thomas ☐

c *Danke für die Einladung! Viel Glück im neuen Haus!*

a *Herzlichen Glückwunsch! Wir wünschen dir eine tolle Party!*

b *Alles Gute für eure Kleine!*

b) Was schenken Sie zum Geburtstag, zur Taufe, zum Einzug? Schreiben Sie.

Ich schenke meinen Nachbarn zum Einzug Brot und Salz.

9 Lebensformen in Deutschland

2.8

a) Hören Sie die drei Interviews und ergänzen Sie die Sätze.

1. Christine lebt als S................................

2. Andy und Rafael leben Z................................

3. Karin und Uwe sind seit zehn Jahren V................................

b) Was ist richtig? Hören Sie noch einmal und kreuzen Sie an.

1. ☐ Christine ist oft einsam.
2. ☐ Christine macht viel mit ihren Freunden.
3. ☐ Die Nachbarn wissen, dass Andy und Rafael ein Paar sind.
4. ☐ Die Eltern denken, dass Andy und Rafael in einer Wohngemeinschaft leben.
5. ☐ Karin und Uwe haben zwei Töchter.
6. ☐ Karin und Uwe arbeiten beide.

10 Wo ist Mari? **Beschreiben Sie Mari aus dem Artikel in 2 auf Seite 102. Schreiben Sie Sätze wie im Beispiel.**

Mari ist eine junge Frau mit einem weißen Fahrrad.

11 Katze vermisst. **Lesen Sie den Aushang und ergänzen Sie die Adjektivendungen.**

Vermisst!

Wer hat Luci gesehen?

Wir suchen unsere Katze Luci.

Luci ist noch jung....[1], sie ist erst ein Jahr alt.

Luci ist eine groß....[2], schmal....[3] Katze mit einer schwarz....[4] Nase, einem grau....[5] Fell und mit einem schwarz....[6] Rücken.

Sie hat weiß....[7] Pfoten und grün....[8] Augen.

Bitte meldet euch! Familie Hilpert Tel: 0511 44628

12 Familie Hilpert und die Katze Luci

2.9

a) **Hören Sie das Telefonat mit Frau Hilpert. Ordnen Sie zu.**

Eine Woche lang	1	a	ist sie wieder normal.
Zwei Wochen lang	2	b	ist Luci zurückgekommen.
Vor zwei Tagen	3	c	hat sie lange geschlafen.
Heute	4	d	war Luci bei einer Frau.
Gestern	5	e	war Luci weg.

b) **Was sagt Frau Hilpert über die Katze?**

Sie sagt, dass Luci ...

13 Personen beschreiben. **Sehen Sie das Bild an und beschreiben Sie die Personen wie im Beispiel.**

Nasrin Marcelo Dominik Marco Diana

Der Mann mit dem weißen T-Shirt, das ist Dominik.
Die Frau mit ...

15 Unterwegs

1 Wortfeld Reisen. Ergänzen Sie.

Buch – Kreditkarte – Reisepass – Ticket – Visitenkarte – ~~Computer~~ – Sonnenbrille – Postkarte – Stadtplan – Portemonnaies – Hotelzimmer

1. Entschuldigung, darf ich im Flugzeug meinen *Computer* .... benutzen?
2. Vergiss das .... und deinen .... nicht, oder du kannst nicht fliegen!
3. Wie schön! Im Urlaub kann ich ein .... lesen!
4. Wo ist denn die Kantstraße? Hier in der Nähe. Hast du keinen .... ?
5. Du fliegst nach Italien? Vergiss deine .... nicht! Dort ist tolles Wetter!
6. Bitte schreib mir eine .... aus dem Urlaub.
7. Haben Sie schon ein .... für mich reserviert?
   Ja, natürlich, im Hotel Central in Berlin.
8. Bei meiner Reise in die Schweiz nehme ich zwei .... mit: eins für Schweizer Franken und eins für Euro.
9. Bezahlen Sie Ihre Rechnung bar oder mit .... ?
10. Mein Name ist Weimann. Darf ich Ihnen meine .... geben?

2 Vermutungen äußern. Wo waren die Personen? Was haben sie gemacht? Was ist passiert? Formulieren Sie Vermutungen.

3 *immer – manchmal – selten – nie.* Was machen Sie immer, manchmal, selten oder nie im Urlaub? Schreiben Sie.

4 Über eine Zugfahrt sprechen

a) Ergänzen Sie die trennbaren Verben.

abholen – ankommen (2x) – abfahren – umsteigen (2x)

Hallo, Nils, hier ist Mama. Wann ....[1] du denn am Mittwoch in Münster ....[2]?

Hi, Mama! Ich komme am Mittwoch mit dem ICE. Der Zug ....[3] um 15.44 Uhr in Bonn ....[4] und ....[5] dann um 17.56 Uhr in Münster ....[6].

Fährst du direkt nach Münster oder ....[7] du in Köln ....[8]?

Nein, ich fahre durch und muss nicht ....[9]. Ich habe auch einen großen Koffer.

Kein Problem. Wir ....[10] dich mit dem Auto vom Bahnhof ....[11].

b) Hören Sie das Telefonat und kontrollieren Sie.

2.10

5 Eine Reise buchen

2.11

a) Hören Sie den Dialog. Notieren Sie die Städte, die Uhrzeiten und den Preis.

DB

Online-Ticket

Ihre Reiseverbindung und Reservierung. Hinfahrt am 15. 11.

Halt	Datum	Zeit	Gleis	Produkte	Reservierung
______	15. 11.	ab ______	13	IC 61458	1 Sitzplatz, Wagen 21, Platz 68, Tisch, Nichtraucher
______	15. 11.	an ______	8	IC 4843	1 Sitzplatz, Wagen 32, Platz 14, Tisch, Nichtraucher

Positionen IC Fahrkarte **Preis** ______ MwSt. 19 %

b) Hören Sie noch einmal und kontrollieren Sie.

6 Textkaraoke. Hören Sie und sprechen Sie die -Rolle im Dialog.

2.12

...
Guten Tag, wann fährt der nächste Zug nach Hamburg-Altona ab?
...
Und wann komme ich in Hamburg-Altona an?
...
Gut, von welchem Gleis fährt der Zug ab?
...
Vielen Dank.

7 Nach Informationen fragen. Ergänzen Sie den Dialog.

- *Wann* ......
- Der erste Zug nach Köln fährt morgen um 5.37 Uhr.
- ......
- Moment. Der Zug kommt in Köln um 9.53 Uhr an.
- ......
- Nein, müssen Sie nicht. Der Zug fährt direkt bis Köln.
- ......
- Ohne BahnCard kostet die einfache Fahrt 59 Euro.
- ......
- Ja, wir akzeptieren alle Kreditkarten.

8 Wer sagt was? Ordnen Sie die Aussagen zu: Kunde (K) oder Verkäufer (V)?

1. ☐ Zahlen Sie bar oder mit Kreditkarte?
2. ☐ Ja, wir fliegen am 25. Januar hin und am 2. Februar zurück. Geht das?
3. ☐ Super, dann sind wir mittags in Wien. Und wann genau ist der Rückflug?
4. ☐ Pro Person 130 Euro.
5. ☐ Sie landen am 2. Februar um 19 Uhr wieder in Hamburg. Soll ich die Flüge buchen?
6. ☐ Ja, das geht. Die Ankunft ist dann um 12 Uhr in Wien.
7. ☐ Moment, wie teuer ist der Flug?
8. ☐ Mit Kreditkarte bitte.
9. ☐ O.k., dann buchen Sie die Flüge bitte.

9 Eine Urlaubsreise planen

a) Lesen Sie die Broschüre und ergänzen Sie die Tabelle.

Das Hotel

Direkt am Strand von El Bajondillo im Süden von Spanien liegt unser schönes Hotel „Al Sur". Es hat 250 Zimmer – die meisten mit Blick auf das Meer.

Die Zimmer

Alle Zimmer sind mit Bad, Internet, TV, Telefon, Minibar und Balkon (Größe: ca. 25 m²).

Service

Zum Hotel gehören ein Pool, Tennisplätze und ein Fitness-Studio. Im Hotel gibt es Geschäfte und einen Supermarkt. Mit unseren Animateuren erleben Sie und Ihre Kinder Spaß und Entspannung!

Wo?	*das Hotel*	*die Zimmer*	*der Service*	*der Preis*
....	....	....	....	....

b) Im Reisebüro. Schreiben Sie einen Dialog mit den Informationen aus der Tabelle in a).

Wo ...? – Was kostet ...? – Gibt es ...? – Wie groß ...?

– Guten Tag, ich suche eine Reise in den Süden für mich und meine Familie. Unser Sohn ist sechs Jahre alt. Haben Sie ein interessantes Angebot?
+ Wir haben eine Reise nach Südspanien im Angebot. Es gibt dort ein sehr schönes Hotel.
– Wo ...

10 Sätze mit *aber*

a) Schreiben Sie die Sätze.

1. Meine Frau möchte gern mit dem Auto nach Spanien fahren, – *ein Flug / schneller*
   aber ....
2. Ich möchte gern eine große Reise machen. – *Urlaub zu Hause / billiger*
   ....
3. Wir machen gern Strandurlaub, – *eine Rundreise / interessanter*
   ....

2.13 **b) Hören Sie den Dialog. Welche Aussage aus a) passt? Kreuzen Sie an.**

1 ☐ 2 ☐ 3 ☐

c) Hören Sie noch einmal. Welche Aussagen sind falsch? Kreuzen Sie an und korrigieren Sie.

1. ☐ Steffi hat keinen Urlaub im August.
2. ☐ Tobi findet die Angebote in der Türkei gut.
3. ☐ Tobi und Steffi machen gern Hotelurlaub, aber Camping-Urlaub ist billiger.
4. ☐ Sie haben schon oft Urlaub im Hotel gemacht.
5. ☐ Lea macht gern Strandurlaub.

11 **Empfehlungen. Was sollen Frank und Mia tun? Ergänzen Sie die E-Mail mit einer Form von *sollen* und einem Verb aus dem Kasten.**

gehen – anrufen – kaufen

An ... frank.seidler@web.de
Cc ...
Betreff: Urlaub

Lieber Frank,

ich habe unsere Reise gebucht! Aber wir müssen noch viel machen!

Die Frau im Reisebüro hat gesagt, ich .... [1] zum Arzt .... [2]. Wir brauchen noch Medikamente. Wir .... [3] einen guten Reiseführer .... [4], und am besten auch einen Stadtplan. Ich habe mit deiner Mutter gesprochen, du .... [5] sie nach der Reise .... [6]. Ich freue mich so:-)!

Bis heute Abend. Kuss, deine Mia

12 **Flüssig sprechen. Hören Sie und sprechen Sie nach.**

2.14

1. für nächste Woche reservieren – eine Fahrkarte für nächste Woche reservieren – Er soll eine Fahrkarte für nächste Woche reservieren.
2. für die Gruppe ausdrucken – den Fahrplan für die Gruppe ausdrucken – Du sollst den Fahrplan für die Gruppe ausdrucken.
3. in Paris ankommen – früh morgens in Paris ankommen – Wir sollen früh morgens in Paris ankommen.

13 **Urlaub vom Alltag. Lesen Sie den Text und ergänzen Sie die passenden Wörter.**

bei einer Firma – etwas erleben – meine Familie – warmes Wasser – mit den Hunden – in Zelten – gut erholt – Strandurlaub machen – in einem großen Haus

Abenteuer – Leben - 18 -

Mit dem Hundeschlitten durch die Schweiz

Immer mehr Menschen wollen im Urlaub etwas erleben. Sie buchen einen Abenteuerurlaub. Volker Mende ist einer von ihnen.

Volker Mende ist Programmierer .... [1] in Stuttgart. Er ist verheiratet und lebt mit seiner Frau und seinen beiden Kindern .... [2]. Im Sommer fahren sie meistens ans Meer. Aber Herr Mende möchte mehr. Er sagt: „Immer nur vor dem Computer sitzen und im Sommer .... [3], ist langweilig. Einmal im Jahr möchte ich .... [4]. Dann mache ich Urlaub allein, ohne .... [5]. Dieses Jahr fahre ich eine Woche mit einem Hundeschlitten durch die Schweiz. Ein Leben ohne Heizung und .... [6], nur die Hunde und die Natur! Für eine Woche ist das toll.“ Mit einer Gruppe von drei anderen Männern und zwei Frauen wandert und fährt er .... [7] durch die Berge in der Schweiz. Am Abend kochen sie gemeinsam und schlafen .... [8]. Nach einer Woche Abenteuerurlaub kommt Herr Mende .... [9] nach Hause zurück. Dann macht auch der Alltag wieder Spaß.

16 Freizeit und Hobbys

2.15

1 Drei Personen, drei Hobbys. Hören Sie die Interviews von Seite 110 noch einmal und ergänzen Sie die Informationen.

1. Die beste Marathon-Zeit von Ulf war ....
2. Der schönste Marathon für Ulf war der ....
3. Mit Zumba kann man .... und sich fit halten.
4. Jens geht .... in der Woche zum Zumba.
5. Ping hat Wandern in .... entdeckt.
6. Ping und ihre Freunde wandern oft .... Kilometer.

2 Zeitungsmeldungen verstehen

a) Richtig oder falsch? Lesen Sie die Texte auf Seite 111 noch einmal und kreuzen Sie an.

	richtig	falsch
1. Der Deutsche Fußball-Bund hat mehr Mitglieder als die Fitness-Studios in Deutschland.	☐	☐
2. Im Fitness-Studio zahlt man zwischen 20 und 60 Euro im Monat.	☐	☐
3. Fitness-Fans wollen ihre Fitness verbessern und den Körper in Form bringen.	☐	☐
4. 2016 war der 15. Zermatt-Marathon.	☐	☐
5. Beim Zermatt-Marathon 2016 sind über 2000 Läufer gelaufen.	☐	☐
6. Martina Strähl war mit 3:35:44 die schnellste Frau beim Zermatt-Marathon 2016.	☐	☐

b) Korrigieren Sie die falschen Aussagen aus a).

3 Newsletter-Informationen zusammenfassen. Lesen Sie den Newsletter auf Seite 112 noch einmal. Ergänzen Sie die Wörter in der Sprechblase.

Gartenarbeit – Ruhe – Zeitunglesen – Yoga und Pilates – Information

Die beliebtesten Freizeitaktivitäten sind Telefonieren, Radiohören, Fernsehen und ....[1]. Viele Deutsche wollen Unterhaltung und ....[2]. Aber viele Deutsche wünschen sich auch mehr ....[3]. Der Alltag ist stressig. Beliebte Hobbys sind daher z. B. ....[4]. Gegen Stress hilft auch ....[5].

2.16

4 Ein Interview verstehen

a) Hören Sie das Interview mit dem Studenten Jovan Taneski aus Augsburg. Über welche Freizeitaktivitäten spricht er? Markieren Sie.

Musik hören – Tennis spielen – heimwerken – in einer Band spielen – Gitarre spielen – tanzen – reiten – Handball spielen – Computer spielen – wandern – Briefmarken sammeln – Zeitschriften lesen – Fahrrad fahren – Bücher lesen – laufen gehen

b) Hören Sie noch einmal und beantworten Sie die Fragen.

1. Welche Hobbys hat Jovan?
2. Was macht Jovan nicht gern?
3. Was findet Jovan langweilig?
4. Was macht Jovan nie?

5 Über Hobbys sprechen

2.17

a) Textkaraoke. Hören Sie und sprechen Sie die ‑Rolle im Dialog.

…
Ich spiele gern Computer.
…
Ich finde Gartenarbeit langweilig.
…
Am liebsten treffe ich mich mit Freunden.

b) Und Sie? Was machen Sie gern in der Freizeit? Was finden Sie langweilig? Was machen Sie am liebsten? Schreiben Sie. Die Redemittel auf Seite 38 helfen.

Ich interessiere mich für Literatur.
Ich mag …

6 Vor dem Ausgehen

a) Ergänzen Sie die Reflexivpronomen.

Sabrina und Markus haben …………[1] mit Freunden zum Essen verabredet. Sabrina freut …………[2] auf den Abend, aber Markus hat keine Lust.

- Markus, bist du schon fertig?
- Ich muss …………[3] noch rasieren und ich will …………[4] noch umziehen.
- Mach bitte schnell, ich möchte nicht schon wieder zu spät kommen. Du weißt doch, Anne ärgert …………[5] immer so schnell.
- Jaaa. Warum treffen wir …………[6] so oft mit Anne und Jörg?
- Nie interessierst du …………[7] für meine Freunde! Du willst …………[8] lieber mit deinen Freunden treffen, stimmt's?
- Nein, ich mag deine Freunde. Ich unterhalte …………[9] nur besser mit meinen Freunden.
- Ja, ich weiß. Aber komm jetzt endlich.

2.18

b) Hören Sie und kontrollieren Sie. Lesen Sie dann den Text laut.

7 Nach der Arbeit

a) Ordnen Sie die Zeichnungen den Wörter zu.

☐ sich beim Essen ausruhen ☐ nach Hause fahren
☐ sich duschen ☐ sich umziehen ☐ Sport machen

a 
b 
c 
d 
e 

b) Was macht Sabrina wann? Schreiben Sie.

Zuerst fährt Sabrina nach Hause, dann …

8 Flüssig sprechen. Hören Sie und sprechen Sie nach.

2.19

1. gefährlich. – cool, aber gefährlich. – Skifahren ist cool, aber gefährlich.
2. super. – super, aber teuer. – Skydiving ist super, aber teuer.
3. ruhig. – schön und ruhig. – Malen ist schön und ruhig.
4. anstrengend. – gesund, aber anstrengend. – Laufen ist gesund, aber anstrengend.
5. spannend. – einfach und spannend. – Fotografieren ist einfach und spannend.

9 Volkstanzfreunde Köln e.V.

a) Lesen Sie die Internetseite der Volkstanzfreunde Köln e.V. und ordnen Sie die Begriffe den richtigen Abschnitten zu.

☐ weitere Freizeitaktivitäten
☐ die Geschichte
☐ die Tanzkleidung

Volkstanzfreunde Köln e.V. - - - Volkstanz in Köln und Leverkusen - - - Über uns -
http://www.volkstanzfreunde-koeln.de/index.php

Volkstanzfreunde Köln e.V.

Über uns | Termine | Bilder | Kontakt

Über uns

Im Sommer 1983 haben wir uns zum ersten Mal getroffen und zusammen getanzt, seit 1991 sind wir ein Verein und heißen „Volkstanzfreunde Köln e.V.". Unsere Tanzkleidung hat die Farben der Stadt Köln: Rot und Weiß. Die Frauen tragen eine weiße Bluse und einen roten Rock, die Männer tragen ein weißes Hemd und eine schwarze Hose.

Wir treffen uns regelmäßig zum Tanzen, aber auch für andere Aktivitäten. Im letzten Jahr sind wir zum Beispiel eine Woche mit dem Fahrrad an der Donau entlanggefahren. Oder in Valencia, Spanien, haben wir eine Freundin und ihre Familie besucht. Manchmal gehen wir auch zusammen wandern. Tanzen, Wandern, Reisen - wir machen in unserer Freizeit gern etwas zusammen.

b) Lesen Sie den Text noch einmal und sammeln Sie Informationen in der Tabelle.

Name?	*Seit wann?*	*Tanzkleidung Frauen und Männer?*	*Weitere Freizeitaktivitäten?*
....	....	....	....

10 Welcher Verein passt zu Mark?

2.20

a) Hören Sie das Gespräch zwischen Leyla und Mark. Über welche Vereine sprechen sie? Kreuzen Sie an.

☐ Agilitiy Team Cologne e.V.
☐ Volkstanzfreunde Köln e.V.
☐ Kölner Karnevalsverein „Unger uns" 1984 e.V.
☐ Fotowerkstatt Köln
☐ Nordwest e.V.
☐ Reitverein Porz e.V.
☐ Konzertchor Köln e.V.
☐ Rheinstars Köln

b) Was möchte Mark machen und was kann oder möchte er nicht machen? Hören Sie noch einmal und ordnen Sie zu.

Basketball spielen – tanzen lernen – Sport machen – Karneval feiern – schwimmen – reiten

Das möchte Mark machen:	*Das kann/möchte Mark nicht machen:*
....	....

11 Die Deutschen und ihre Vereine. Lesen Sie den Magazin-Text auf Seite 114 noch einmal. Warum findet Ziwei die Deutschen „vereinsverrückt“? Kreuzen Sie an.

- **a** ☐ Es gibt in Deutschland viele Vereine für verrückte Personen.
- **b** ☐ Es gibt viele verrückte Vereine in Deutschland.
- **c** ☐ Die Deutschen verbringen viel Zeit in Vereinen, sie sind verrückt nach ihren Vereinen.
- **d** ☐ Die Deutschen sind verrückt, weil es zu viele Vereine in Deutschland gibt.

12 Indefinita. Was mag meine Familie (nicht)? Schreiben Sie acht Sätze.

Alle Viele Wenige Niemand	mögen/mag machen/macht	(gern)	klassische Musik. die Bilder von Picasso. Spaghetti. Sport. Hunde. Gedichte. Urlaub am Meer. Familienfeiern. lange Spaziergänge. Picknicke. Städtereisen. Radtouren.

1. Alle mögen Spaghetti.
2. ...

13 Emotionen verstehen

a) Traurig, wütend, gelangweilt oder erfreut? Ordnen Sie die vier Emotionen den Fotos zu.

a

☐ ....

b

☐ ....

c
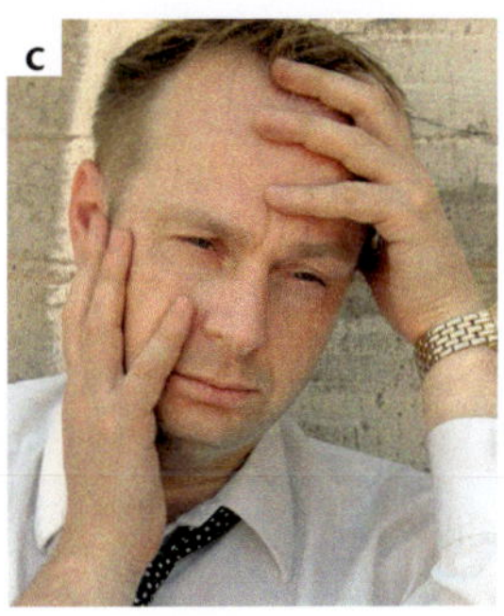
☐ ....

d
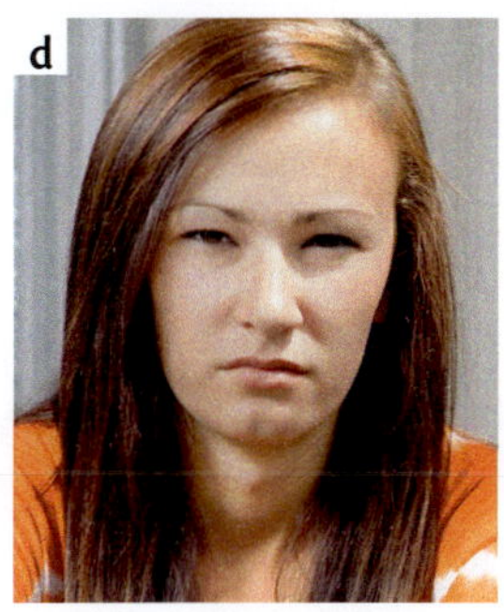
☐ ....

2.21 **b) Hören Sie die Aussagen und ordnen Sie sie den Fotos zu.**

2.21 **c) Hören Sie noch einmal und sprechen Sie die Aussagen mit Gefühl nach.**

14 Ausrufe

a) Ergänzen Sie die passenden Ausrufe: *Oh! Aua! Juhu! Iii!* und *Mist!*

1. ...., das tut weh!

2. ...., endlich Ferien!

3. ...., eine Spinne!

4. ...., mein Handy ist aus!

5. ...., was für schöne Blumen.

2.22 **b) Hören Sie und kontrollieren Sie. Sprechen Sie die Sätze dann mit Gefühl nach.**

17 Medien und Alltag

1 Medien nutzen

2.23

a) Hören Sie die Interviews. Über welche Medien sprechen Helge, Aaron und Samir? Notieren Sie.

Helge: Zeitung,

b) Wer sagt was? Ordnen Sie die Aussagen zu: Helge (H), Aaron (A) oder Samir (S).

1. ☐ Ich habe seit einem Jahr ein Handy.
2. ☐ Ich sehe fast täglich fern.
3. ☐ Ich lese oft Bücher.
4. ☐ Manchmal höre ich Schallplatten.
5. ☐ Ich benutze sehr oft mein Notebook.
6. ☐ Ich lese täglich die Zeitung.
7. ☐ Ich höre sehr selten Radio.

Helge P. (65)

Aaron F. (23)

Samir N. (29)

c) Markieren Sie die Zeitadverbien.

2 Warum vergessen wir Dinge im Alltag?

a) Lesen Sie den Ratgebertext auf Seite 118 noch einmal. Welche Gründe nennt Dr. Winter? Kreuzen Sie an.

Wir vergessen Dinge, weil

☐ es keine wichtigen Dinge sind.
☐ wir viel Stress im Alltag haben und wir nicht an alles denken können.
☐ wir nicht gern an unangenehme Dinge denken.

b) Welche Gründe gibt es noch? Ergänzen Sie weitere.

3 Kurznachrichten verstehen und schreiben

a) Lesen Sie die Nachrichten. Markieren Sie die Redemittel von Seite 119. Schreiben Sie dann die Antwort von Jana.

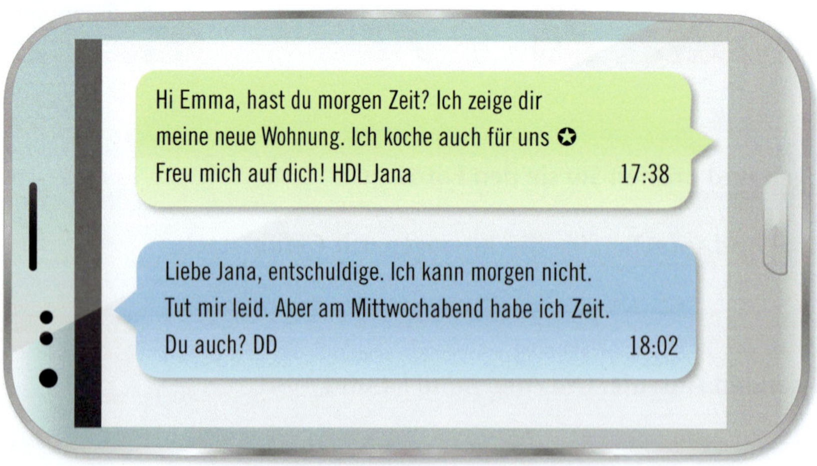

b) Schreiben Sie Kurznachrichten.

1. Alina Mayer schreibt an ihren Freund Pit. Sie muss länger arbeiten. Pit soll schon das Essen machen.
2. Frau Salomon schreibt an ihren Chef. Sie erinnert ihn an ein Treffen am nächsten Tag.
3. Alex Strunz hatte einen Unfall. Er schreibt eine Kurznachricht an seine Frau. Sie soll ihn abholen.
4. Herr Bachmann hat Verspätung. Er schreibt eine SMS. Frau Wang und Herrn Li sollen auf ihn warten.
5. Paul hat zwei Theaterkarten für morgen Abend. Er schreibt Mara eine Kurznachricht und fragt, ob sie mitkommt.

4 Selbsttest: Computerverben

a) Lesen Sie den Dialog und ergänzen Sie die Verben.

liken – mailen – surfen – bloggen – skypen – posten

- Jeanne hat eine Nachricht bei Facebook gepostet. Das gefällt mir, ich ……………………[1] es.
- Jeanne ……………………[2] häufig Nachrichten, oder?
- Ja, sie ……………………[3] gern im Internet. Sie und ihre Freundin Mandy schreiben einen Blog.
- Cool, ich ……………………[4] auch gern. Wollen wir mit Jeanne und Mandy morgen über Skype telefonieren?
- Ja, super ich ……………………[5] ihnen, dass wir morgen ……………………[6].

b) Und Sie? Was machen Sie wo? Ordnen Sie zu.

Videos ansehen – mit Freunden telefonieren – Nachrichten posten – Filme ansehen – Fotos zeigen – mit Freunden chatten – Nachrichten kommentieren – Musik hören

Facebook: ……………………	Youtube: ……………………
Skype: ……………………	Twitter: ……………………
Instagram: ……………………	Snapchat: ……………………
WhatsApp: ……………………	…: ……………………

5 Leiser bitte

a) Ordnen Sie die Sätze den Zeichnungen zu.

1

2

3

4

☐ Gefällt dir das Programm?
– Was hast du gefragt?
Ich habe gefragt,
ob dir das Programm gefällt.

☐ Übst du noch lange?
– Was hast du gesagt?
Ich möchte wissen,
…………………………………………….

☐ Findest du die Musik auch zu laut?
– Was hast du gesagt?
Ich möchte wissen,
…………………………………………….

☐ Kannst du bitte langsamer fahren?
– Was hast du gefragt?
Ich habe gefragt,
…………………………………………….

b) Beenden Sie die Sätze wie im Beispiel.

6 **Die Internationale Funkausstellung in Berlin. Schreiben Sie indirekte Fragen. Nutzen Sie die Satzanfänge.**

CONSUMER ELECTRONICS UNLIMITED

Die Internationale Funkausstellung (IFA) ist die größte Messe für Radio und Fernsehen und andere elektronische Medien. Sie sind in Berlin – was möchten Sie wissen?

1. Wann beginnt die Messe?
2. Wo findet die Messe statt?
3. Ist der Eintritt für Studenten billiger?
4. Kann man die Produkte dort kaufen?

Es interessiert mich, …
Können Sie mir sagen, …
Wissen Sie, …

7 **Flüssig sprechen. Hören Sie und sprechen Sie nach.** 2.24

1. alte Schallplatten – kauft alte Schallplatten – Mein Vater kauft manchmal alte Schallplatten.
2. schönen Schmuck – sucht schönen Schmuck – Meine Freundin sucht meistens schönen Schmuck.
3. neue Fahrräder – bestellt neue Fahrräder – Meine Schwester bestellt selten neue Fahrräder.
4. gebrauchte Kleidung – kauft gebrauchte Kleidung – Mein Kollege kauft oft gebrauchte Kleidung.

8 **Selbsttest: Adjektivendung**

a) Lesen Sie die Anzeigen und ergänzen Sie die Adjektivendungen.

 1	**Smartphone mit Tasche zu verkaufen** Verkaufe schick..... schwarz..... Smartphone mit Tasche. Funktioniert wie neu!	**50 Euro** 13357 Berlin Mitte
 2	**Monitore, Computer, Drucker** Alt..... und neu..... Monitore, Computer und Drucker, modern..... Software, gut..... Beratung.	**ab 100 Euro** 10245 Berlin Friedrichshain
 3	**Anrufbeantworter** Verschenke modern..... Anrufbeantworter, schwarz, nicht benutzt. Für Selbstabholer!	10825 Schöneberg
 4	**Fernseher HD 102 cm** Verkaufe neu..... Fernseher. Groß..... Monitor, sehr gut..... Bild, neu..... Technik.	**279 Euro** 10969 Berlin Kreuzberg

b) Schreiben Sie eine Anzeige.

	**HD Kopfhörer: blau – leicht – gute Qualität**	**... Euro** 13086 Berlin Weißensee

9 Selbsttest: Adjektive ohne Artikel / mit unbestimmtem Artikel. Lesen Sie die E-Mail und ergänzen Sie.

www.gmail.com

Hi Bea, wie geht es dir? Uns geht es gut, die Wohnung ist fast fertig, es fehlen nur noch ein paar Sachen. Wir brauchen z. B. noch einen .... [1] (neu) Fernseher. Morgen gehen wir in ein .... [2] (groß) Kaufhaus. Ich möchte auch noch einen .... [3] (billig) MP3-Player kaufen.

Und Gunnar interessiert sich sehr für .... [4] (altmodisch) Radios. Er spricht nur noch von .... [5] (alt) Radios, du kennst ihn ja! Es gefällt ihm, dass es in diesen Radios .... [6] (modern) Technik gibt. Er möchte sehr gern so ein .... [7] (toll) Radio kaufen, aber es ist zu teuer.

Ich denke, wir kaufen nur einen .... [8] (klein) Fernseher und vielleicht einen .... [9] (billig) MP3-Player. Telefonieren wir am Wochenende?

Viele Grüße, Sabine

10 Umtauschen

2.25

a) Hören Sie den Dialog. Welche Redemittel von Seite 121 hören Sie? Markieren Sie.

b) Hören Sie noch einmal und beantworten Sie die Fragen.

1. Warum möchte Merve den MP3-Player umtauschen?

   Merve möchte den MP3-Player umtauschen, weil ...
2. Warum hat sie keinen Kassenzettel?

   ....
3. Wer hat den Kassenzettel?

   ....
4. Warum kann Merve den MP3-Player nicht umtauschen?

   ....

11 Textkaraoke. Eine Reklamation. Hören Sie und sprechen Sie die (Mund)-Rolle im Dialog.

2.26

(Ohr) ...
(Mund) Guten Tag. Ich habe letzte Woche bei Ihnen ein Notebook gekauft. Das möchte ich reklamieren. Es geht nicht mehr.
(Ohr) ...
(Mund) Ja, das habe ich schon gemacht, aber es funktioniert nicht. Der Monitor bleibt schwarz.
(Ohr) ...
(Mund) Auf dem Kassenzettel steht, dass ich sechs Monate Garantie habe.
(Ohr) ...
(Mund) Wie lange dauert das denn?
(Ohr) ...
(Mund) Gut, dann bringe ich Ihnen morgen das Notebook. Auf Wiedersehen.
(Ohr) ...

18 Ausgehen, Leute treffen

1 Der perfekte Freitagabend

2.27

a) Hören Sie das Gespräch zwischen Ondrej und Melissa. Welche Ideen gibt es für den Freitagabend? Kreuzen Sie an.

1. ☐ mit Freunden kochen
2. ☐ ins Aquarium gehen
3. ☐ eine DVD gucken
4. ☐ eine Lesung besuchen
5. ☐ in eine Kneipe gehen
6. ☐ in einen Club gehen
7. ☐ Live-Musik hören
8. ☐ Musik machen
9. ☐ Billard spielen

b) Was möchten Melissa und Ondrej am Abend machen? Was finden beide gut? Hören Sie noch einmal und tragen Sie in die Tabelle ein.

Melissa	*Ondrej*	*Melissa und Ondrej*
....	....	....

2 Essen kochen und bestellen

a) Welche Gerichte zeigen die Fotos? Schreiben Sie. Die Speisekarte auf Seite 124 hilft.

....

b) Ich hätte gern ...! Kombinieren Sie.

Ich hätte gern	eine Frühlingssuppe, eine Gulaschsuppe, eine Käseplatte, eine Wurstplatte, einen Hamburger,	ein Rumpsteak ein Wiener Schnitzel einen gemischten Salatteller einen Gemüseauflauf Pommes	und	eine Cola. einen Orangensaft. ein Mineralwasser. ein Bier. eine Apfelschorle.

Ich hätte gern eine Frühlingssuppe, einen gemischten Salatteller und eine Cola.
...

3 Gespräche im Restaurant

2.28

a) Hören Sie die Bestellung. Was bestellen Susanne und Leon? Kreuzen Sie an.

1. Susanne bestellt
   - a ☐ einen großen Salatteller.
   - b ☐ einen Salatteller ohne Käse.
   - c ☐ einen Salatteller mit Käse.
2. Susanne hätte gern
   - a ☐ die Fisch-Pfanne mit Bratkartoffeln.
   - b ☐ Fischstäbchen und Bratkartoffeln.
   - c ☐ die Fisch-Pfanne mit Kartoffeln.
3. Leon bestellt
   - a ☐ nur den Gemüseauflauf.
   - b ☐ die Tomatensuppe und den Gemüseauflauf.
   - c ☐ die Frühlingssuppe und den Gemüseauflauf.
4. Leon und Susanne trinken
   - a ☐ Bier und Mineralwasser.
   - b ☐ zusammen eine Flasche Mineralwasser.
   - c ☐ Mineralwasser und Coca-Cola.

b) Hören Sie noch einmal. Welche Redemittel von Seite 125 hören Sie? Markieren Sie.

4 Bestellen

a) Wer sagt was? Ordnen Sie die Aussagen zu: Ober (O) oder Gast (G)?

1. ☐ Was kann ich Ihnen bringen?
2. ☐ Oh, das tut mir leid. Darf ich Ihnen noch ein Wasser bringen? Das müssen Sie natürlich nicht bezahlen.
3. ☐ Ich hätte gern zuerst die Gulaschsuppe und dann die Ofenkartoffel mit Kräuterquark.
4. ☐ Sehr gern. Und was möchten Sie trinken?
5. ☐ Ich nehme ein großes Mineralwasser, bitte.
6. ☐ Und hier kommt die Ofenkartoffel. Hat Ihnen die Suppe geschmeckt?
7. ☐ Vielen Dank, die Suppe sieht gut aus.
8. ☐ Sie war leider etwas zu salzig.
9. ☐ So, die Suppe und das Mineralwasser. Bitte schön.

b) Schreiben Sie mit den Sätzen aus a) den Dialog fertig.

Was kann ich Ihnen bringen?
...

5 Textkaraoke. Hören Sie und sprechen Sie die -Rolle im Dialog.

2.29

...
Ich hätte gern einen gemischten Salat mit Putenbruststreifen.
...
Noch einen Toast mit Tomate, bitte.
...
Ich nehme einen Kaffee.

6 Fachmann für Systemgastronomie. Hören Sie das Interview aus 5c) von Seite 125 noch einmal. Was sagt Dario? Kreuzen Sie an.

2.30

1. ☐ Ich habe eine Ausbildung bei einer Restaurant-Kette gemacht.
2. ☐ Ich habe in der Ausbildung gekocht, aber ich habe auch viel im Service gearbeitet.
3. ☐ Ich habe Gäste beraten und Produkte kontrolliert.
4. ☐ Ich habe fast nur im Büro gearbeitet.
5. ☐ Die Ausbildung hat mir gut gefallen.
6. ☐ Ich möchte nach der Ausbildung studieren.

7 Beruf Bäcker/in

a) Lesen Sie den Zeitungsartikel und ergänzen Sie die Verben.

bedienen – arbeiten – machen – beenden – beraten – dauern

10. April 2017

Estela González

Auszubildende des Monats

Ich heiße Estela Gonzáles, komme aus Mexiko und ich wohne seit zwei Jahren in Schwerin. Ich mache eine Ausbildung zur Bäckerin. Die Ausbildung .... [1] drei Jahre. Jetzt bin ich im zweiten Jahr und nächstes Jahr .... [2] ich meine Ausbildung. Als Bäckerin arbeite ich in Bäckereien, Cafés oder Hotels. In der Ausbildung muss ich backen und im Service .... [3]. Ich muss Gäste .... [4] und .... [5]. Ich sage ihnen z. B., welcher Kuchen zu welchem Fest passt. Meine Ausbildung .... [6] mir viel Spaß und mein Chef ist sehr nett. Ich kann ihn immer alles fragen. Mein großer Traum ist es, eine eigene Bäckerei mit einem Café zu haben.

Estela González (23)

b) Was ist richtig? Lesen Sie noch einmal, kreuzen Sie an und markieren Sie das Relativpronomen.

1. ☐ Estela ist eine Deutsche, die in Mexiko lebt.
2. ☐ Estela ist eine Frau, die als Bäckerin arbeitet.
3. ☐ Bäcker sind Leute, die in Bäckereien oder Cafés arbeiten.
4. ☐ Estelas Chef ist ein Mann, der sehr freundlich ist.

8 Berufe beschreiben. **Lesen Sie das Beispiel und verbinden Sie die zwei Informationen.**

Der Koch: Er arbeitet im Restaurant „Krone".
Er macht die besten Schnitzel in der Stadt.

Der Koch, der im Restaurant „Krone" arbeitet, macht die besten Schnitzel in der Stadt.

1. Die Bäckerin: Sie hat gerade ihre Ausbildung beendet. Sie arbeitet jetzt in einer Bäckerei.
2. Die Journalistin: Sie hat einen Restaurantskandal aufgedeckt. Sie schreibt für die „Frankfurter Rundschau".
3. Der Kellner: Er bringt die Karte. Er ist sehr freundlich.

9 Essen international. **Kennen Sie das? Verbinden Sie die Sätze mit Relativpronomen.**

1. Gado-Gado ist ein indonesisches Essen.
   Es besteht aus Gemüse, Eiern und Soße.
2. Halloumi ist ein Käse aus Zypern.
   Er passt gut zu Rucolasalat.
3. Litschis sind Früchte aus Südchina.
   Sie sind etwas größer als eine Kirsche.
4. Guacamole ist eine Soße.
   Sie kommt aus Mexiko.

1

2

3

4

10 Mein Lieblingscafé

a) Lesen Sie und ergänzen Sie die Relativpronomen im Nominativ und Akkusativ.

Café Rossi

Ich sitze im Café „Rossi", ...[1] ich seit zwei Monaten kenne. Ich bestelle einen Cappuccino, ...[2] immer mit einem kleinen Wasser kommt. Ich bestelle auch noch den „Rossi-Kuchen", ...[3] aus Nüssen und Kirschen besteht. Er ist sehr lecker und ich kann ihn nur empfehlen. Beliebt ist auch das „Rossi-Sandwich", ...[4] man aus Käse, Rucola und Tomaten macht. Die Frau, ...[5] im Café arbeitet, ist auch Sängerin. Am Freitagabend spielt sie mit ihrer Band im Café. Die Band, ...[6] aus Italien kommt, ist ziemlich gut und es gibt immer sehr leckeres Essen. Ich bin glücklich über dieses schöne italienische Café.

b) Lesen Sie die Sprechblase und verbinden Sie die Sätze mit Relativpronomen im Akkusativ.

Christian Meier (34)

In meinem Lieblingscafé gibt es sehr guten Milchkaffee. Man bekommt ihn immer mit einem kleinen Stück Kuchen. Am Sonntag gibt es drei verschiedene Kuchen. Ich finde sie super lecker. Manchmal gibt es auch Eis. Im Winter esse ich es am liebsten mit heißen Kirschen. Die Frau im Café heißt Sandra. Ich finde sie sehr nett.

In meinem Lieblingscafé gibt es sehr guten Milchkaffee, den ...

11 Gespräche auf einer Party. **Lesen Sie den Dialog und ergänzen Sie die Relativpronomen und die Personalpronomen im Dativ.**

- Siehst du den Mann, ...[1] mit Henning spricht?
- Ja, das ist doch Christopher, ...[2] mit ....[3] Politik studiert. Ich habe mit ....[4] ein Seminar zusammen. Warum?
- Ich habe mich am Mittwoch mit ....[5] getroffen und er gefällt ....[6] super. Wir haben uns gut unterhalten. Er ist süß, oder?
- Ja, er ist nett. Oh, Henning und Christopher kommen, sie kommen zu ....[7].
- Hallo! Henning und ich gehen morgen ins Theater und wir wollten fragen, ob ihr mit ....[8] kommen wollt.
- Ja, gerne! Wir gehen gerne mit ....[9] ins Theater.

19 Vom Land in die Stadt

1 Stadt oder Land?

2.31

a) Hören Sie einen Teil aus einem Bewerbungsgespräch. Zu welchen Punkten sagt Ansgar Klein etwas? Kreuzen Sie an.

1. ☐ zum Landleben
2. ☐ zu seiner Wohnung
3. ☐ zum Verkehr in der Stadt
4. ☐ zur Luftverschmutzung in der Stadt
5. ☐ zu seinen Freizeitaktivitäten
6. ☐ zu seiner Familie
7. ☐ zu den Arbeitszeiten
8. ☐ zu seiner alten Firma

Ansgar Klein im Bewerbungsgespräch

b) Hören Sie noch einmal. Welche Aussagen sind richtig? Kreuzen Sie an und korrigieren Sie die falschen Aussagen.

1. ☐ Herr Klein lebt auf dem Land.
2. ☐ Er möchte in der neuen Firma arbeiten, aber nicht aufs Land ziehen.
3. ☐ Er mag das Landleben, weil er als Kind viel bei der Oma auf dem Land war.
4. ☐ Herr Klein hat keine Familie.
5. ☐ Er will, dass seine Kinder draußen spielen können und die Natur erleben.
6. ☐ Er hat kein Auto und er möchte auch kein Auto fahren.
7. ☐ Für ihn sind 70 Kilometer zur Arbeit kein Problem.

Herr Klein lebt in Hamburg.

2 Deutsche Großstädter lieben das Stadtleben

a) Lesen Sie noch einmal den Bericht auf Seite 129. Suchen Sie die folgenden Wortanfänge und ergänzen Sie sie.

1. der Groß*städter*
2. das Stadt……
3. die Freizeit……
4. die Einkaufs……
5. die Klein……
6. das Sport……
7. der Plus……
8. die Arbeits……
9. der Kinder……
10. der Wohn……

b) Ordnen Sie ein passendes Wort aus a) zu.

a ☐ … ist in Deutschland eine Stadt mit weniger als 20.000 Einwohnern.
b ☐ … ist ein Mensch, der in einer Großstadt lebt.
c ☐ … ist ein Vorteil bzw. eine positive Sache.
d ☐ Dort spielen und lernen Kinder gemeinsam im Alter von ein bis sechs Jahren.
e ☐ Ein Volleyballverein, Skiclub oder ein Fitness-Studio ist ein …
f ☐ Ein Supermarkt bietet gute …

c) Schreiben Sie das Gegenteil wie im Beispiel. Der Bericht auf Seite 129 hilft.

1. unzufrieden *zufrieden*
2. schlecht ……
3. laut ……
4. wenige ……
5. uninteressant ……
6. lang ……
7. klein ……
8. alt ……
9. unwichtig ……
10. leicht ……

d) Ergänzen Sie die Sätze mit Hilfe der Informationen aus dem Bericht auf Seite 129.

1. Viele Großstädter ....
2. Besonders wichtig sind den Großstädtern ....
3. Für 71 % ....
4. Das sind drei Gründe für einen Umzug in die Stadt: ....
5. Kindergärten ....

3 Tannhausen oder Stuttgart? Sammeln Sie Informationen zu Einwohnern, Lage, Verkehr und Kultur aus der Internetseite in einer Tabelle.

http://www.badenwuerttemberg_aufeinenBlick.de

Unser Land | Regierung | BW gestalten | Service

STUTTGART

Lage: Stuttgart liegt in Süddeutschland und ist die Landeshauptstadt von Baden-Württemberg.

Stuttgart in Zahlen: Stuttgart ist die sechstgrößte Stadt in Deutschland und hat über 600.000 Einwohner.

Verkehr: In Stuttgart kann man mit Auto, Bahn, Zug, Flugzeug und sogar mit dem Schiff anreisen. Die Stadt ist ein Verkehrsknotenpunkt.

Kulturangebote: In Stuttgart gibt es Theater, Oper, Ballett, Musicals und viele Museen (z.B. das Mercedes-Benz Museum). Wer Musik liebt, ist in Stuttgart richtig. Dort gibt es das Staatsorchester Stuttgart (400 Jahre Tradition!), viele Chöre und Musikvereine.

TANNHAUSEN

Lage: Tannhausen ist ein kleines Dorf im Bundesland Baden-Württemberg. Es ist etwa 100 Kilometer von Stuttgart entfernt, an der Grenze zu Bayern.

Tannhausen in Zahlen: Das Dorf hat nur 1.843 Einwohner, aber viele Vereine, z.B. den Musikverein oder Schachclubs.

Verkehr: Tannhausen liegt nicht an der Autobahn und hat auch keinen Bahnhof. Reisen Sie mit PKW oder Bus an.

Kulturangebote: Besuchen Sie die alte Kirche oder gehen Sie wandern oder Radfahren in der schönen Natur!

	Einwohner	Lage	Verkehr	Kultur
Stuttgart	über 600.000	....	....	....
Tannhausen	....	....	....	....

4 *sch*-Laut. Hören Sie und sprechen Sie nach.

2.32

die Stadt – der Stau – stehen – die Straße – schön – der Stift – das Schiff

5 Meinungen zum Stadt- bzw. Landleben. Welche Person passt? Lesen Sie noch einmal die Beiträge auf Seite 130 und ergänzen Sie die Namen.

1. .... musste (zu) viel Geld für die Wohnung zahlen.
2. .... konnte einen Kompromiss zwischen Stadt und Land finden.
3. .... wollte keine Angst mehr um die Kinder haben.
4. .... hatte Glück und konnte das Haus auf dem Land verkaufen.
5. .... findet das Landleben ätzend.
6. .... findet große Städte laut, dreckig und teuer.

6 Erinnerungen – Was mussten, wollten, konnten und durften Sie (nicht)? Kombinieren Sie. Schreiben Sie zehn Sätze. Lesen Sie die Sätze dann laut und schnell.

Ich musste mit drei Jahren in den Kindergarten gehen.
Ich konnte mit vier Jahren noch nicht Fahrrad fahren, aber mit sechs Jahren.

Ich	durfte konnte musste wollte	bei meiner Oma in der alten Wohnung auf dem Land als Kind im Mietshaus in der Stadt im Garten mit meinen Freunden mit der Familie im Sommer/Herbst	(nicht)	lesen / Fahrrad fahren / Ski fahren / in die Disko gehen / in die Schule gehen / spielen / arbeiten / Traktor fahren / Tiere füttern / ein Haustier haben / allein einkaufen / ...

7 Vergleiche

a) Stimmt das? Kreuzen Sie an. Vergleichen Sie mit den Aussagen in den Beiträgen auf Seite 129/130.

	richtig	falsch
1. In der Stadt sind die Einkaufsmöglichkeiten besser als auf dem Dorf.	☐	☐
2. Auf dem Land bezahlt man genauso hohe Mieten wie in der Stadt.	☐	☐
3. In der Stadt gibt es mehr Arbeitsstellen als auf dem Land.	☐	☐
4. In der Stadt ist es ebenso ruhig wie auf dem Land.	☐	☐
5. Im Dorf leben die Menschen anonymer als in der Stadt.	☐	☐

b) Markieren Sie in den Sätzen in a) die Vergleiche.

c) *als* oder *wie*? Ergänzen Sie und beantworten Sie dann die Frage.

1. Was ist genauso groß .... eine Giraffe?
2. Was ist lauter .... ein Flugzeug?
3. Welche Stadt ist größer .... Berlin?
4. Welches Tier ist ebenso intelligent .... ein Hund?
5. Welches Land hat weniger .... sechs Millionen Einwohner?

1. Unser Baum im Garten ist genauso groß wie eine Giraffe.

8 **Wohnungsanzeigen verstehen. Lesen Sie die Anzeigen. Ordnen Sie jeder Wohnungsanzeige eine Person zu. Eine Person passt zu keiner Wohnungsanzeige.**

Wohnungen

1 ☐ **Frankfurt am Main/Nordend-West,** 1,5 Zimmer in einer 5 Personen-WG; im EG; Wfl. 17,00 m², ideal für Studenten und Singles, Extras: BLK, Garten, 160,00 EUR Kaltmiete, Infos unter ☎ **069 25249933**

2 ☐ **Nachmieter gesucht!** Schöne vollmöblierte 1 ZKB-DG-Whg. in der Schlossstr. in Bocken/Frankfurt a. Main; Wfl. 15,00 m²; 240,00 EUR Kaltmiete + KT (drei Mieten); Kontakt unter **Höfel@immobilianet.de**

3 ☐ **Sehr schönes 1-Zi-Apartment in Uniklinik-Nähe.** 330,00 EUR Kaltmiete (NK 65 Euro); 23,00 m² Wohnfläche; BLK, Keller und Stellplatz für Auto; Immobilien Mainmetropole ☎ **069 13256735**

Wir suchen

A **Studentin,** 21 Jahre, (Deutsch) sucht WG, Zimmer mindest. 18 m², max. 150, - Euro Kaltmiete; BLK, nicht im EG! Kontakt unter **0151-34652156** o. **eva.berg@web.de**

B **Junges Paar,** (23 und 25 Jahre) sucht kleine 1 ZKB Whg., bis 350,00 EUR Kaltmiete, mind. 20,00 m² und mehr; Autostellplatz; Kontakt: **0173-10578890**

C **Ärztin** sucht 1ZKB, vollmöbliert; wenn möglich: in Frankfurt/Main Nähe Uniklinik, max. Kaltmiete 270,00 Euro; Kontakt unter **0178-23567193**

D **Student (Medizin)** sucht Zimmer in WG oder kleine 1 ZKB-Whg., kein DG, max. 200,- Euro Kaltmiete; Kontakt unter **0151-34652156**

Katze, schwarz, am 24.03 weggelaufen, in Frankfurt

9 **Textkaraoke**

2.33

a) **Hören Sie und sprechen Sie die -Rolle im Dialog.**

- …
- Guten Tag, hier Weinert. Sie haben eine Anzeige für ein 1-Zimmer-Apartment in der Frankfurter Allgemeinen Zeitung. Ich interessiere mich für die Wohnung.
- …
- Genau. Wo liegt denn die Wohnung?
- …
- Das ist natürlich super praktisch. Ich habe ab Mai eine Stelle an der Klinik.
- …
- Gerne! Ich habe nur noch ein paar Fragen. Muss man eine Kaution zahlen?
- …
- Kein Problem, bis gleich.

b) **Welche Anzeige aus 8 passt zum Telefonat? Notieren Sie.**

Anzeige: ☐

10 **Flüssig sprechen. Hören Sie und sprechen Sie nach.**

2.34

1. gestoßen. – mich am Kopf gestoßen. – Ich habe mich am Kopf gestoßen.
2. gebrochen. – mir das Bein gebrochen. – Ich habe mir das Bein gebrochen.
3. geschnitten. – mir in den Finger geschnitten. – Ich habe mir in den Finger geschnitten.
4. verbrannt. – mich an der Hand verbrannt. – Ich habe mich an der Hand verbrannt.

11 **Wörter in Paaren lernen**

a) **Verbinden Sie. Manchmal gibt es zwei Möglichkeiten.**

die Wunde	1	a	rufen
den Notarzt	2	b	kühlen
ein Pflaster	3	c	brechen
die Stelle	4	d	reinigen
das Bein	5	e	aufkleben

die Wunde kühlen/reinigen

Ich kühle die Wunde mit Eis.

b) **Schreiben Sie die Wortverbindungen und einen Beispielsatz auf eine Karteikarte.**

1 Kommen Sie nach Pilsen!

a) Lesen Sie den Internet-Artikel. Geben Sie jedem Foto einen Titel.

www.stadtportraet.de

Startseite | Stadtamt | Über die Stadt | Kontakt

Kommen Sie nach Pilsen – Kulturhauptstadt 2015!

Pilsen ist die viertgrößte Stadt in Tschechien. Sie hat 168.000 Einwohner, ist also nicht so groß wie Paris, Berlin oder Rom. Aber in Europa kennen viele Pilsen. Warum? Wer Autos und die Firma Škoda mag und gern Bier trinkt, kennt Pilsen! Aber das ist nicht alles. Pilsen hat viele Sehenswürdigkeiten. Interessieren Sie sich für Architektur? Besuchen Sie die St.-Bartholomäus-Kathedrale. Sie möchten gern wissen, wie man Bier macht? Gehen Sie ins Bier-Museum und trinken Sie ein echtes Pilsener Bier! Sie reisen mit der ganzen Familie an? Ein Besuch im Zoo oder ein Spaziergang durch den Park macht auch Ihren Kindern Spaß.

2015 war ein ganz besonderes Jahr. In der Stadt gab es 50 große Projekte und mehr als 600 (!) Veranstaltungen. Die Stadt war für alle interessant – für junge Menschen, Familien aber auch für Senioren.

Pilsen ist immer eine Reise wert!

1

2

3

4

b) Welche Aussagen sind richtig? Kreuzen Sie an und korrigieren Sie die falschen.

1. ☐ Pilsen ist eine der größten Städte in Tschechien.
2. ☐ Mit 168.000 Einwohnern ist Pilsen größer als Berlin.
3. ☐ Die Stadt ist in Europa wenig bekannt.
4. ☐ Eine Sehenswürdigkeit von Pilsen ist z. B. die St.-Bartholomäus-Kathedrale.
5. ☐ Für Kinder gibt es keine Freizeitangebote.

c) Was kann man in Pilsen machen? Beenden Sie die Sätze.

1. Wer Architektur liebt, …
2. Bier-Fans können …
3. Pilsen ist auch kinderfreundlich: …
4. Im Kulturhauptstadtjahr gab es …

2 Waren Sie schon einmal …? Schreiben Sie eine Frage zur Antwort.

1. .... – Ja, ich bin ein großer Fan von Festivals!
2. .... – Nein, ich war noch nie in einer Galerie.
3. .... – Für Musicals interessiere ich mich nicht.
4. .... – Ich bin kein Fan von Flohmärkten.

3 Lust auf Europa?

a) Verbinden Sie und kontrollieren Sie mit dem Magazin-Artikel auf Seite 135.

erste Kulturhauptstadt Europas	1	a	Berlin
Kulturstadt kurz vor dem Fall der Mauer	2	b	das Ruhrgebiet
eine Kulturhauptstadt-Region	3	c	Weimar
erste deutsche Kleinstadt mit dem Titel	4	d	Essen
Vertreter für 53 Städte	5	e	Athen

b) Welche Aussagen sind richtig? Kreuzen Sie an und vergleichen Sie mit der Europakarte auf Seite 76. Korrigieren Sie die falschen Aussagen.

1. ☐ Florenz war im Jahre 1986 Kulturhauptstadt.
2. ☐ Das spanische Porto war gemeinsam mit Rotterdam 2001 Kulturhauptstadt.
3. ☐ Deutschland hatte bis jetzt vier Kulturhauptstädte.
4. ☐ Bis jetzt hatte noch keine Stadt in Norwegen und Irland den Titel.
5. ☐ Maribor und Marseille waren zusammen Kulturhauptstadt.

4 Wörter zusammen lernen

a) *sein oder haben?* Ergänzen Sie mit Hilfe des Magazin-Artikels auf Seite 135.

1. Lust auf Europa ....
2. ein attraktives Konzept ....
3. ein Ziel ....
4. einen Titel ....
5. das tollste Erlebnis ....
6. zu Fuß unterwegs ....

b) Markieren Sie die Wortverbindungen im Magazin-Artikel auf Seite 135 und notieren Sie die Zeile.

.... 1. Kultur lieben
.... 2. ein Konzept erklären
.... 3. etwas lohnt sich
.... 4. etwas bringt Vorteile
.... 5. Reisetipps zusammenstellen

c) Markieren Sie die Wortverbindung in der Frage und antworten Sie.

1. Finden Sie, dass die Kulturhauptstädte ein attraktives Konzept sind?
2. Haben Sie im Sommer Lust auf Meer oder auf Berge?
3. Lieben Sie Kunst und Kultur?
4. Welchen Vorteil bringt es, wenn man Deutsch lernt?
5. Können Sie mir einen guten Reisetipp geben?
6. Wie oft sind Sie in der Woche zu Fuß unterwegs?
7. Was war Ihr tollstes Erlebnis?

1. Ich finde, das ist ein sehr attraktives ...

5 Ein Musiker auf Reisen. Sammeln Sie Wörter und Ausdrücke im Blog auf Seite 136.

1. Alexandr Karpow: *Musiker, spielt Geige, Nichte:* ....
2. Kulturstadtjahr 1999: ....
3. Weimar: ....
4. Alexandrs Spaziergang: ....

6 Orientierung auf dem Stadtplan

a) Alles falsch! Sehen Sie sich den Stadtplan auf Seite 137 an. Korrigieren Sie die Sätze.

1. Das Goethe-Haus steht am Theaterplatz, 200 Meter vom Haus der Frau von Stein.
2. Die Universitätsbibliothek liegt nordwestlich vom Schillerhaus.
3. Das Rathaus findet man auf dem Wielandplatz.
4. Die Bauhaus-Universität liegt südöstlich vom Liszthaus.
5. Das Schloss steht am Platz der Demokratie.

b) Schreiben Sie mindestens vier weitere Sätze zum Stadtplan.

7 Früher gab's hier …

2.35

a) Hören Sie das Gespräch. Kreuzen Sie das passende Foto an.

1

2

3

b) Hören Sie noch einmal. Welche Aussage ist richtig? Kreuzen Sie an.

1. ☐ Oma Traudel geht es nicht sehr gut.
2. ☐ Sie zeigt ihrer Enkelin ein Buch über Hamburg.
3. ☐ Heute gibt es in der Wiesenstraße ein Wohnhaus, früher gab es ein Hotel.
4. ☐ In der Goethestraße gab es früher einen Bäcker. Heute ist dort ein Theater.
5. ☐ Christina wusste nicht, dass es dort früher einen Bäcker gab.
6. ☐ Früher gab es in der Schlossgasse einen Kiosk. Heute gibt es dort einen Supermarkt.

c) Korrigieren Sie die falschen Aussagen aus b).

8 Und Sie? Was war früher, was ist heute? Schreiben Sie Sätze.

Früher	hatte ich viel Zeit für mich. habe ich viel gelesen. bin ich oft ausgegangen. durfte ich noch nicht Auto fahren. konnte ich nicht schwimmen.	Heute	habe ich weniger / sogar noch mehr. lese ich weniger / noch mehr. gehe ich nicht / (noch) viel mehr aus. kann ich (auch nicht) fahren. kann ich es gut / immer noch nicht.

Früher hatte ich viel Zeit für mich. Heute habe ich sogar noch mehr.

9 Eine berühmte Dreiecksgeschichte

a) Lesen Sie den Schulbuchtext und sehen Sie die Skizze an. Sammeln Sie Informationen zu den Personen. Erweitern Sie die Skizze im Heft.

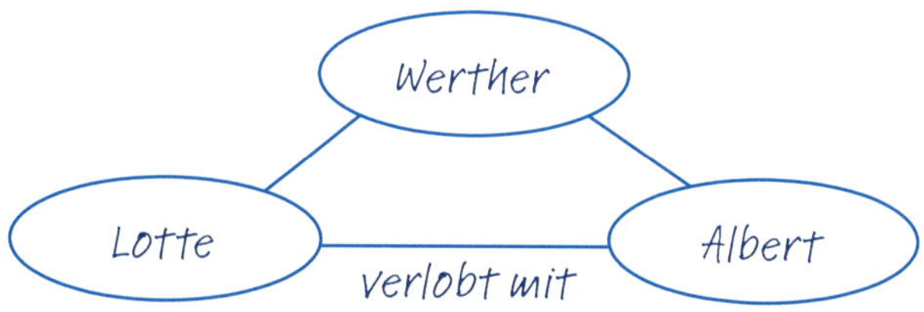

Das Bild zeigt eine Szene aus Goethes Roman „Die Leiden des jungen Werther", der ihn über Nacht berühmt machte. Werther, der Romanheld, berichtet seinem Freund Wilhelm in Briefen von seiner unglücklichen Liebe zu Lotte. Er lernt sie auf einem Ball kennen und verliebt sich sofort in sie. Aber Lotte ist mit Werthers Freund Albert verlobt. Werther besucht Lotte gern. Sie ist schön und alle bewundern sie, weil sie sich liebevoll um ihre acht Geschwister kümmert. Ihre Mutter ist tot. Lotte mag Werther, aber sie liebt ihren Verlobten Albert. Weil sie ihn heiratet, endet Werthers Liebe tragisch.

b) Schreiben Sie W-Fragen zum Text und stellen Sie sie im Kurs. Die anderen antworten.

Wen heiratet Lotte?

Was bedeutet Romanheld?

Wer ist jetzt in wen verliebt?

10 **Johann Wolfgang von Goethe und sein Leben. Lesen Sie die Notizen. Schreiben Sie einen Bericht. Setzen Sie die Verben ins Präteritum.**

- Goethe studiert ab 1765 Jura, ab 1771 arbeitet er für vier Jahre als Anwalt
- 1775 verlobt er sich mit Anna Elisabeth Schönemann, trennt sich aber wieder
- 1772 verliebt er sich unglücklich in Charlotte Buff
- er arbeitet ab 1776 in Weimar als Minister, verfasst dort Gedichte und Dramen
- reist von 1786 bis 1788 durch Italien, er lebt u.a. in Venedig, Rom und Neapel
- ist ab 1788 mit Christiane Vulpius zusammen, heiratet sie aber erst 1806

11 **Walter Gropius. Die Museumsführerin berichtet. Schreiben Sie einen Bericht für den Reiseführer im Präteritum.**

Walter Gropius studierte von ...

12 **Eine unglückliche Liebe. Schreiben Sie *als*-Sätze wie im Beispiel.**

1. Werther lernt Lotte kennen – verliebt sich sofort in sie
2. Albert war auf Reisen – Werther besucht Lotte oft
3. Lotte heiratet ihren Verlobten Albert – Werther endet tragisch
4. Goethe verfasst den Roman – dieser macht ihn in ganz Europa berühmt

1. Als Werther Lotte kennenlernte, verliebte er sich sofort in sie.

13 **Als ich ... Ergänzen Sie den Satzanfang wie im Beispiel.**

1. Als ich Ada (meinen Hund) zum ersten Mal gesehen habe, war ich sofort verliebt.
2. ...., bin ich in die Schule gekommen!
3. ...., habe ich mit Deutsch angefangen.
4. ...., arbeitete ich das erste Mal.
5. ...., wollte ich unbedingt [Beruf] werden.

21 Arbeitswelten

1 Arbeitsorte und Berufe

2.36 **a) Hören Sie die beiden Berichte. Notieren Sie, wo die Personen arbeiten.**

Heike Liebig (29), Tierärztin

Hanna Weber (42), Landschaftsarchitektin

b) Finden Sie einen Beruf, der zum Arbeitsort passt.

1. ....: im Kindergarten in einer Gruppe mit Kindern
2. ....: auf dem Bau und im Büro
3. ....: in der Schule und dort in einem Büro
4. ....: in einem Krankenhaus

2 Alles falsch! Lesen Sie noch einmal die Magazin-Beiträge auf Seite 140/141. Korrigieren Sie die Sätze.

1. Cindy Gerlach arbeitet als Mechanikerin in Textiltechnik.
2. Cindy ist zurzeit arbeitslos.
3. Mehmet Güler repariert gerne elektrische Geräte.
4. Mehmets erster Arbeitsplatz war in einer Restaurantküche.
5. Heute hat er vier eigene Restaurants mit über 15 Angestellten.

Cindy Gerlach arbeitet als ...

3 Berufserfahrungen: Nico Schöbel erzählt

2.37 **a) Hören Sie. Welche Aussagen sind richtig? Kreuzen Sie an und korrigieren Sie die falschen.**

1. ☐ Ich mag keine technischen Berufe.
2. ☐ In der Schule habe ich ein Praktikum im Krankenhaus in Münster gemacht.
3. ☐ Nach der Schule habe ich eine Ausbildung zum Kaufmann gemacht.
4. ☐ Die Ausbildung zum Kinderkrankenpfleger dauert vier Jahre.
5. ☐ Meine Ausbildung hat mir großen Spaß gemacht, aber die Arbeit ist nicht leicht.
6. ☐ Ich arbeite nicht so gern mit den Eltern. Die sind sehr anstrengend.
7. ☐ Vielleicht studiere ich Medizin.

Nico Schöbel (25), Kinderkrankenpfleger

b) Markieren Sie in a) die Redemittel aus dem Redemittelkasten auf Seite 141.

4 Stellenanzeigen

a) Ordnen Sie die Berufe den Beschreibungen zu.

1. Kaufmann im Außenhandel – **2.** Kauffrau für Büromanagement – **3.** Altenpfleger – **4.** Maurer

BERUFENET **Berufsinformationen**

☐ organisiert und bearbeitet Büroaufgaben. Außerdem hat man kaufmännische Tätigkeiten, so zum Beispiel in Marketing und Verwaltung. Man arbeitet in der Verwaltung von Unternehmen oder im öffentlichen Dienst.
Ausbildungszeit: 3 Jahre

☐ baut Mauern aus Steinen oder anderen Teilen (zum Beispiel im Hausbau). Man arbeitet auf Baustellen.
Ausbildungszeit: 3 Jahre in Industrie oder Handwerk.

☐ kauft Waren ein und verkauft sie weiter an Handel, Handwerk und Industrie.
Ausbildungszeit: 3 Jahre

☐ hilft älteren Menschen und pflegt sie. Man arbeitet oft in Altenheimen, hilft den alten Menschen im Alltag und versorgt sie bei Krankheiten.
Ausbildungszeit: 3 bis 5 Jahre

b) Nutzen Sie ein Wörterbuch und ergänzen Sie die männliche/weibliche Berufsbezeichnung.

5 Tipps zum Lebenslauf. **Sehen Sie sich den Lebenslauf auf Seite 143 an und ergänzen Sie den Flyer.**

Fremdsprachen – Schulen – Berufserfahrung – Passfoto – Bewerbung – Lebenslauf – Telefonnummer – Geburtsdatum – Adresse

Bewerben leicht gemacht!

Sie möchten sich bewerben?

Dann brauchen Sie einen ....[1]. Der Lebenslauf ist ein wichtiger Teil der ....[2]. Zuerst beginnt man mit den persönlichen Daten wie Name, ...[3], ...[4] und Geburtsort. Auch die ....[5] darf nicht fehlen, weil man Sie vielleicht anrufen möchte. Rechts oben kommt das ....[6] hin. Unter „Schulausbildung" notiert man alle ....[7], die man besucht hat. Danach kommt der Punkt „Berufsausbildung". Wer schon ....[8] hat, muss schreiben, wie lange er wo gearbeitet hat. Nennen Sie auch die ....[9], die Sie sprechen – für viele Jobs brauchen Sie mindestens Englisch.

6 Traumberufe. **Erinnern Sie sich: Was wollten Sie als Kind werden?**

Ingenieur – Ärztin – Filmstar – Sängerin – Sportler – Bauer – ...

Was wollten Sie als Kind werden?
Was wollten Sie mit 18 Jahren werden?

Als Kind wollte ich ... werden.

7 Gründe nennen mit *weil* und *denn*. **Verbinden Sie die Sätze wie im Beispiel.**

1. Eva will den Arbeitsplatz wechseln. Ihr Chef ist anstrengend.
2. Thorsten schreibt schon die 50. Bewerbung. Es gibt wenige Stellen für Architekten.
3. Mareike arbeitet in Teilzeit. Ihre zwei Kinder sind noch sehr klein.
4. Siri geht jeden Tag zum Deutschkurs. Sie möchte den Deutschtest schaffen.
5. Matthias ist sehr zufrieden mit seinem Job. Er bekommt interessante Aufgaben.
6. Güler arbeitet auch abends und am Wochenende. Sie ist selbstständig.

1. Eva will den Arbeitsplatz wechseln, weil ihr Chef anstrengend ist.
Eva will den Arbeitsplatz wechseln, denn ihr Chef ist anstrengend.

8 Wortfeld Beruf. **Machen Sie ein Wörternetz zum Thema Beruf.**

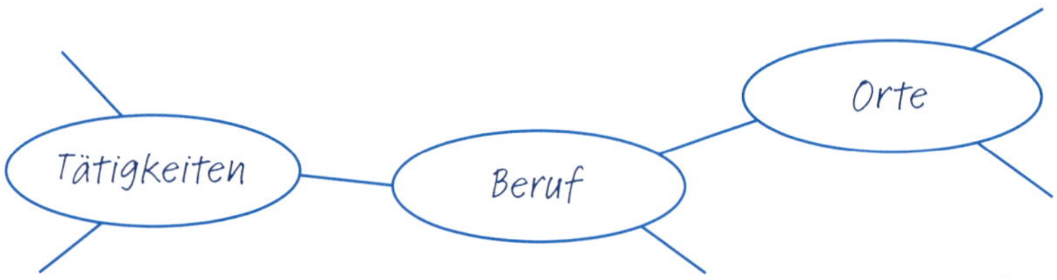

9 Wörter und ihre Partner. **Ergänzen Sie und kontrollieren Sie mit den Texten auf den Seiten 140 bis 144. Notieren Sie dann die Wortverbindungen auf einer Karteikarte mit einem Beispielsatz.**

ambulante Pflege

„Ambulante Pflege" heißt Pflege zu Hause. Meine Oma bekommt ambulante Pflege.

flexible – persönliche – schreiben – ambulante – finden – tabellarischer – gute – machen (3x) – sein (2x) – haben (2x)

1. eine Ausbildung ...
2. eine Umschulung ...
3. eine Bewerbung ...
4. eine Stelle ...
5. acht Angestellte ...
6. Kenntnisse ...
7. sein eigener Chef ...
8. arbeitslos ...
9. sich selbstständig ...
10. ... Arbeitszeiten
11. ... Kenntnisse
12. ... Pflege
13. ... Lebenslauf
14. ... Daten

10 Nomen mit der Endung *-ung*

a) Markieren Sie in den Fragen das Nomen mit *-ung* und ergänzen Sie das Verb.

1. Hast du schon einmal eine Bewerbung geschrieben? *bewerben* ....
2. Wie sind Ihre Leistungen in Deutsch? ....
3. Kennen Sie eine Person, die eine Umschulung macht? ....
4. Welche Ausbildung haben Ihre Eltern? ....
5. Können Sie das Ergebnis der Besprechung zusammenfassen? ....

b) Beantworten Sie die Fragen aus a).

11 Aus Verben werden Nomen. **Ergänzen Sie die Sätze.**

organisieren – sprechen – lesen – arbeiten – schreiben ~~(2x)~~

Früher hatte ich mit dem Schreiben ......[1] *am Computer Probleme. Jetzt schreibe ich mit zehn Fingern und das* ......[2] *geht ganz schnell. Das* ......[3] *von Projekten macht mir großen Spaß und das* ......[4] *im Team ist mir wichtig. Auch das* ......[5] *von englischen und französischen E-Mails ist für mich kein Problem, aber beim* ......[6] *bin ich nicht perfekt. Ich mache deshalb einen Französischkurs.*

12 Flüssig sprechen. **Hören Sie und sprechen Sie nach.**

2.38

1. zumachen? – das Fenster zumachen? – Könntest du bitte das Fenster zumachen?
2. ein Treffen? – Zeit für ein Treffen? – Hätten Sie Zeit für ein Treffen?
3. lauter sprechen? – bitte lauter sprechen? – Könnten Sie bitte lauter sprechen?

13 Höflichkeit mit *könnte* und *hätte*. **Ergänzen Sie die Tabelle.**

Grammatik

		können	**haben**
höfliche Bitte	du	Könntest du ...?	......
	Sie	......	......

14 Textkaraoke. **Hören Sie und sprechen Sie die** 👄**-Rolle im Dialog.**

2.39

👂 ...
👄 Guten Tag! Hier spricht Baumann von der Firma Krohn und Partner. Könnte ich bitte mit Herrn Keller sprechen?
👂 ...
👄 Das hoffe ich. Wir haben mit der Gebäudetechnik im Haus Probleme.
👂 ...
👄 Einige elektrische Geräte sind kaputt. Wir brauchen einen Elektriker.
👂 ...
👄 Das stimmt. Ich bin aber nicht am Schreibtisch. Könnte mich Herr Keller bitte auf dem Handy anrufen? Das ist die 0151/18345563.
👂 ...
👄 Danke schön und auf Wiederhören.

22 Feste und Feiern

1 Feste gehen um die Welt

a) Kreuzen Sie die richtigen Aussagen an und korrigieren Sie die falschen. Der Artikel auf Seite 146/147 hilft.

1. ☐ Die meisten Weihnachtsbräuche kommen aus den USA.
2. ☐ Der Osterhase wanderte mit den Auswanderern bis nach Australien und in die USA.
3. ☐ Halloween und Valentinstag feierte man zuerst in den USA.
4. ☐ Zum Valentinstag verkleiden sich die Kinder und sammeln Süßigkeiten.
5. ☐ Karneval feiert man in Deutschland nur in wenigen Städten, z. B. in Köln und Mainz.
6. ☐ Das Münchner Oktoberfest ist ein Exporthit. Sogar Japaner feiern das Fest.

b) Ergänzen Sie die Länder und Feste mit Hilfe des Artikels auf Seite 146/147.

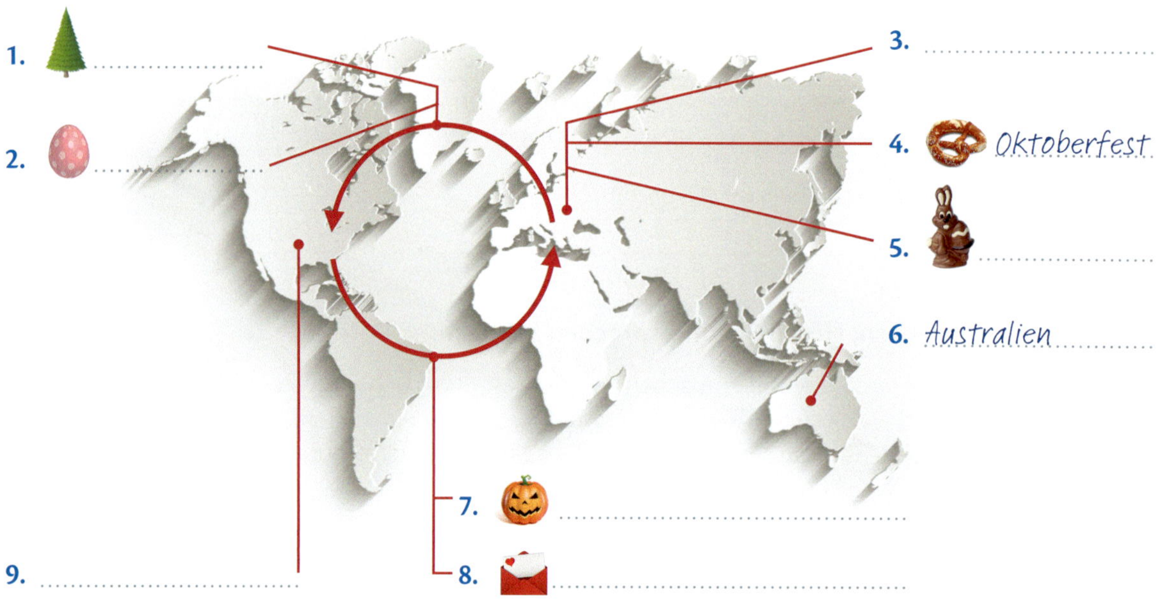

c) Suchen Sie das fehlende Wort im Artikel auf Seite 146/147 und ergänzen Sie.

1. auf der ganzen .... Welt
2. ein .... Fest
3. in .... Europa
4. in den .... Ländern
5. seit .... Jahren
6. .... Geschenke machen
7. die .... Geister
8. der .... Exporthit

2 Was ist für Sie das wichtigste Fest?

2.40

a) Hören Sie die Antworten der Personen und notieren Sie das wichtigste Fest für die Person.

1

Juliane Weber (32) mit Lasse (4) und Lea (2)

....

2

Hagen Steinert (25) Nina Hövelbrinks (23)

....

3

Sigrid Heuer (58)

....

4

Sven Wagner (37) mit Fiona (6)

....

b) Wer sagt das? Ergänzen Sie die Foto-Nummer. Manchmal gibt es mehrere Personen.

1. ☐☐☐ Ich bin immer froh, wenn der Frühling kommt.
2. ☐☐☐ Es ist schön, wenn die ganze Familie zusammen ist.
3. ☐☐☐ Weihnachten ist mir sehr wichtig.
4. ☐☐☐ Ich mag keine Feste, weil es oft nur um Geschenke geht.
5. ☐☐☐ Karneval ist lustiger als Weihnachten.
6. ☐☐☐ Ich verkleide mich gern.

3 Party-Gespräche

a) Lesen Sie die Sprechblasen. Kreuzen Sie die richtigen Aussagen an und korrigieren Sie die falschen.

1. ☐ Jana findet Julian nicht hübsch.
2. ☐ Julian studiert seit dem Sommersemester.
3. ☐ Sara will mit Freunden zum See fahren.
4. ☐ Sara und Silva wollen mit dem Auto fahren.
5. ☐ Silva will nach dem Seminar losfahren.
6. ☐ Pieter wohnt noch bei seiner Tante.
7. ☐ Pieter hat es nicht weit bis zur Uni.

b) Markieren Sie in a) die Dativ-Präpositionen und Nomen im Dativ wie im Beispiel.

c) Markieren Sie das passende Pronomen und das Verb, das den Dativ braucht.

- Gefallen dir die Blumen nicht?
- Oh doch! Die gefallen **mich/mir** sehr gut.
- Und helfen dir deine Schwestern bei der Party?
- Nein, ich habe **ihnen/ihn** ja auch nicht geholfen. Das ist schon okay.
- Hast du schon Sebastian zum Geburtstag gratuliert? Der hat doch auch heute …
- Herrje, ich habe **ihn/ihm** noch nicht gratuliert. Gut, dass du es sagst!
- Ich weiß, du hast gerade viel zu tun, aber kannst du mir bei einer Sache helfen?
- Ja klar, ich helfe **dir/dich** gern. Was gibt es denn?

d) Hören Sie und kontrollieren Sie Ihre Lösungen aus c).

2.41

4 Textkaraoke

2.42

a) Hören Sie und sprechen Sie die 👄-Rolle im Dialog.

👂 …
👄 Oh, dankeschön. Das ist nett, dass du anrufst.
👂 …
👄 Von meinem Vater habe ich neue Kopfhörer bekommen. Meine sind doch seit dem Urlaub kaputt.
👂 …
👄 Genau! Und mit meinem Bruder gehe ich zu einem Konzert.
👂 …
👄 Zu den Prinzen … Und von meiner Mutter gab es eine neue Jacke.
👂 …
👄 Rate mal, was ich von meinen Großeltern bekommen habe!
👂 …
👄 Die beiden bezahlen mir meine Party und du bist eingeladen.
👂 …

b) Markieren Sie in a) die Dativ-Präpositionen und Nomen im Dativ wie im Beispiel.

c) Wählen Sie eine Präposition aus und ergänzen Sie.

1. Die Freundin gratuliert .... Geburtstag. (zum/bei/nach)
2. Die neuen Kopfhörer sind .... einer deutschen Firma. (seit/von/zu)
3. Mit meinem Bruder fahre ich .... unserer Tante. (zu/nach/bei)
4. Die Jacke ist .... weichem Stoff. (zu/bei/aus)
5. Das ist ein Geschenk .... den Großeltern. (mit/von/seit)

5 Wer? Wem? Was? – Verben mit Dativ- und Akkusativergänzung

a) Schreiben Sie Sätze und verwenden Sie die Possessivartikel.

b) Variieren Sie neu. Schreiben Sie mindestens sechs Sätze.

Herr Paul schenkt seiner Freundin Konzertkarten.

c) Ersetzen Sie die Dativ-Ergänzungen aus a) mit einem Pronomen.

Herr Paul gibt seinen Kindern Geld.
→ Er gibt ihnen Geld.

6 Selbsttest: Dativ und/oder Akkusativ

a) Kreuzen Sie an und unterstreichen Sie die Ergänzungen.

	DATIV	AKKUSATIV
1. Das Bild gefällt <u>meiner Freundin</u> nicht.	☒	☐
2. Familie Schröter schreibt den Freunden eine Karte.	☐	☐
3. Simon schenkt seiner Frau jeden Freitag Blumen.	☐	☐
4. Ich danke Ihnen sehr.	☐	☐
5. Frau Peterlein gibt ihren Kindern ein Stück Schokolade.	☐	☐
6. Hilfst du deiner Mutter beim Umzug?	☐	☐
7. Meine Mutter zeigt ihrer Freundin ein neues Kleid.	☐	☐
8. Ich schicke meiner Oma jedes Jahr eine Weihnachtskarte.	☐	☐

b) Ersetzen Sie die Dativ-Ergänzung, wenn möglich, mit einem Pronomen.

Das Bild gefällt <u>ihr</u> nicht.

7 Die Feuerwehr rät

a) Lesen Sie die Broschüre. Sammeln Sie Informationen zu den folgenden Zahlen.

330 – 400 – 3 – 70 – 95

Hilfe, es brennt! Ihre Feuerwehr informiert.

Zahlen und Fakten

- Jede 3. Minute – so oft brennt in Deutschland eine Wohnung oder ein Haus.
- Pro Monat haben **330** Menschen einen Unfall mit Feuer und verbrennen sich.
- **400** Personen sterben pro Jahr in Deutschland, wenn es brennt.
- **95 %** der Opfer sterben nicht durch das Feuer, aber durch die Luft.
- Wenn es brennt, liegen **70 %** der Opfer im Bett und merken es nicht.

Aber es muss nicht bei Ihnen brennen, wenn Sie vorsichtig sind!
Das können Sie tun:

✔ Elektrische Geräte immer ausschalten und nicht im Stand-by-Modus haben.
✔ Kaufen Sie elektrische Geräte, die eine gute Qualität haben.
✔ Kein Feuer in der Nähe von Kindern machen!
✔ Rauchen Sie nicht im Bett oder wenn Sie müde sind.
✔ Wenn Kerzen brennen, immer im Raum sein.
✔ Schalten Sie den Herd immer aus.
✔ Keine Zigaretten etc. in den Mülleimer werfen.

b) Beenden Sie die Sätze.

1. Wenn man elektrische Geräte kauft, müssen diese …
2. Wenn man Kinder hat, darf man kein …
3. Wenn man müde ist, dann darf man …
4. Wenn man eine Kerze anmacht, muss man …
5. Wenn man etwas gekocht hat, dann muss man …

1. Wenn man elektrische Geräte kauft, müssen diese eine gute Qualität haben.

23 Mit allen Sinnen

1 Emotionen

a) Sammeln Sie Wörter zu jedem Foto. Der Artikel auf Seite 152/153 hilft.

a

b

c

d

e

Foto a:
die Frau – zu Hause –
Zeitung lesen –
sich erschrecken –
die Überraschung –
einen Schreck bekommen –
allein sein –
die Nachricht – ...

b) Beschreiben Sie die Fotos.

Foto a zeigt eine Frau. Sie liest Zeitung. Sie erschreckt sich. Vielleicht hat sie ...

2 Das Rätsel der Emotionen

a) Beantworten Sie die Fragen mit Hilfe des Artikels auf Seite 152/153.

1. Was ist das LoE-Projekt und seit wann gibt es das Projekt?
2. Welche Fragen wollen die Emotionsforscher und -forscherinnen beantworten?
3. Warum sprechen Menschen nicht nur mit dem Mund?
4. Wie viel Prozent der Deutschen sind nicht „gefühlsblind"?
5. Was ist der Unterschied zwischen „gefühlsblinden" und anderen Menschen?
6. Gibt es Emotionen, die jeder Mensch kennt und ausdrücken kann?
7. Welche Unterschiede gibt es beim Zeigen von Emotionen in den Kulturen?

b) Suchen Sie das Wort im Artikel. Markieren Sie es und notieren Sie die Zeile.

1. Menschen, die ihre Gefühle nicht gut ausdrücken können, nennt man *gefühlsblind* ...... *Zeile 11*
2. Bewegungen mit den Händen beim Sprechen sind ....
3. Eine wissenschaftliche Studie – oft mit vielen Forschern – ist ein ....
4. Wenn man sehr wütend ist, dann zeigt man ....
5. Man kann Gesichter lesen – besonders gut die .... in der eigenen Kultur. ....
6. Wenn man herzliche Gefühle für eine Person hat, spricht man von ....

3 Das Rätsel der Emotionen: Wörter und Ausdrücke

a) Kombinieren und notieren Sie. Manchmal gibt es mehrere Möglichkeiten. Vergleichen Sie mit dem Artikel auf Seite 152/153.

Emotionen	1	a	ausdrücken
Antworten auf Fragen	2	b	sprechen
mit dem Körper	3	c	machen
Ärger	4	d	zeigen
Antipathie/Sympathie/Aggression/...	5	e	suchen
Gefühle	6	f	erkennen
im Stress	7	g	sein
(viele/weniger/mehr) Gesten	8	h	haben

b) Markieren Sie die Wortverbindungen in den Fragen.

1. Sind Sie ein Mensch, der beim Sprechen viele Gesten macht?
2. Wenn Sie richtig im Stress sind, was machen Sie dann?
3. Zeigen Sie Emotionen bei fremden Menschen, zum Beispiel Wut oder Ärger?
4. Drücken Sie bei einer Person, die Sie nicht mögen, Ihre Antipathie aus? Wenn ja, wie?
5. Kann man Gefühle ohne Worte ausdrücken?
6. Auf welche Fragen suchen die Emotionsforscher Antworten?
7. Wie nennt man Menschen, die weniger Emotionen haben oder zeigen?

c) Beantworten Sie mindestens zwei Fragen in b).

4 Über einen Film berichten

a) Lesen Sie die Filmrezension. Sammeln Sie Informationen zu den folgenden Punkten.

Titel – Hauptrolle – Drehbuch – aus dem Jahr – Regie und Kamera

www.tittelmeier.de

tittelmeier.de

Kritik: Kino, Fernsehfilme, Serien Links Programm Exklusiv

„Margarete Steiff", Deutschland 2006

******

ein Drama nach dem Drehbuch von Susanne Beck und Thomas Eifler
Regie und Kamera: Xaver Schwarzenberger

Heike Makatsch als Margarete Steiff

Inhalt: Margarete Steiff (Annika Luksch als 10-Jährige; Heike Makatsch als Erwachsene) kann wegen einer Kinderkrankheit nicht mehr gehen. Die Eltern haben Angst. Wie soll sie später allein leben? Aber Margarete hat einen Plan. Mit der Hilfe des Bruders (Fritz) geht sie zur Schule. Das Geld des Dorfes macht sogar eine Operation in Wien möglich. Aber ohne Erfolg – Margarete sitzt weiter im Rollstuhl. Sie kommt zurück nach Giengen, aber im Zug lernt sie Julius Tichy aus Salzburg kennen. Er hilft ihr und so eröffnet sie bald im Haus der Eltern ein Geschäft. Dort macht sie Kleider für Damen und später auch kleine Elefanten aus Stoff. Die Kinder lieben die Tiere der mutigen Frau. Als Julius Margaretes Freundin heiratet, ist Margarete sehr wütend und streitet sich auch mit ihrem Bruder Fritz. Sie haben viele Jahre keinen Kontakt. Margarete gründet die Firma „Steiff" und produziert Teddybären. Sie arbeitet von früh bis nachts, weil sie so einsam und wütend ist. Der Teddybär ist für sie und ihren Bruder ein Symbol der Freundschaft. Und Fritz meldet sich schließlich bei ihr ...

b) Möchten Sie den Film sehen? Begründen Sie.

c) **Lesen Sie die Filmrezension noch einmal. Ergänzen Sie die Textgrafik mit Stichpunkten.**

Margaretes Problem: .... ← Eltern: ....
....

Margaretes Plan: .... ← Bruder: ....
....

Operation: .... ← Wo?: ....
.... Wer bezahlt?: ....
erfolgreich?: ....
Zugfahrt nach Hause: ....
....
....

Geschäft: .... ← Wo?: ....
Was?: ....

Streit: .... ← Mit wem?: ....
.... Lösung?: ....

Firma „Steiff": .... ← Teddybär: ....
....

5 Das Gefühl der Freude

a) **Markieren Sie in der Filmrezension aus 4 a) alle Genitivformen.**

Inhalt: Margarete Steiff (Annika Luksch als 10-Jährige; Heike Makatsch als Erwachsene) kann wegen einer Kinderkrankheit nicht mehr gehen. Die Eltern haben Angst. Wie soll sie später allein leben? Aber Margarete hat einen Plan. Mit der Hilfe des Bruders (Fritz) geht sie zur Schule. Das Geld des Dorfes macht sogar eine Operation in Wien

b) **Bestimmen Sie: *maskulin* (m), *feminin* (f), *neutrum* (n), *Plural* (Pl.) der Genitivformen.**

1. [f] das Gefühl der Freude
2. ☐ das Leben der Anderen
3. ☐ die Hilfe des Bruders
4. ☐ die Probleme der Erwachsenen
5. ☐ das Geld des Dorfes
6. ☐ ein Symbol der Freundschaft
7. ☐ im Haus der Eltern
8. ☐ die Teddybären der Firma Steiff
9. ☐ der Stoff des Kleides
10. ☐ der Streit der Geschwister

c) **Markieren Sie die Genitivform.**

1. Was ist für Sie das größte Problem der heutigen Zeit?
2. Glück ist keine Frage des Geldes.
3. Was war das Thema des letzten Kinofilms, den Sie gesehen haben?
4. Ist Gelb wirklich die Farbe der Sonne?
5. Können Sie die Gesichtsausdrücke der anderen Menschen gut lesen?
6. Kinder, Haushalt, Job – alles eine Frage der Organisation.

6 Das Dunkel-Restaurant. Verbinden Sie und schreiben Sie Sätze. Markieren Sie das Relativpronomen.

1. In Berlin gibt es jetzt das erste Dunkel-Restaurant Deutschlands,
2. Im Restaurant lernt man die Probleme kennen,
3. Im Restaurant arbeitet Sabrina Henning,
4. Es gibt nur sehr wenige Gäste,
5. Viele Gäste haben Probleme mit Messer und Gabel,
6. Herr Bräutigam ist ein begeisterter Gast,

a der die Arbeit großen Spaß macht.
b mit denen sie im Dunkeln nach dem Essen suchen.
c mit denen Blinde jeden Tag leben müssen.
d in dem nur blinde Kellnerinnen und Kellner arbeiten.
e dem diese Erfahrung sehr wichtig ist.
f denen das Restaurant nicht gefällt.

unsicht-Bar®
Deutschlands erstes Dunkel-Restaurant
schmecken! riechen! fühlen! hören!

7 Eine Bühnenbildnerin bei der Arbeit

a) Schreiben Sie Sätze wie im Beispiel.

stellen/stehen

Beispiel

die Assistentin
die Vase
der Boden

die Vase
der Boden

Die Assistentin stellt die Vase auf den Boden. Die Vase steht auf dem Boden.

legen/liegen

1

die Assistentin
die Bücher
das Regal

die Bücher
das Regal

setzen/sitzen

2

die Assistentin
der Hund
das Sofa

der Hund
das Sofa

hängen/hängen

3

die Assistentin
das Bild
die Wand

das Bild
die Wand

b) Und Sie? Beantworten Sie die Fragen zu Ihrem Zimmer.

1. Was steht neben der Tür?
2. Was haben Sie auf das Fensterbrett gestellt?
3. Was liegt in Ihrem Regal?
4. Was legen Sie oft auf Ihren Schreibtisch?
5. Was hängt an Ihrer Wand?
6. Was möchten Sie gern an die Wand hängen?
7. Haben Sie ein Haustier? Wo sitzt es oft?
8. Was steht auf dem Boden?

1 Was sind die zwei wichtigsten Erfindungen?

2.43

a) Hören Sie die Interviews und notieren Sie.

Name	Erfindung	Warum?
 Renata Kleinert, 62	1. Waschmaschine 2.	– viel mehr (Frei-)Zeit, weniger Haushalt
 Jürgen Rosenthal, 53	1. .... 2.	....
 Leni Raue, 16	1. .... 2.	....

b) Was sind für Sie die zwei wichtigsten Erfindungen? Begründen Sie.

2 Das Europäische Patentamt

a) Lesen Sie die Internetseite und ergänzen Sie die Grafik.

http://www.patente 2016.de

Home **Patentrechte** **Anmeldung eines Patents**

Home → Wissen_Wirtschaft → Patente → Jahresbericht 2016 → Statistik

Patente 2016 – Statistik

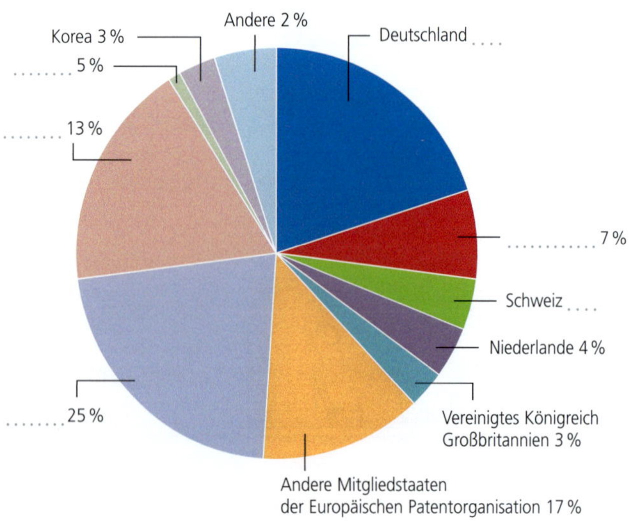

Das Europäische Patentamt (EPA) prüft und erteilt europäische Patente. Das EPA hat seinen Hauptsitz in München, weitere Dienststellen sind in Berlin, Wien, Den Haag und Brüssel. Das Amt hat über 6000 Mitarbeiter aus fast 30 Ländern. Die meisten Patentanmeldungen kommen aus den USA, sehr viele aber auch aus Deutschland und Japan. 2016 erteilte das EPA 95940 Patente. Das ist die höchste Zahl an Patenten, die es in der Geschichte gab. Die meisten Patente gehen an die USA (25 %). Auch Deutschland (16 %), Japan (13 %) und Frankreich (7 %) bekommen viele Patente erteilt. Die Schweiz ist zwar ein kleines Land, hat aber 5 % Anteil an 95940 Patenten! Besonders die Zahl der Patente, die das EPA China (5 %) erteilt, wächst sehr schnell an.

b) Richtig oder falsch? Kreuzen Sie an und vergleichen Sie mit der Internetseite.

	richtig	falsch
1. Wer ein europäisches Patent anmelden möchte, muss zum EPA.	☐	☐
2. Das Europäische Patentamt hat seinen Hauptsitz in Wien.	☐	☐
3. Andere Dienststellen gibt es in München, Berlin und Paris.	☐	☐
4. Die Mitarbeiter des Patentamts kommen aus verschiedenen Ländern.	☐	☐
5. Aus Deutschland kommen die meisten Patentanmeldungen.	☐	☐
6. Auf Platz 3 der erteilten Patente liegt Frankreich mit 7 %.	☐	☐
7. Die Schweiz hat genauso viele Prozente wie die Niederlande.	☐	☐
8. Japan hat prozentual weniger Patente als Deutschland.	☐	☐

3 **Nominalisierung der Verben. Welches Verb steckt im markierten Nomen? Notieren Sie wie im Beispiel.**

die Prüfung – prüfen –
Ich prüfe das Ergebnis.

1. Die Prüfung von einem Patent findet im Europäischen Patentamt statt.
2. Der Umzug der Firma kostet sehr viel Zeit und Geld.
3. Die Suche nach einem guten Namen für das neue Produkt war schwierig.
4. Der Transport von Lebensmitteln muss sauber und sicher sein.
5. Man wird nicht einfach Erfinder, man muss eine sehr gute Idee haben.
6. Der Fernseher wurde schon Anfang des 20. Jahrhunderts erfunden.

4 **Wozu braucht man ...?**

a) Schreiben Sie Fragen zu den Antworten.

Fahrplan – Kalender – Geld – Brille – CD

1. *Wozu brauchst du eine CD?* .... Um mich zu entspannen.
2. .... Um die Zeitung lesen zu können.
3. .... Um meine Termine zu planen.
4. .... Um die Rechnung zu bezahlen.
5. .... Um die Bahn nicht zu verpassen.

b) Schreiben Sie Sätze wie im Beispiel.

Ich brauche eine Zahnbürste,
um Zähne zu putzen.

1

4

5

2

3

6

5 Rosalinde Meyer hat etwas erfunden. **Formulieren Sie Sätze mit *damit*.**

1. Frau Meyer ruft im Patentamt an.
   sie – schnell – einen Termin – bekommen
2. Frau Meyer bringt die Erfindung persönlich zum Patentamt.
   sie – nicht – auf dem Weg – kaputt gehen
3. Der Sohn von Frau Meyer fährt das Auto.
   seine Mutter – auf das Paket – aufpassen können
4. Das Patentamt nimmt sich viel Zeit für die Prüfung der Anmeldung.
   es – keine Fehler – machen
5. Frau Meyer macht Urlaub.
   sie – vom Stress – sich erholen können

Frau Meyer ruft im Patentamt an, damit Sie schnell einen Termin bekommt.

6 Gummibärchen

a) Lesen Sie den Magazin-Artikel. Formulieren Sie W-Fragen (Wer? Was? Wo? Wie?) und beantworten Sie sie.

Wissen 03/17

Ein Bärchen geht um die Welt

Gummibärchen werden von allen Kindern und vielen Erwachsenen geliebt. Was nur wenige wissen – 1922 wurde das erste Gummibärchen „geboren". Es wurde damals von Hans Riegel aus Bonn (Haribo) erfunden. Heute ist Haribo ein großer Konzern mit Sitz im Bonner Stadtteil Kessenich. Täglich werden 80 Millionen Gummibärchen produziert. In den fünf Betrieben in Deutschland und 13 weiteren in Europa arbeiten 6000 Mitarbeiter.

Haribo-Produkte werden in mehr als 100 Ländern transportiert und verkauft.

Viele Deutsche kennen das Werbemotto der Firma. Seit 1935 wird das „Lied" HARIBO macht Kinder froh gesungen. 1962 wurde das Motto ergänzt mit: und Erwachsene ebenso. Eine Studie von Kabel1 sagt, dass es der bekannteste Werbespruch in Deutschland ist. Lied und Motto wurden in etliche Sprachen übersetzt.

Hier einige Beispiele:
- Haribo, c'est beau la vie – pour les grands et les petits
- Kids and grown-ups love it so – the happy world of Haribo

b) Zeichnen Sie die Textgrafik in Ihr Heft und ergänzen Sie sie.

FRÜHER → HEUTE

Erfinder? : ...
Was? : ...
Wo? : ...
Firmen-Name? : ...

Produktion → *pro Tag? : ...* / *Wo? : ...* / *Mitarbeiter? : ...*
Studie → *Motto? : ...*

c) Markieren Sie im Magazin-Artikel alle Partizip II-Formen und ergänzen Sie Ihre Liste von Seite 121.

7 Passiv: Präsens und Präteritum

a) Markieren Sie im Haribo-Artikel alle Passiv-Formen im Präsens und Präteritum.

b) Ergänzen Sie die Tabelle.

	Präsens	Präteritum
ich	werde	....
du	wirst	wurdest ....
er/es/sie	....	....
wir	....	....
ihr	werdet	wurdet ....
sie/Sie	....	....

\+

gefragt
angerufen
informiert
gehört
produziert
verpackt
...

c) Schreiben Sie Wortgruppen wie im Beispiel. Lesen Sie diese dann laut und schnell.

ich wurde gefragt; sie werden produziert und verpackt

8 Passivformen im Text: Präsens oder Präteritum. Ergänzen Sie die Verben. Kontrollieren Sie dann mit dem Reiseführer-Text auf Seite 162

1. Der erste Stollen .... 1474 ....
2. Für den Export .... der Stollen in Alufolie ....
3. Der größte Stollen .... von August dem Starken in Auftrag ....
4. Der Stollen .... heute weltweit ....
5. Früher .... der Stollen nur zur Fastenzeit ....
6. Heute .... der Stollen zur Weihnachtszeit ....
7. Der Dresdner Christstollen kann auch im Internet ....

9 Eine süße Spezialität aus der Schweiz: die Rüblitorte

a) Hören Sie und ordnen Sie die Arbeitsschritte.

2.44

- [ ] Zum Schluss wird die fertige Rüblitorte über Nacht in den Kühlschrank gestellt.
- [ ] Die Masse wird in einer Tortenform gebacken.
- [ ] Dann wird die Ei-Zucker-Masse mit Mehl und Backpulver gemischt.
- [ ] Nach den Möhren und Mandeln wird der Eischnee untergehoben.
- [1] Zuerst werden das Eigelb, der Zucker und weitere Zutaten gemischt.
- [ ] Nach dem Backen wird alles mit Marmelade und Puderzucker überzogen.
- [ ] Im dritten Schritt werden geriebene Möhren und Mandeln hinzugegeben.

b) Markieren Sie in a) die Passiv-Formen.

c) Ein Rezept erklären. Verwenden Sie die Sätze aus a).

Mischen Sie zuerst das Eigelb, den Zucker und weitere Zutaten. Dann ...

25 Zeitpunkte

1 Aussagen und Fotos

a) Ordnen Sie den Aussagen der Personen ein Foto aus der Collage auf Seite 164/165 zu.

1. [g] Wenn ich längere Wartezeiten am S-Bahnhof habe, dann arbeite ich meistens.
2. [ ] Wenn es zur Halbzeit 3:1 für die andere Mannschaft steht, dann rennt die Zeit.
3. [ ] Seit ich Mutter und berufstätig bin, habe ich kaum Freizeit. Ich habe nicht erwartet, dass ich solche Zeitprobleme bekomme.
4. [ ] Richtig gute Bücher sind zeitlos, ich lese sie immer wieder und vergesse alles andere. Am liebsten lese ich nach der Schule im Park.
5. [ ] Ich gehe gern einkaufen, aber nicht unter Zeitdruck. Daher gehe ich rechtzeitig los.
6. [ ] Beim Zeitfahren kommt es auf eine gute Strategie an. Richtiges Zeitmanagement ist wichtig.
7. [ ] Endlich mal Zeit für uns zwei! Jetzt kann die Zeit gerne stillstehen.

b) Markieren Sie in a) alle Wörter mit *Zeit-/-zeit* und notieren Sie sie.

die Wartezeit

2 Umfrage: Wann vergeht die Zeit für Sie schnell, wann eher langsam?

a) Überfliegen Sie die Interviews. Ordnen Sie ein passendes Foto zu. Markieren Sie das Wort im Interview, das Ihre Wahl unterstützt. Ein Foto passt nicht.

1. Peer Laskowski (41)

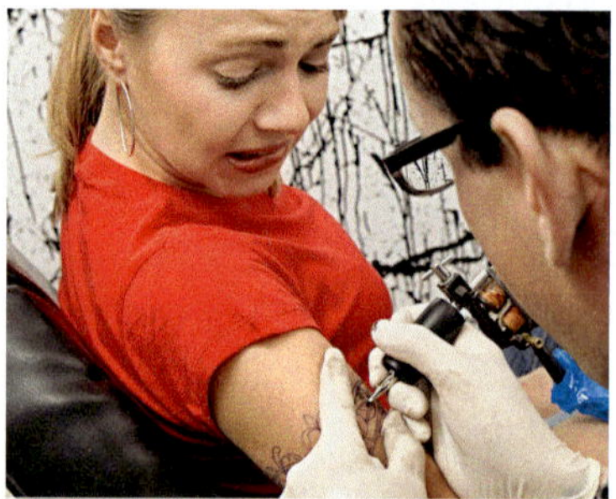

2. Sylvia Neitzel (22)

3. Christian Schwander (28)

[ ] Interview 1

- Wann vergeht die Zeit langsam?
- Das kann ich Ihnen sagen: Als ich mein Tattoo bekommen habe. Das hat vier Stunden gedauert, aber es fühlte sich an wie vier Jahre.
- Wann vergeht die Zeit für Sie wie im Flug?
- Oh je! Gute Frage. Wenn ich am Wochenende mit Freunden ausgehe und tanze oder im Kino sitze, dann vergeht die Zeit wie im Flug.

[ ] Interview 2

- Wann vergeht die Zeit schnell für Sie?
- Wenn ich auf einem Berg stehe und nur noch zwei Stunden habe, bis es dunkel wird. Da rennt dann die Zeit. Und ich renne auch. Aber es ist ein tolles Gefühl, in der Natur zu sein.
- Und wann schleicht die Zeit dahin?
- Immer wenn ich im Flugzeug sitze und warte, dass ich endlich am Urlaubsziel ankomme. Elf Stunden im Flieger nach Los Angeles – das war unendlich lang!

b) Kreuzen Sie die richtigen Aussagen an und korrigieren Sie die falschen.

1. [ ] Die Zeit vergeht schnell, wenn Frau Neitzel mit Kollegen nach Feierabend ausgeht.
2. [ ] Frau Neitzel arbeitet in einem Tattoostudio.
3. [ ] Die Zeit verging für sie extrem langsam, als sie ihr Tattoo bekommen hat.
4. [ ] Herr Laskowski ist gern in den Bergen.
5. [ ] Immer wenn er in den Bergen wandert, vergeht die Zeit für ihn sehr langsam.
6. [ ] Im Flieger vergeht die Zeit für ihn sehr langsam.

3 Mein Zeitgefühl

a) Lesen Sie laut und schnell. Variieren Sie.

Die Zeit	steht still / schleicht dahin, vergeht wie im Flug / rennt,	wenn ich	Zeitung / ein Buch lese. fernsehe / im Internet surfe. Sport mache / Fahrrad fahre. Freunde treffe / bügle. auf jemanden warte. beim Arzt sitze.

b) Notieren Sie Situationen, in denen die Zeit für Sie schnell bzw. langsam vergeht. Schreiben Sie dann einen Ich-Text.

schnell: wenn ich lese, im Urlaub ...
langsam: beim Zahnarzt, wenn ich auf Post warte ...

4 *Wenn – als – wann?*

a) Ergänzen Sie *wenn, als* oder *wann*.

1. .... vergessen Sie die Zeit?
2. .... ich klein war, hatte ich viel mehr Zeit.
3. .... ich mal Zeit habe, dann gehe ich schwimmen.
4. .... steht die Zeit für Sie still?
5. .... ich Urlaub habe, dann fliege ich meist weit weg.
6. .... ich im Urlaub war, regnete es die ganze Zeit.

b) Beantworten Sie die zwei Fragen aus a).

Immer wenn ich ...

5 Wo bleibt die Zeit? **Lesen Sie noch einmal den Artikel auf Seite 166. Welche Aussagen sind richtig? Kreuzen Sie an und korrigieren Sie die falschen Aussagen.**

1. ☐ Die meiste Zeit des Lebens verwenden die Deutschen für ihre Arbeit.
2. ☐ Die Summe der Arbeitspausen ergibt bereits acht Wochen!
3. ☐ Circa 24 Jahre liegen die Deutschen im Bett.
4. ☐ Die Deutschen verbringen in ihrem Leben mehr Zeit mit Essen als mit Fernsehen.
5. ☐ Drei Jahre und sechs Monate sitzen die Deutschen im Auto.
6. ☐ Mit ihren Kindern verbringen sie viel Zeit: insgesamt fünf Jahre und sechs Monate.
7. ☐ Zum Waschen und Bügeln benötigen die Deutschen neun Monate.
8. ☐ Mit Putzen verbringen die Deutschen wenig Lebenszeit: nur sechs Monate.

6 Eine gute Zeit zum ...? **Ergänzen Sie und schreiben Sie vier weitere Beispiele.**

Samstag ist ein guter Tag zum Einkaufen.
12 Uhr ist ein guter Zeitpunkt zum ...
...

7 Wörter mit z

3.2 **a) Markieren Sie den Wortakzent. Hören und kontrollieren Sie. Lesen Sie die Wörter laut.**

das 'Zeitgefühl – der Zeitpunkt – die Freizeit – die Lebenszeit – der Zeitdruck – die Arbeitszeit – die Wartezeit – der Zeitplan – zeitlos

3.3 **b) Welches Wort hören Sie? Kreuzen Sie an.**

1. ☐ Zeit ☐ seit
2. ☐ Zoo ☐ so
3. ☐ Zehen ☐ sehen
4. ☐ zieh ☐ sieh
5. ☐ zelten ☐ selten
6. ☐ Zeh ☐ See

3.4 **c) Hören Sie die Wörter aus b) und sprechen Sie nach.**

3.5 **d) z oder s? Hören und ergänzen Sie.**

1. ...u...ammen ...ein
2. ...u viel
3. ...üß
4. ...icher
5. ...u Hau...e
6. redu...ieren
7. ...urück
8. ...ahlen
9. organi...ieren

8 Textkaraoke. Hören Sie und sprechen Sie die -Rolle im Dialog.

3.6

...
Hallo Sabia, hier ist Tanja. Du, wollen wir nicht mal wieder frühstücken gehen?
...
Sonntag ist doch der perfekte Tag zum Frühstücken, oder?
...
Na dann Samstag. Das ist auch ein guter Tag zum Ausgehen!

9 Haupt- und Nebensatz. Bestimmen Sie die Sätze wie im Beispiel.

Beispiel Während Nina Zähne (putzt), (hört) Sie Radio.
Nebensatz — Hauptsatz

1. Während Nina die Zeitung liest, trinkt sie einen Tee.
2. Nina singt ihr Lieblingslied, während sie duscht.
3. Während sie kocht, kommt ihre Mutter.
4. Sie telefoniert mit einer Freundin, während sie die Wohnung putzt.
5. Nina ruft ihren Chef an, während sie Auto fährt.

10 Was geht (nicht) gleichzeitig?

a) Formulieren Sie mindestens acht Sätze.

in der Sauna sitzen	Tee trinken / Musik hören
Hausaufgaben machen	telefonieren/lesen
joggen/lernen/duschen	kochen/frühstücken
beim Arzt sitzen	Ski fahren / nachdenken
im Urlaub sein	sich mit einer Freundin unterhalten
Autofahren / krank sein	ein Foto machen
Freunde treffen / ...	singen / ...

Während ich in der Sauna sitze, denke ich oft nach.

Während ich Hausaufgaben mache, höre ich nicht gern Musik.

b) Schreiben Sie drei eigene Sätze, was man nicht gleichzeitig tun kann oder darf.

Während ich jogge, kann ich mich nicht mit meiner Freundin unterhalten.

11 Zur Geschichte des Brandenburger Tors – ein Stück deutsche Geschichte

a) Lesen Sie den Auszug aus dem Reiseführer auf Seite 168 noch einmal und beenden Sie die folgenden Sätze.

1. König Friedrich Wilhelm II. …
2. Die Nationalsozialisten …
3. Der zweite Weltkrieg …
4. 1949 …
5. Ost-Berlin …
6. 1990 …

b) Wichtige Ereignisse der deutschen Geschichte. Kreuzen Sie die Datumsangaben an, die Ihnen bekannt sind. Notieren Sie in Stichpunkten, was an diesem Tag war.

1. ☐ 30. Januar 1933 ……………………
2. ☐ 1. September 1939 ……………………
3. ☐ 8. Mai 1945 ……………………
4. ☐ 13. August 1961 ……………………
5. ☐ 9. November 1989 ……………………
6. ☐ 3. Oktober 1990 ……………………

c) Vergleichen Sie Ihre Stichpunkte mit den Angaben im Reiseführer auf Seite 168 und machen Sie sich weitere Notizen zu jeder Datumsangabe.

d) Aussagen zur Geschichte des Brandenburger Tors. Drei Aussagen sind falsch. Kreuzen Sie die richtigen an und korrigieren Sie die falschen.

1. ☐ Das Brandenburger Tor war früher ein Stadttor.
2. ☐ Die Nationalsozialisten marschierten 1933 durch das Brandenburger Tor.
3. ☐ Während der Teilung Deutschlands war Berlin die Hauptstadt der BRD.
4. ☐ Mit dem Überfall Deutschlands auf Polen wurde das Tor zerstört.
5. ☐ Nach dem Bau der Mauer 1961 durften die West-Berliner nicht mehr in die DDR und in die BRD reisen.
6. ☐ Das Tor wurde zum Symbol des Kalten Krieges.
7. ☐ Zu Silvester gibt es immer ein Feuerwerk am Brandenburger Tor.
8. ☐ 2006 trafen sich die Fußballfans vor dem Brandenburger Tor.

12 Wörter zusammen lernen

a) Welches Verb passt? Ordnen Sie jedem Ausdruck ein passendes Verb zu und notieren Sie die Wortverbindungen. Vergleichen Sie mit dem Reiseführer auf Seite 168.

ein Wahrzeichen … – ein Land … – ein Gebäude/Haus/Tor … – einen Staat … – eine Mauer … – in ein Land / eine Stadt … – auf der Grenze zwischen Ost- und West-Berlin … – zum Symbol … – ein Höhepunkt … – Hauptstadt …

bauen – beschädigen – gründen – regieren – stehen – werden (2x) – sein (2x) – reisen

b) Schreiben Sie zu jeder Wortverbindung einen Satz wie im Beispiel.

ein Wahrzeichen sein: Der Eiffelturm ist ein Wahrzeichen von Paris.

13 Der 9. November 1989 – ein Erlebnisbericht

a) Lesen Sie den Bericht. Welche Textzeile passt zu welchem Bild? Markieren Sie sie.

Das war eine Nacht!

LOKALES | vor 28 Jahren

Heike Demming (67)

a

b

Der Herbst 1989 war eine spannende Zeit! Ich war damals auch auf den Demonstrationen, zum Beispiel am 4. November in Jena – es waren 40.000 Menschen gekommen! So etwas hatte ich noch nie erlebt. Viele hatten Plakate dabei und wir riefen immer wieder: „Wir sind das Volk!" Wir hofften damals sehr auf politische Veränderung: Demokratie, mehr Meinungsfreiheit usw. Aber was dann am 9. November geschah, konnte ich kaum glauben. Ich weiß noch: Mein Mann und ich kamen abends nach Hause, schalteten den Fernseher an und sahen Nachrichten. Da hörten wir plötzlich die Worte „Reisefreiheit" und „offene Grenzen". Ich erinnere mich noch genau, wie wir uns anschauten. Das konnte doch alles gar nicht möglich sein! Wir suchten nach genaueren Informationen. Dann kam die Nachricht, die um die Welt ging: Ab 24 Uhr offene Grenzen und Reisefreiheit für alle DDR-Bürger! Wir waren total überrascht und sehr glücklich und saßen die ganze Nacht vor dem Fernseher. Dann sahen wir die ersten Bilder von der offenen Grenze: Deutsche aus Ost und West, die auf der Mauer standen und tanzten und lachten. Das war eine tolle Nacht!

Heike Demming

b) Beantworten Sie die Fragen.

1. Wo war Frau Demming am 4. November 1989?
2. Was wollten die Demonstranten damals?
3. Wie hat Frau Demming von der Öffnung der Grenze erfahren?
4. Wie war ihre erste Reaktion auf die Nachricht?

Frau Demming war am 4. November 1989 auf ...

c) Welche Aussage passt zu Heike Demmings Bericht? Kreuzen Sie an. Suchen Sie im Text die Zeile/Zeilen, die Ihnen einen Hinweis geben.

1. ☐ Ich wollte, dass sich die DDR verändert. Zeile(n) ....
2. ☐ Ich habe erwartet, dass man die Grenzen öffnet. Zeile(n) ....
3. ☐ Ich hatte an diesem Abend Angst, weil die Grenze auf einmal offen war. Zeile(n) ....
4. ☐ Das war ein ganz besonderer und sehr langer Tag für mich. Zeile(n) ....

14 Zeitformen. Markieren Sie im Bericht in Übung 13 alle Verben und ordnen Sie sie in die Tabelle ein. Ergänzen Sie die entsprechenden Formen.

regelmäßig			*unregelmäßig*		
Präsens	*Präteritum*	*Perfekt*	*Präsens*	*Präteritum*	*Perfekt*
....	....	....	*sein*..............	*war*..............	*ist gewesen*..

Zertifikatstraining

Lesen Teil 1   Arbeitszeit: 10 Minuten

Lesen Sie den Blogeintrag und die Aufgaben 1 bis 6 dazu.
Wählen Sie: Sind die Aussagen Richtig oder *Falsch*?

www.ninaswelt.de/blog

Über mich | Kontakt | Gästebuch | **Blog**

Willkommen_in_ Ninas_Welt

Hallo Leute,
ich bin zurück aus dem Winterurlaub oder besser: von meiner „Zeitreise" ;-)!

Die letzten vier Wochen habe ich mit Robert, meinem Freund, in Österreich in einem kleinen Holzhaus in den Bergen verbracht. Wir waren weit von der nächsten Stadt entfernt und haben (fast) wie die Leute vor 100 Jahren gelebt.

Schon der Weg zum Ferienhaus war ein Abenteuer! Wir mussten das Auto im Tal auf einem Parkplatz abstellen, weil dort die Straße endete. Wir haben unsere Sachen in Rucksäcke gepackt und mit Skiern durch tiefen Schnee zum Haus hoch gebracht. Das dauerte zwei Stunden. Und weil wir auch alle Lebensmittel für die vier Wochen vom Auto zum Haus bringen mussten, war das Gepäck sehr schwer! Als wir dann am späten Nachmittag total erschöpft am Haus ankamen und uns alles ansahen, war ich erst gar nicht begeistert: Es gab keinen Strom, kein Badezimmer, die Toilette war draußen in einem Häuschen (mit Herzfenster in der Tür!). Zum Heizen und Kochen gab es nur einen Holzofen und das Wasser zum Trinken, Kochen und Waschen mussten wir aus einem Fluss holen. Das war hart, denn der Fluss war gefroren. Man musste also immer erst ein Loch ins Eis machen, wenn man Wasser holen wollte – sehr abenteuerlich! Und wisst ihr was? Robert wusste das alles vorher, er hat mir aber kein Wort gesagt! Er kennt sogar den Besitzer des Hauses und erzählte mir später, dass dieser in seiner Studienzeit alle Baumaterialien selbst auf den Berg getragen und dann das Haus in drei Sommermonaten allein gebaut hat. Wahnsinn!

Naja, wie gesagt, am Anfang dachte ich, es wird furchtbar! Aber Leute, jetzt kann ich sagen: Für immer möchte ich so nicht leben, aber man kann auch ohne Strom, Heizung usw. einen tollen Urlaub haben. Man braucht dann für viele Dinge länger, aber das ist ja kein Problem, wenn man Zeit hat. Ich bin jedenfalls ab dem zweiten Tag jeden Abend sehr zufrieden und glücklich ins Bett gefallen und habe nichts vermisst!

Bis bald, eure Nina

Beispiel

0	Das Ferienhaus war in der Nähe einer Stadt.	Richtig	~~*Falsch*~~
1	Der Weg zum Haus war anstrengend.	Richtig	*Falsch*
2	Nina und Robert haben das Essen von zu Hause mitgebracht.	Richtig	*Falsch*
3	Es war kalt, aber es lag nicht viel Schnee.	Richtig	*Falsch*
4	Das Haus gehört einem Bekannten von Robert.	Richtig	*Falsch*
5	Das Haus wurde vor drei Monaten von Studenten gebaut.	Richtig	*Falsch*
6	Nina hat die „Zeitreise" gut gefallen.	Richtig	*Falsch*

26 Alltag

1 Alltagsprobleme

a) Wo sagt man das? Lesen Sie die Aussagen und ordnen Sie sie zu.

a in der Bank **b** beim Fahrradhändler **c** im Zug **d** vor der Haustür **e** auf der Straße

1. ☐ Ich habe eine Panne. Können Sie das reparieren?
2. ☐ Schon wieder ein Strafzettel! Ich habe doch nur eine Minute geparkt.
3. ☐ Oh nein, jetzt verpasse ich meinen Anschluss nach Stuttgart!
4. ☐ Der Automat hat meine Karte gesperrt.
5. ☐ Oh, nein! Wo ist nur mein Schlüssel?

b) Lesen Sie noch einmal die Dialoge auf Seite 170/171 und ergänzen Sie die Verben der Wortverbindungen.

1. eine falsche Geheimzahl ....
2. eine Panne (mit dem Rad) ....
3. einen Anschluss(zug) ....
4. eine EC-Karte ....
5. das Handy / den Schlüssel ....
6. sauer ....

2 Das stresst mich (nicht)!

3.7

a) Flüssig sprechen. Hören Sie und sprechen Sie nach.

Das stört mich gar nicht.
Das ist kein bisschen nervig.

Das ist ein bisschen nervig.
Das nervt manchmal.

Das macht mich verrückt!
Das ärgert mich extrem!

b) Übertragen Sie die Grafik aus a) in Ihr Heft. Ordnen Sie die Wörter/Wortgruppen im „Stress-Barometer" ein.

Prüfungen – Autofahren – lange Arbeitszeiten – unfreundliche Menschen – Zeitdruck – krank sein – einkaufen – im Stau stehen – öffentliche Verkehrsmittel – der Haushalt – Langeweile – Behörden – schlechtes Wetter – wenn ich etwas verliere – wenig Schlaf – wenn die Internetverbindung langsam ist – neue Computerprogramme – …

c) Schreiben Sie einen Bericht. Nutzen Sie die Redemittel auf Seite 171.

Ich finde einige Dinge stressig, zum Beispiel stresst mich …

3 Textkaraoke. In der Bank. Hören Sie und sprechen Sie die -Rolle im Dialog.

3.8

…
Guten Tag.
…
Ja, ich möchte ein Konto eröffnen.
…
Ja, natürlich. Bitte, hier ist mein Reisepass.
…
Ja, die ist hinten im Reisepass.
…
Gerne. Haben Sie vielleicht einen Stift für mich?
…
Ja, natürlich. Wo soll ich unterschreiben?
…
Bitte schön. Eine Frage: Bekomme ich auch eine EC-Karte?
…
Das ist gut. Vielen Dank.

4 Wortverbindungen. **Suchen Sie zu den Ausdrücken im Schüttelkasten ein passendes Verb im Magazinartikel auf Seite 173. Notieren Sie die Wortverbindungen.**

in der Werbebranche – die Probleme – bis in die Nacht – unter Zeitdruck – Aufträge – Geld – einen Arzttermin – Nachtdienst – Fehler – einen Ausgleich – sich mit Freunden

5 Was passt zusammen?

a) **Verbinden Sie und schreiben Sie Sätze mit *darum, deshalb* oder *deswegen*.**

Ich habe mein Handy verloren.	1	a	Ich beantrage eine neue Karte bei der Bank.
Ich habe meinen Führerschein verlegt.	2	b	Ich diskutiere mit der Politesse.
Ich habe meinen Anschlusszug verpasst.	3	c	Ich sperre es mit einem Online-Dienst.
Ich habe eine Panne mit meinem Rad.	4	d	Ich muss ihn suchen.
An meinem Auto ist ein Strafzettel.	5	e	Ich nehme den nächsten Zug.
Meine EC-Karte ist weg.	6	f	Die Person hat sich verletzt.
Ich habe jemanden mit dem Fahrrad angestoßen.	7	g	Ich gehe zum Fahrradhändler.

b) **Markieren Sie in Ihren Sätzen die Verben und *darum, deshalb, deswegen*.**

Hauptsatz — Hauptsatz

Ich habe mein Handy verloren, darum sperre ich es mit einem Online-Dienst.

6 Stress im Alltag und Beruf

a) **Sehen Sie sich die Bilder an und lesen Sie die Sätze. Ordnen Sie zu.**

a **Birte Ahrens**

c **Amina Klein**

e **Albrecht Uhl**

b **Mark Lißner**

d **Herr und Frau Surmann**

f **Sabine Mann**

1. ☐ ... haben morgens oft Stress, weil sie im Stau stehen.
2. ☐ ... ist oft sauer, weil sein Chef immer alles kontrolliert.
3. ☐ ... ist abends oft total kaputt, weil sie ihre 83-jährige Mutter pflegt.
4. ☐ ... hat manchmal kaum noch Nerven, weil sie im Büro so viel telefonieren muss.
5. ☐ ... ist total gestresst, weil sie in einer Woche ihr Examen schreibt.
6. ☐ ... ärgert sich oft, weil einige Gäste unfreundlich sind.

b) Formulieren Sie die Sätze aus a) um. Verwenden Sie *deshalb, darum, deswegen*.

1. Herr und Frau Surmann stehen oft im Stau, deshalb haben sie morgens oft Stress.

Minimemo
darum, deshalb, deswegen –
drei Wörter, eine Bedeutung

7 Worüber Arbeitnehmerinnen und Arbeitnehmer klagen

a) Lesen Sie den Zeitungsartikel und beantworten Sie die Fragen.

1. Was ist der „Stressreport Deutschland"?
2. Wer hat die Studie in Auftrag gegeben?
3. Wie viel Arbeitnehmer finden, dass sie Stress haben?

Hälfte der deutschen Arbeitnehmer klagt über Stress am Arbeitsplatz

Deutsche Arbeitnehmer haben ziemlich viel Stress – das zeigt das Ergebnis einer großen Studie. Aus dem „Stressreport Deutschland 2012" der Bundesanstalt für Arbeitsschutz und Arbeitsmedizin geht hervor, dass fast 50 Prozent der 17.000 Befragten sehr viel Stress im Job haben. Ein besonders interessantes Ergebnis: Nicht die Menge an Arbeit ist die Hauptursache für Stress im Job. Es sind die Beziehungen zum Chef, zu Kollegen oder zu Kunden, die stressen. Vor allem zwei Faktoren machen am Arbeitsplatz Stress: erstens andere Menschen und zweitens die Erwartungen, die der Arbeitgeber, Kollegen und wir selbst an uns haben. Vor allem Menschen zwischen dem 30. und 40. Lebensjahr stehen unter einem besonders großen Erwartungsdruck. Viele gründen in dieser Lebensphase eine Familie, bekommen aber auch im Job mehr Verantwortung. Die Balance zwischen beruflichen Zielen und dem Wunsch nach Freizeit wird dabei zu einer großen Herausforderung.

1. Der Stressreport ist eine …

b) *Sehr, besonders, ziemlich.* Markieren Sie in a).

3.9

c) Wo passt's? Lesen und ergänzen Sie wie im Beispiel. Hören Sie dann und kontrollieren Sie.

1. (sehr) Ich finde es *sehr* schön, …
2. (besonders) Es gefällt mir gut, …
3. (ziemlich) Es ist schade, …
4. (sehr) Es macht mich traurig, …

8 Den Alltag vergessen. Was tun die Personen gegen Stress? Schreiben Sie *wenn*-Sätze.

1. gestresst sein – Herr und Frau Surmann – eine gute CD hören
2. sich über den Chef ärgern – Mark – nach der Arbeit Sport treiben
3. Stress haben – Frau Ahrens – sich ein Video ansehen
4. Ruhe brauchen – Frau Klein – einen Spaziergang machen
5. mal entspannen wollen – Sabine – mit Freunden ins Café gehen
6. Ärger haben – Herr Uhl – mit seiner Frau darüber sprechen

1. Wenn Herr und Frau Surmann gestresst sind, hören sie …

9 Was gegen Stress hilft

a) Lesen Sie das Informationsblatt und sehen Sie sich die Fotos an. Kreuzen Sie alle Tipps an, die auch auf den Fotos gezeigt werden.

TIPPS
aus Ihrer Apotheke

Stressbewältigung: 10 Tipps gegen Stress

Immer mehr Menschen zeigen Stresssymptome wie Kopf- und Bauchschmerzen oder unruhigen Schlaf. Hier finden Sie 10 Erste-Hilfe-Tipps:

☐☐ 1. Machen Sie langsamer. Sie brauchen Pausen!
☐☐ 2. Treiben Sie regelmäßig Sport. Auch ein Spaziergang hilft.
☐☐ 3. Essen Sie viel Obst und Gemüse, trinken Sie viel und gehen Sie in die Sonne.
☐☐ 4. Schlafen Sie mindestens sieben Stunden pro Nacht und gehen Sie vor 24 Uhr ins Bett.
☐☐ 5. Sagen Sie auch mal „nein", wenn jemand Sie um etwas bittet oder Sie etwas tun sollen.
☐☐ 6. Pflegen Sie Ihre Familie und Ihren Freundeskreis. Suchen Sie Kontakt zu anderen.
☐☐ 7. Haben Sie Spaß: ein gutes Buch, ein Film, Musik, Gespräche und andere Aktivitäten helfen dabei.
☐☐ 8. Suchen Sie sich ein neues Hobby, zum Beispiel Yoga, zur Entspannung.
☐☐ 9. Lernen Sie positives Denken. Denken Sie an Ihre Erfolge und Stärken!
☐☐ 10. Wenn das nicht hilft, suchen Sie Hilfe bei Ihrem Arzt.

b) Lesen Sie das Informationsblatt noch einmal und kreuzen Sie an, was Sie persönlich gegen Stress unternehmen. Berichten Sie schriftlich.

Ich habe kaum Stress. Ich esse sehr gesund und schlafe acht Stunden pro Nacht. ...

10 Fünf Probleme – fünf Ratschläge

a) Ordnen Sie jeder Zeichnung eine Wortgruppe aus dem Schüttelkasten zu.

☐ a

☐ b

☐ c

☐ d

☐ e

1. endlich mal einen Termin beim Frisör machen – 2. früher zum Bahnhof gehen – 3. sich einen besseren Schreibtischstuhl kaufen – 4. sich die Geheimzahl notieren – 5. den alten Wagen in die Werkstatt bringen

b) Schreiben Sie Ratschläge mit *könnt-*, *sollt-* und *müsst-*.

a) Sie sollten sich die Geheimzahl notieren.

11 Das sagt man (nicht)!

a) Was denken Sie? Was darf man Freunden sagen? Kreuzen Sie an.

1. ☐☐ Benutz mal wieder ein Deo!
2. ☐☐ Komm mal wieder zu Besuch!
3. ☐☐ Nimm ein bisschen ab!
4. ☐☐ Mach mal wieder Urlaub!
5. ☐☐ Schlaf mal wieder mehr!
6. ☐☐ Geh doch mal zum Friseur!
7. ☐☐ Mach doch endlich Karriere!
8. ☐☐ Bekomm endlich ein Kind!

b) Lesen Sie den Frauenzeitschift-Artikel. Markieren Sie in a), was Julia Steg einer Freundin nicht raten würde (-) und welche Ratschläge in Ordnung sind (+).

Carola | 03 | 2017

Wie ehrlich dürfen Freunde sein? –

Carola erklärt die Freundschafts-„Netikette“

Sie meinen es gut mit Ihrer Freundin? Sie geben gern Ratschläge und sagen immer die Wahrheit? Das kann zum Problem werden! Carola-Redakteurin *Julia Steg* erklärt warum.

Natürlich kann man guten Freunden alles sagen. Aber so ganz richtig ist das doch nicht! Es ist definitiv nicht gut, wenn Sie Ihrer Freundin ein Deodorant zum Geburtstag schenken, ihre Haare als Katastrophe bezeichnen oder ihr sagen, dass sie dringend sieben Kilo abnehmen sollte. Kommentare zu Gewicht, Frisur und Geruch sind immer gefährlich und enden oft im Streit. Ihre Freundin findet Ihr Kind toll? Super! Sagen Sie ihr nur bitte nicht, dass sie auch endlich eins bekommen sollte. Damit nervt warhrscheinlich schon ihre Mutter. Wenn Ihre Freundin müde aussieht, dann sagen Sie ihr, dass sie ein bisschen mehr schlafen könnte oder Urlaub machen sollte. So etwas ist okay! So zeigen Sie, dass Sie sich Sorgen machen. Ein neues Hobby empfehlen? Kein Problem. Und über eine Einladung freut sich jeder! Grundsätzlich gilt: Wenn Ihre Freundin Sie um einen Ratschlag zu Kind, Karriere oder anderen sehr privaten Dingen bittet, dann dürfen Sie ehrlich, aber höflich antworten. Wie sehen Sie das? Schreiben Sie mir: steg@carola.de

c) Formen Sie die Sätze aus a) und 9 a) in Ratschläge mit *könnt-*, *müsst-*, *sollt-* um.

Du solltest mal wieder ein Deo benutzen.

d) Hat Frau Steg Ihrer Meinung nach Recht? Schreiben Sie ihr einen Leserbrief.

12 Helfen Sie. Formulieren Sie je einen Ratschlag für die folgenden Probleme.

1. Ihre Freundin hatte einen sehr stressigen Arbeitstag.
2. Ihre Cousine ruft Sie an und sagt: „Jemand hat im Zug meinen Koffer gestohlen.“
3. Der Spiegel am Auto Ihrer Freundin ist kaputt. Jemand ist dagegen gefahren.
4. Ihr kleiner Bruder möchte mehr Taschengeld.
5. Ein Freund erzählt: „Der Geldautomat hat meine EC-Karte eingezogen.“

Du solltest heute früher ins Bett gehen und ...

13 Höflich sprechen. Hören Sie und sprechen Sie nach.

3.10

1. Du solltest weniger arbeiten. – Arbeite weniger!
2. Du könntest früher schlafen gehen. – Geh früher schlafen!
3. Sie sollten zum Arzt gehen. – Gehen Sie zum Arzt!
4. Sie müssten mal Pause machen. – Machen Sie mal Pause!

Zertifikatstraining

Hören Teil 1

3.11

Sie hören fünf kurze Texte. Sie hören jeden Text zweimal. Zu jedem Text lösen Sie zwei Aufgaben. Wählen Sie bei jeder Aufgabe die richtige Lösung.
Lesen Sie zuerst das Beispiel. Dazu haben Sie 10 Sekunden Zeit.

Beispiel

01 Am Gleis 5 wird im Moment gebaut. ~~Richtig~~ [X] Falsch

02 Von Gleis 4 fährt …
- a um 11:32 Uhr ein Zug nach Berlin.
- [X] b heute der IC nach Bonn ab.
- c heute kein Zug.

Text 1

1 Isabell sucht ihre Handtasche. Richtig Falsch

2 Isabell fragt Toni, ob …
- a er für sie einkaufen kann.
- b er ihr Geld für die Kinokarten leiht.
- c er bitte in seiner Wohnung suchen kann.

Text 2

3 Auf dem Messegelände findet heute ein Konzert statt. Richtig Falsch

4 Die Besucher sollen …
- a nicht die öffentlichen Verkehrsmittel nutzen.
- b wenn möglich nicht mit dem Auto zum Konzert fahren.
- c die Parkplätze am Stadion nutzen.

Text 3

5 Frau Börner hat ihr Fahrrad verloren. Richtig Falsch

6 Die Polizei …
- a ist sicher, dass Frau Börners Fahrrad wieder da ist.
- b möchte, dass Frau Börner ins Polizeirevier kommt.
- c hat in der Brunnenstraße ein Fahrrad gefunden.

Text 4

7 Die Ansage ist von der Service-Hotline einer Bank. Richtig Falsch

8 Wenn man mit einem Mitarbeiter sprechen möchte, muss man …
- a die Vier wählen.
- b einen Termin vereinbaren.
- c die Fünf wählen.

Text 5

9 Der Zug kommt pünktlich in Hannover an. Richtig Falsch

10 Reisende nach Stuttgart …
- a bekommen ihren Anschlusszug.
- b sollen um 19:05 Uhr nach Kassel fahren.
- c können um 19:35 Uhr weiterreisen.

27 Männer – Frauen – Paare

1 Lieblingsgegenstände

3.12

a) Hören Sie die Interviews von Seite 176 noch einmal. Was ist richtig? Kreuzen Sie an.

1. ☐ Sarah benutzt ihre Geige nicht oft.
2. ☐ Sie hat das Instrument vor einem Monat geschenkt bekommen.
3. ☐ Ihr Smartphone benutzt sie nicht nur zum Telefonieren und Surfen.
4. ☐ Lukas hat seine erste Kamera vor zehn Jahren gekauft.
5. ☐ Den blauen Sessel hat er schon lange.
6. ☐ Das Geschenk von seinem Vater bedeutet Lukas sehr viel.

b) Korrigieren Sie die falschen Aussagen aus a).

c) Haben Sie einen Lieblingsgegenstand? Warum mögen Sie ihn? Schreiben Sie.

2 Typisch ich. **Markieren Sie die Wortverbindungen im Magazinbeitrag auf Seite 176/177. Schreiben Sie dann mit den Wortverbindungen Sätze über sich.**

von der Arbeit kommen – sich vor den Fernseher setzen – nicht über Gefühle sprechen – Probleme haben, sich zu orientieren – ein Problem mit einer Freundin / einem Freund besprechen – nicht meinen, was man sagt – seine guten Seiten haben – Geburtstage vergessen – gerne Sportsendungen sehen – nicht einparken können – (un)kompliziert sein – den Haushalt machen

Wenn ich von der Arbeit komme, trinke ich immer zuerst einen Espresso.

3 Klischees

a) Lesen Sie den Kommentar von Gabriele Zimmer und beantworten Sie die Fragen.

1. Was sind Klischees?
2. Warum sind Klischees allgemein?
3. Woher kommt das Klischee „Alle Männer sind schlecht im Haushalt"?

35 | LESERFRAGEN

Diplom-Psychologin Gabriele Zimmer beantwortet Leserfragen:

Was ist ein Klischee?

Ein Klischee ist eine feste Vorstellung und eine oft wiederholte Meinung von Personen. Wenn viele Menschen eine Meinung über eine Personengruppe haben, dann ist es häufig ein Klischee. Ein Beispiel für ein Klischee ist, was Frauen und was Männer gut oder schlecht können. In Deutschland haben früher z. B. oft nur die Männer gearbeitet und nicht den Frauen im Haushalt geholfen. Deshalb entstand das Klischee: „Alle Männer sind schlecht im Haushalt." Heute arbeiten aber Frauen und Männer und viele Paare machen zusammen den Haushalt. Klischees sind häufig nicht richtig und sie sind allgemein. Das Problem ist, dass sich Klischees immer auf eine große Gruppe von Menschen beziehen und man die Eigenschaften und Besonderheiten der einzelnen Person ignoriert.

b) **Lesen Sie die Überschriften. Welche Überschriften enthalten Klischees? Kreuzen Sie an.**

Frauen und Technik:
1 ☐ Das kann ja nicht gut gehen!

4 ☐ Neue Statistik zeigt:
Männer arbeiten pro Woche acht Stunden mehr im Job als Frauen.

2 ☐
Pilotin? Das ist zu hart für Frauen!

Frauen können Kinder besser erziehen als Männer. 5 ☐

Statistik zeigt: 7 ☐
Männer verdienen mehr als Frauen.

3 ☐ **Männer und Haushalt**
– das passt einfach nicht zusammen.

72 % der Frauen in Deutschland sind berufstätig. 6 ☐

4 Berufstätigkeit von Frauen in Europa

a) **Was passt zusammen? Ordnen Sie zu.**

eine bezahlte Arbeit haben	**1**	**a**	in Teilzeit arbeiten
nur 20 Stunden pro Woche arbeiten	**2**	**b**	familiäre Pflichten übernehmen
100 Angestellte haben, davon 30 Frauen	**3**	**c**	eine Vollzeitstelle haben
38 oder mehr Stunden pro Woche arbeiten	**4**	**d**	berufstätig sein
z. B. die Kinder betreuen, den Haushalt machen	**5**	**e**	eine Quote von 30 Prozent Frauen haben

b) **Sehen Sie sich die Statistik an. Welche Aussagen sind richtig? Kreuzen Sie an und korrigieren Sie die falschen Sätze.**

Berufstätigkeit von Frauen in ausgewählten EU-Staaten
Altersklasse zwischen 15 und 64 Jahren

	Berufstätigenquote der Frauen, in %	Teilzeitquote, in % aller berufstätigen Frauen	Hauptgrund für Teilzeit: Familiäre Pflichten, in % aller Teilzeit arbeitenden Frauen
EU-Durchschnitt	**59**	**32**	**46**
Schweden	72	39	37
Deutschland	68	45	55
Estland	63	14	17
Frankreich	60	30	50
Polen	53	10	15
Spanien	52	23	24
Rumänien	52	10	15
Italien	47	29	32

Statistisches Bundesamt, Frauen und Männer auf dem Arbeitsmarkt – Deutschland und Europa, 2012

1. ☐ Die Grafik zeigt, wie viele Frauen in Europa in Teilzeit arbeiten.
2. ☐ In der Statistik geht es um berufstätige Frauen bis 40 Jahre.
3. ☐ Im EU-Durchschnitt arbeiten mehr als die Hälfte der Frauen in Teilzeit.
4. ☐ Im EU-Durchschnitt nennen 46 Prozent der Frauen als Hauptgrund für die Teilzeitarbeit familiäre Pflichten.
5. ☐ In Frankreich arbeiten mehr Frauen in Teilzeit als in Polen.
6. ☐ In Deutschland arbeiten fast die Hälfte der berufstätigen Frauen (45 %) in Teilzeit.
7. ☐ In Polen und Rumänien arbeiten am meisten Frauen in Europa in Teilzeit.
8. ☐ Für 60 Prozent der Frauen in Schweden sind Aufgaben in der Familie der Hauptgrund für die Teilzeit.
9. ☐ In dieser Statistik liegt Deutschland auf Platz eins der Berufstätigenquote der Frauen.

5 **Familiäre Pflichten. Wie ist/war das bei Ihnen zu Hause? Was macht/machte Ihr Vater (V), was Ihre Mutter (M), was beide (B)? Ordnen Sie zu und schreiben Sie dann einen Text über die Aufgabenverteilung in Ihrer Familie.**

1. ☐ sich um die Finanzen kümmern
2. ☐ das Essen kochen
3. ☐ aufräumen und putzen
4. ☐ die Wäsche machen
5. ☐ das Auto pflegen
6. ☐ Geld verdienen
7. ☐ sich um die Kinder kümmern
8. ☐ Kontakte zu Verwandten und Freunden pflegen
9. ☐ Lebensmittel einkaufen
10. ☐ Reparaturen in der Wohnung durchführen

6 **Seine Meinung ausdrücken**

a) **Ordnen Sie die Redemittel zu.**

~~Das finde ich nicht.~~ – Da stimme ich (dir/Ihnen) nicht zu. – Das kann man so nicht sagen. – Na klar! – Das stimmt doch nicht. – Da hast du / haben Sie Recht. – Ganz genau! – Da bin ich mir nicht sicher. – Ich bin ganz deiner/Ihrer Meinung. – Finde ich auch. – Das ist nicht richtig. – Das sehe ich anders.

Zustimmung	Widerspruch
....	Das finde ich nicht.

b) **Lesen Sie die Aussagen. Stimmen Sie zu oder widersprechen Sie? Schreiben Sie Kurzkommentare.**

1 *99,9 % der Maurer sind Männer: Das ist ein typischer Männerberuf.*

2 *Mann oder Frau – das ist in der heutigen Arbeitswelt doch egal!*

3 *Einige Berufe, wie z. B. die Arbeit im Straßenbau, sind sehr hart und anstrengend. Männer sind da im Vorteil.*

4 *Ich denke, es ist wichtig, dass in der Schule über Klischees gesprochen wird. Die Kinder sollen lernen, dass es keine Berufe gibt, die nur Männer oder Frauen machen können oder dürfen.*

5 *Frauen können besser Kinder erziehen. Männer sind zu unsensibel.*

1. Ganz genau!
Maurer ist ein typischer Männerberuf.

7 **Ein Interview über Partnerschaften. Lesen Sie das Interview auf Seite 179 noch einmal. Wer sagt was? Ordnen Sie die Aussagen den Personen zu.**

	Elena	Michael	Ivana
1. Ich bin geschieden.	☐	☐	☐
2. Ein Problem für Beziehungen sind die vielen Veränderungen im heutigen Leben.	☐	☐	☐
3. Für eine gute Beziehung ist es wichtig, ehrlich über alles zu sprechen.	☐	☐	☐
4. Viele Menschen wollen eine Beziehung.	☐	☐	☐
5. Ich will nicht immer alles zu zweit entscheiden müssen.	☐	☐	☐
6. Für mich ist es nicht einfach, eine Partnerin zu finden.	☐	☐	☐
7. Ich fühle mich auch ohne Partner nicht allein.	☐	☐	☐
8. Ich freue mich, dass ich eine gute Beziehung habe.	☐	☐	☐
9. Ich erziehe mein Kind allein.	☐	☐	☐
10. Im Moment sind Kinder für mich kein Thema.	☐	☐	☐

8 Anna sucht einen Partner

a) Lesen Sie das Profil von Anna. Was ist richtig? Kreuzen Sie an.

www.die-große-liebe-finden.de/…

Suche ▶ Mein Profil ▼ Kontakte ▶ Chat ▶

Anna, 32 Jahre

Über mich

Ich bin ein humorvoller Mensch und lache gern. Ich bin beruflich sehr erfolgreich und oft lange im Büro, aber am Wochenende unternehme ich gerne etwas. Ich liebe gute Gespräche, Reisen, romantische Abendessen bei Kerzenschein und guter Musik, mein Klavier und meinen Sportwagen. Ich suche einen gefühlvollen, unkomplizierten Mann bis 40 mit Humor und Herz für eine gemeinsame Zukunft. Er sollte ehrlich und selbstbewusst sein. Und gerne so unsportlich wie ich ;-)

» *Anna_sucht_das_Glück*

1. ☐ Anna versteht Spaß und sucht einen ebenso humorvollen Partner.
2. ☐ Sie arbeitet viel, leider auch am Wochenende.
3. ☐ Anna denkt, dass sie unromantisch ist.
4. ☐ Sie fährt ein schnelles Auto.
5. ☐ Es ist ihr wichtig, dass ihr Partner meint, was er sagt.
6. ☐ Ihr Partner sollte gern Sport machen.

b) Was schreibt Anna über sich? Schreiben Sie Sätze mit *dass*.

Anna schreibt, dass sie 32 Jahre alt ist.
Sie schreibt, dass sie …

c) Markieren Sie alle Adjektive in Annas Profil.

d) Wie heißt das Gegenteil? Notieren Sie.

1. .... – erfolglos
2. .... – unromantisch
3. .... – humorlos
4. kompliziert – ....
5. .... – unehrlich
6. sportlich – ....

e) Lesen Sie die drei Profile. Wer passt am besten zu Anna? Kreuzen Sie an.

Suche ▶ Mein Profil ▶ Kontakte ▼ Chat ▶

Anna, 32 Jahre

Du hast drei Kontaktanfragen:

Ich (22/1,85/78) suche eine Frau mit Humor und Spaß an sportlichen Aktivitäten, die mit mir bis ans Ende der Welt (oder auch einen Marathon) läuft. Ich bin unkompliziert und sympathisch. Mach mich nicht unglücklich und melde dich.

☐ » *spowi_Tom*

Lust auf Gefühle, Zeit zum Reden, Lachen und romantisches Zusammensein? Ich bin 36, habe breite Schultern (1,83/80) und ein großes Herz. Ich bin humorvoll, reise gerne und ich liebe Musik. Ich suche eine attraktive Frau, die weiß, was sie will.

☐ » *Zusammensein_mit_M*

Du arbeitest auch gern und viel, hast wenig Freizeit? Ich bin ein erfolgreicher Geschäftsmann (47/1,80), gefühlvoll und ruhig und suche für eine Wochenendbeziehung eine selbstbewusste Frau, die mit mir Neues erleben will.

☐ » *WochenendliebeXXXL*

9 Adjektive. **Schreiben Sie Ihren Namen und finden Sie für jeden Buchstaben Ihres Namens ein Adjektiv, das zu Ihnen passt.**

Sina: selbstbewusst, interessant, natürlich, attraktiv

10 Tätigkeiten und Bilder

a) Was passt? Ordnen Sie zu.

☐ die Wohnung aufräumen
☐ ein leckeres Menü kochen
☐ die Freundin überraschen
☐ die Technik verstehen
☐ ein Auto reparieren
☐ Blumen gießen

b) Beenden Sie die Sätze.

1. Er versucht, ...
2. Er hat Lust, ...
3. Ihr ist es wichtig, ...
4. Sie hat gelernt, ...
5. Er hat vergessen, ...
6. Sie haben keine Lust, ...

1. Er versucht, seine Freundin zu überraschen.

11 Beziehungsprobleme

3.13

a) Hören Sie die Dialoge. Um welche Beziehungsprobleme geht es? Ordnen Sie zu.

a ☐ Wochenendbeziehung
b ☐ keine Kommunikation
c ☐ Karriere/Erfolg
d ☐ Routine
e ☐ Kinderwunsch
f ☐ Haushalt

b) Hören Sie noch einmal und beenden Sie die Sätze. Achten Sie auf Infinitiv mit *zu*.

ein Stipendium für das Praktikum bekommen – seine Freundin anrufen – Vater werden – besser sein als der Partner – sich in der Woche treffen – die Ausbildung beenden

1. Sven hat Lust, ...
2. Für Saskia ist es wichtig, ...
3. Theo ist glücklich, ...
4. Für Carmen ist es wichtig, immer ....
5. Yuna und Lars haben keine Zeit, ...
6. Lars vergisst nie, ...

12 Und Sie? **Schreiben Sie Sätze mit Infinitiv mit *zu*.**

Ich finde es langweilig/interessant/leicht, ...

Für mich ist es schwer, ...

Ich glaube es ist unmöglich, ...

Ich vergesse oft, ...

Zertifikatstraining

Lesen Teil 2 Arbeitszeit: 13 Minuten

**Lesen Sie den Zeitungsartikel und die Aufgaben 1 bis 4 dazu.
Wählen Sie bei jeder Aufgabe die richtige Lösung a, b oder c.**

Frauen bekommen weniger Geld als Männer

Der durchschnittliche Verdienst der Frauen in Deutschland lag im Jahr 2013 bei 15,56 Euro pro Stunde. Männer bekamen 19,84 Euro. Die Zahlen des Statistischen Bundesamtes zeigen, dass sich in den letzten Jahren die Situation kaum verändert hat.

Frauen verdienen noch immer 22 Prozent weniger als Männer. Deutschland liegt mit diesem Prozentsatz nicht nur deutlich über dem europäischen Durchschnitt von 16 Prozent, schlimmer noch: In keinem europäischen Land ist der Unterschied zwischen dem Verdienst von Männern und Frauen so hoch wie in Deutschland. „Für den Verdienstunterschied gibt es verschiedene Gründe", erklärt Ursula Fischer vom Verein *Frauen und Arbeit*. „Zum einen ist es so, dass Frauen häufiger Berufe wählen, in denen niedrigere Löhne* bezahlt werden und es fast keine Karrieremöglichkeiten gibt, wie z. B. für Friseurin, Verkäuferin oder Sekretärin. Zudem unterbrechen Frauen ihre Berufstätigkeit häufiger für Erziehungszeiten und arbeiten oft in Teilzeit. Deshalb sind sie meist weniger lang in ihren Berufen tätig als ihre männlichen Kollegen. Es ist aber auch so, dass man in den Chefetagen von Unternehmen, in denen auch viele sehr gut qualifizierte Frauen beschäftigt sind, heute noch viel weniger Frauen als Männer findet. Aber auch, wenn man den Verdienst von Frauen und Männern mit gleichen Qualifikationen und in ähnlichen Jobs vergleicht, zeigt sich, dass die Männer für die gleiche Arbeit etwa sieben Prozent mehr bekommen." Große Unterschiede finden sich beim Vergleich von West- und Ostdeutschland. Der Gehaltsunterschied zwischen den Geschlechtern ist im Westen mit 23 Prozent fast dreimal so groß wie im Osten, wo er nur acht Prozent beträgt.

aus einer deutschen Zeitung

**der Lohn = das Geld, das man für seine Arbeit bekommt*

1 In diesem Artikel geht es um …
- a Unterschiede zwischen Ost- und Westdeutschland.
- b die Berufstätigkeit von Frauen.
- c die Ungleichheit beim Verdienst von Männern und Frauen.

2 In Deutschland war der Gehaltsunterschied 2013 …
- a höher als in allen anderen europäischen Ländern.
- b viel kleiner als in den Jahren davor.
- c niedriger als der europäische Durchschnitt.

3 Frauen …
- a wollen oft wegen der Familie keine Karriere machen.
- b verdienen nur deshalb weniger Geld, weil sie weniger arbeiten.
- c bekommen für die gleiche Arbeit im Durchschnitt weniger Geld als ihre männlichen Kollegen.

4 In Ostdeutschland …
- a ist der Gehaltsunterschied besonders groß.
- b verdienen die Frauen weniger als im Westen.
- c ist der Gehaltsunterschied zwischen Männern und Frauen viel geringer als in Westdeutschland.

28 Arbeit im Wandel

1 Ruhrgebietswörter. **Sehen Sie sich noch einmal Seite 182/183 im Kursbuch an und gestalten Sie eine Mind-Map.**

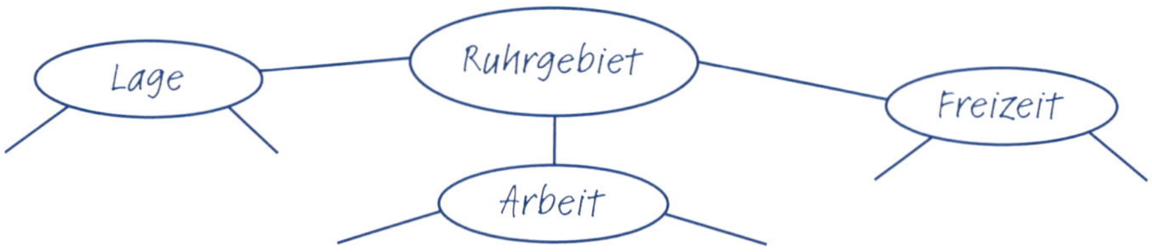

2 Eine Industrieregion in Deutschland

3.14

a) Hören Sie das Gespräch. Wofür ist das Rhein-Main-Gebiet bekannt? Kreuzen Sie an.

a
Chemische Industrie

b
Hafenwirtschaft

c
Wein- und Obstanbau

d
Automobilindustrie

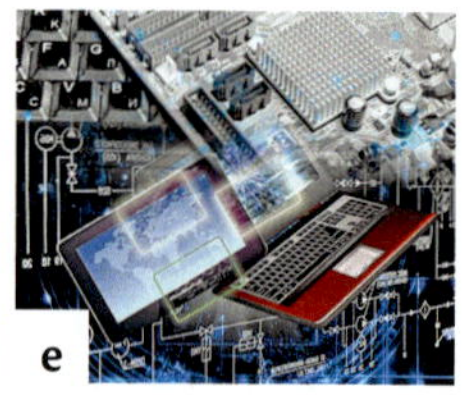
e
Elektroindustrie

b) Hören Sie noch einmal. Welche Aussage ist richtig? Kreuzen Sie an und korrigieren Sie die falschen.

1. ☐ Paul muss in der Schule einen Vortrag über das Bundesland Hessen halten.
2. ☐ Paul hat noch nie etwas über das Ruhrgebiet gehört.
3. ☐ Die Industrieregion Rhein-Main liegt im Südosten Deutschlands.
4. ☐ In Frankfurt am Main gibt es sehr viele Banken.
5. ☐ In der Region gibt es eine Firma, die Spezialglas herstellt.

3 Informationen ordnen

a) In den Sätzen 1.–9. sind fünf Fehler. Lesen Sie noch einmal den Artikel auf Seite 184 und markieren Sie die Fehler.

1. Mitte des 19. Jahrhunderts durften Kinder maximal zwölf Stunden am Tag arbeiten. Z. 44–46
2. Die Menschen hofften, in den Stahlwerken und im Bergbau Arbeit zu finden. ....
3. Der Schrebergarten, Fußball und Pferdesport waren der Freizeitspaß der Arbeiter. ....
4. Mitte des 20. Jahrhunderts gingen viele Arbeitsmigranten zurück in ihre alte Heimat. ....
5. Die Arbeit über Tage und im Stahlwerk war nicht leicht. ....
6. Die größte Industrieregion Europas liegt im Westen Deutschlands – das Ruhrgebiet. ....
7. Durch das Gold entwickelte sich aus dem Städtchen Dortmund eine Großstadt. ....
8. Viele Berg- und Stahlindustriearbeiter wurden krank oder hatten Arbeitsunfälle. ....
9. Arbeiter, die unter Tage arbeiteten, hatten viel Freizeit. ....

b) Wo finden Sie die passende Information im Artikel auf Seite 184? Notieren Sie zu jedem Satz aus a) die Zeile/n. Korrigieren Sie dann die falschen Sätze.

c) Beantworten Sie die Fragen, ohne sofort in den Artikel auf Seite 184 zu sehen. Schreiben Sie zu jeder Frage einen Satz und vergleichen Sie dann mit dem Artikel.

1. Wann kamen die ersten Arbeitsmigranten in den Pott und aus welchen Ländern kamen sie?
2. Wie viel Prozent der Einwohner Deutschlands leben im Ruhrgebiet?
3. Notieren Sie mindestens drei Städte, die zum Ruhrgebiet gehören.
4. Seit wann gibt es die Sozialversicherung für Arbeiter?
5. Was unternahmen die Arbeiter am Feierabend?

Zum Ruhrgebiet gehören ...

4 Wortverbindungen. Streichen Sie das nicht-passende Verb.

1. Einwohner haben/~~beginnen~~
2. mit dem Abbau beginnen/haben
3. vom Land kommen/gehen
4. in ein Haus wohnen/ziehen
5. Arbeit finden/verbringen
6. einen Platz zum Spielen haben/stehen
7. ein treuer Fan beginnen/sein
8. eine Großstadt werden/bekommen

5 150 Jahre Schrebergarten

a) Lesen Sie den Artikel. Ordnen Sie den Fotos eine passende Zeile zu und definieren Sie die markierten Wörter.

1865 - 2015 – Der Schrebergarten wird 150 Jahre alt

Daniel Gottlob Moritz Schreber, Arzt und Hochschullehrer in Leipzig (1808–1861), machte sich Sorgen um die Gesundheit der Kinder von Industriearbeitern, die in den kleinen Wohnungen und Straßen der Großstadt keinen Platz zum Spielen hatten. Aber erst drei Jahre nach Schrebers Tod, 1864, gründeten die Eltern von Schulkindern einen Verein, den sie „Schreberverein" nannten. 1865 mietete der Verein ein Grundstück und eröffnete den ersten „Schreberplatz". Den Platz nutzte man als Spielplatz und man baute dort auch Obst und Gemüse an, um den Kindern eine sinnvolle Freizeitbeschäftigung und etwas „Natur in der Stadt" zu bieten. So entstanden auf dem Schreberplatz die ersten „Schrebergärten". Für viele Familien lieferten diese Gärten auch die Basis für die Ernährung in schlechten Zeiten. In den grauen Industriestädten des späten 19. und frühen 20. Jahrhunderts wurden die Schrebergärten als grüne Erholungsorte für die ganze Familie schnell beliebt. 1900 gab es schon mehrere Hundert Schrebergärtenvereine, die kleine Gärten für wenig Geld vermieteten. Noch heute ist für viele der Schrebergarten ein idyllisches Plätzchen zum Erholen und Ausruhen. In Deutschland gibt es aktuell mehr als eine Million Kleingärten. Die Kosten für einen Schrebergarten sind auch heute noch gering – im Durchschnitt 350 Euro im Jahr. In vielen Schrebergärten gibt es auch eine Laube. Das ist ein Häuschen mit einem Wohnraum und einem Raum für Gartengeräte. Im Sommer werden die Lauben auch zum Übernachten genutzt.

Z. ....

Z. ....

Z. ....

b) Beenden Sie die Satzanfänge.

1. Daniel Gottlob Moritz Schreber war ...
2. Den ersten Schreberverein gründeten ...
3. Den Schreberplatz nutzte man nicht nur ...
4. In vielen Schrebergärten steht ...
5. Noch heute gibt es ...
6. Für einen Schrebergarten zahlt man ...

6 **Verkleinerungsformen. Markieren Sie in den Zeitungsüberschriften die Verkleinerungsformen. Notieren Sie das Nomen (mit Artikel), von dem sich die Form ableitet.**

das Glas

Die Kanzlerin trifft sich mit François Hollande auf ein Gläschen Wein.

Das gibt Ärger
Zwei, drei Bierchen und dann Fahrrad fahren?

„Tischlein deck dich"
neues Sozialprojekt in Berlin Neukölln

Das wird ein Wetterchen:
21 Grad Celsius
am ersten Märzwochenende!

Mercedes kocht sein eigenes Süppchen
Jetzt den neuen GLA fahren

7 Das Ruhrgebiet früher und heute

a) **Was war früher? Was ist heute? Kreuzen Sie an. Die Texte auf Seite 184/185 helfen.**

		früher	heute
1.	Über 60 % der Menschen arbeiten im Dienstleistungssektor.	☐	☐
2.	Dortmund ist eine Großstadt.	☐	☐
3.	Kinderarbeit ist verboten.	☐	☐
4.	Arbeiter haben schlechte Arbeitsbedingungen und keine Sozialversicherung.	☐	☐
5.	Die Arbeiter in der Stahlindustrie haben eine 35-Stunden-Woche.	☐	☐
6.	Alle Arbeiter haben eine Kranken- und Unfallversicherung.	☐	☐
7.	Dortmund hat 4000 Einwohner.	☐	☐
8.	Viele Kinder arbeiten im Bergbau.	☐	☐
9.	Fast alle Menschen im Ruhrpott arbeiten im Bergbau oder der Stahlindustrie.	☐	☐
10.	Ein Arbeitstag dauert mindestens zwölf Stunden.	☐	☐

b) **Vergleichen Sie früher und heute in a). Was passt zusammen? Schreiben Sie Sätze.**

1. Früher dauerte ein Arbeitstag mindestens zwölf Stunden. Heute haben die Arbeiter ...

8 Lerneraufsatz: Eine Region vorstellen

a) **Lesen Sie den Lerneraufsatz. Formulieren Sie W-Fragen (Was?, Wo?, Wann?, ...) und beantworten Sie sie.**

Ich möchte über eine Industrieregion in Deutschland berichten: die Region Rhein-Neckar. Das Gebiet liegt in Baden-Württemberg, Rheinland-Pfalz und Hessen. Die Region hatte bis 1850 nur wenige Einwohner. Die größten Orte waren damals Mannheim, Heidelberg, Speyer, Frankenthal und Weinheim. Dort gab es damals vor allem Landwirtschaft und Weinanbau. Ab 1850 entwickelte sich die Region. Banken und Industrieunternehmen (z. B. BASF) kamen in die Region. Auch der Ausbau von Schifffahrt und Bahn brachte wirtschaftlichen Aufschwung. Heute leben in der Region 2,3 Millionen Menschen.

Lennert Petri

b) **Zeigen Sie die Region auf einer Deutschlandkarte.**

c) **Markieren Sie die Textbausteine von Seite 185 im Lerneraufsatz.**

9 Unfall ist nicht gleich Unfall

a) Verbinden Sie die Begriffe mit der passenden Definition.

der Arbeitsunfall **1**
die Berufskrankheit **2**
der Wegeunfall **3**

a ein Unfall auf dem Weg von und zur Arbeit
b ein Unfall, der während der Arbeit passiert und mit der beruflichen Tätigkeit zu tun hat
c eine Krankheit, die vom Beruf (z. B. durch Hitze, Lärm) kommt

b) Arbeitsunfall (A), Wegeunfall (W) oder Berufskrankheit (B)? Ordnen Sie zu.

1. ☐ Frau Lindner stolpert auf dem Heimweg und bricht sich das rechte Handgelenk.
2. ☐ Herr Schulz ist Bauarbeiter. Durch den starken Lärm der Maschinen hört er immer schlechter.
3. ☐ Herr Neumann stolpert im Büro und verletzt sich schwer am Rücken.
4. ☐ Frau Pfeiffer hat auf dem Weg ins Büro einen schweren Autounfall.

10 Unfälle – ein beliebtes Gesprächsthema im Büro

a) Lesen den Dialog. Streichen Sie die falsche Adjektivendung.

Anett: Ich hatte letztes Jahr einen schwer~~e~~/en Autounfall. Das war ein totales/~~en~~ Chaos.
Luise: Erzähl mal. Was ist denn passiert?
Anett: Ich hatte einen lange/en Arbeitstag. Nach einem kurzen/er Besuch bei meiner Mutter wollte ich nach Hause, einen warmes/en Tee trinken und dann schlafen.
Luise: Wenn du so müde warst, warum bist du noch zu deiner Mutter gefahren?
Anett: Meine Mutter hatte starke/en Rückenschmerzen und brauchte Hilfe im Haushalt.
Luise: Konnte das denn nicht dein großer/es Bruder machen?
Anett: Der hatte damals einen ziemlich bösem/en Unfall bei der Arbeit und deshalb selber genug Ärger mit einer kaputten/er Hand und einem gebrochenem/en Bein.
Luise: Oh je, ich verstehe! Das klingt nach einer richtigen/e Katastrophe.
Anett: Genau. Na jedenfalls hielt ich an einer Kreuzung an, weil eine alte/es Dame über die Straße lief. Da fuhr mir plötzlich ein älterer/en Herr mit einem riesigen/em Auto in die Seite.
Luise: Oh, nein! Wie schwer warst du verletzt? Und hat dir sofort jemand geholfen?

3.15 **b) Hören Sie den Dialog. Vergleichen Sie die Endungen der Adjektive.**

c) Bringen Sie die Bilder in die richtige Reihenfolge.

a ☐

b ☐

c ☐

d ☐

3.16 **d) Was antwortet Anett auf Luises Fragen? Hören Sie zu und notieren Sie die Antwort.**

11 Adjektivendungen bestimmen. **Unterstreichen Sie auf den Seiten 119-121 die Adjektive und machen Sie eine Tabelle wie im Beispiel.**

	Zahl		Geschlecht			Fall				Artikel		
	Sg.	Pl.	m.	n.	f.	Nom.	Akk.	Dat.	Gen.	Best.	Unbest.	ohne
in den kleinen Wohnungen		X			X			X		X		

12 Adjektiv-Nomen-Verbindungen. Bilden Sie Paare und schreiben Sie je einen Satz.

~~leicht~~ – tief – tragisch – groß – neu – schwer – treu – teuer – gefährlich – glatt – schlecht – jung – alt – tief

Kurve – Supermarkt – Wunde – Dame – Dienstwagen – Unfall – ~~Kopfverletzungen~~ – Fan – Spezialklinik – Wetter – Straße – Herr – Fahrer

leichte Kopfverletzung: Er fiel auf dem Weg zur Arbeit mit dem Fahrrad und erlitt leichte Kopfverletzungen.

13 Verrückte Unfälle. Lesen Sie die Meldungen und ergänzen Sie die unleserlichen Stellen.

Ein 26-jährig… Angestellter wurde schwer verletzt, als er vor den Augen der überrascht… Kollegen ein groß… Bierglas essen wollte. Man weiß noch nicht, was den jung… Mann auf diese verrückt… Idee brachte. Wie der Chef der klein… Firma unserer Zeitung berichtete, fiel der sonst immer nett… Mann in der letzten Zeit durch sein komisch… Verhalten auf.

Ein 54-jährig… Mann und seine 50-jährig… Frau hatten groß… Glück in einer schrecklich… Nacht. Ihr Haus brannte, doch die Eheleute schliefen fest. Ihr klein… Hund Tommy konnte sie nicht sofort wecken und so biss er seinem Frauchen ins link… Bein. Die völlig überrascht… Frau musste ins Krankenhaus transportiert werden. Aber sie war Tommy sehr dankbar.

14 Textkaraoke

3.17

a) Eine Unfallmeldung. Hören Sie und sprechen Sie die 👄-Rolle im Dialog.

👂 …
👄 Hallo, mein Name ist [Ihr Name]. Ich möchte einen Unfall melden.
👂 …
👄 Wir sind im Herkules, dem griechischen Restaurant in der Grietgasse 17.
👂 …
👄 Mein Freund ist auf der Treppe gestürzt.
👂 …
👄 Er kann das rechte Bein nicht mehr bewegen. Und er hat starke Schmerzen im Rücken.
👂 …
👄 Und er hat eine leichte Wunde am Kopf, aber das ist wahrscheinlich nicht so schlimm.
👂 …
👄 Vielen Dank. Hoffentlich dauert es nicht so lange!

b) Welche Angaben werden in der Unfallmeldung in a) gemacht? Kreuzen Sie an.

☐ Name	☐ Alter	☐ private Adresse	☐ Grund des Unfalls
☐ Beruf	☐ Geschlecht	☐ Zahl der Verletzten	☐ Situation des Verletzten
☐ Unfallort	☐ Telefonnummer	☐ Art der Verletzung	☐ Versicherung des Verletzten

15 Flüssig sprechen. Hören Sie und sprechen Sie nach.

3.18

1. einen Unfall – einen Unfall melden – Ich möchte einen Unfall melden.
2. starke Schmerzen – starke Schmerzen haben – Ich habe starke Schmerzen im Bein.
3. großes Glück – großes Glück haben – Du hast großes Glück. – Du hast wirklich großes Glück.
4. leichte Wunde – eine leichte Wunde haben – Ich habe eine leichte Wunde am Kopf.

Zertifikatstraining

Hören Teil 3

3.19

Sie hören ein Gespräch. Sie hören das Gespräch einmal.
Dazu lösen Sie sieben Aufgaben. Wählen Sie: Sind die Aussagen Richtig oder *Falsch*?
Lesen Sie jetzt die Aufgaben 1 bis 7. Dazu haben Sie 60 Sekunden Zeit.

Sie sitzen in einem Straßencafé und hören, wie sich ein Mann und eine Frau, die sich auf der Straße treffen, unterhalten.

1 Steffen arbeitet nicht mehr als Krankenpfleger, weil die Arbeitszeiten nicht so familienfreundlich waren.	Richtig	*Falsch*
2 Steffen studiert jetzt in Fulda.	Richtig	*Falsch*
3 Steffens Frau verdient leider nur wenig.	Richtig	*Falsch*
4 Steffen muss noch drei Jahre studieren.	Richtig	*Falsch*
5 Kathrin war früher bei den Kolleginnen und den Patienten sehr beliebt.	Richtig	*Falsch*
6 Sie hat sich den Rücken verletzt, als sie einem Patienten ins Bett geholfen hat.	Richtig	*Falsch*
7 Kathrin ist noch immer unglücklich, weil sie den Beruf wechseln musste.	Richtig	*Falsch*

Sprechen Teil 1 – Gemeinsam etwas planen

Sie sollen mit Ihrer Gesprächspartnerin / Ihrem Gesprächspartner im Deutschkurs die Region, in der Ihr Deutschkurs stattfindet, vorstellen. Sie haben zwei Wochen Zeit, die Präsentation vorzubereiten.

Sprechen Sie über die Punkte unten, machen Sie Vorschläge und reagieren Sie auf die Vorschläge Ihrer Gesprächspartnerin / Ihres Gesprächspartners. Planen und entscheiden Sie gemeinsam, was Sie tun möchten.

eine Präsentation für den Deutschkurs vorbereiten

- Über welche Themen wollen Sie in der Präsentation sprechen? (Aufbau)
- Welche Medien wollen Sie für die Präsentation nutzen?
- Wann und wo wollen Sie sich für die Vorbereitung treffen?
- Wer bringt was zum Vorbereitungstreffen mit?
- …

Sie haben fünf Minuten Zeit, sich allein auf das Gespräch mit Ihrer Gesprächspartnerin / Ihrem Gesprächspartner vorzubreiten. Das Gespräch soll etwa drei Minuten dauern.

Schule und lernen

1 Das Schwarze Brett

a) Lesen Sie die Beschreibungen auf der Internetseite. Welche Begriffe werden erklärt? Ordnen Sie die vier passenden Begriffe zu. Achtung: zwei passen nicht!

1. der/die Schulsozialarbeiter/in – 2. die Arbeitsgemeinschaft (AG) – 3. die Kantine – 4. der Wettbewerb „Lange Nacht der Mathematik" – 5. der Busfahrplan – 6. der Stundenplan

www.heinegymnasium-flensburg.de/schule/wissenswert

Was du auf jeden Fall wissen solltest:

☐ In unserer Schule gibt es zahlreiche extra Angebote für die Schülerinnen und Schüler, vor allem in den Bereichen Musik, Sport und Medien. Die Termine sind in der Regel am Nachmittag und nur in der Schulzeit. Es kann teilnehmen wer will, und die Teilnahme ist fast immer kostenlos (Ausnahme: Tauchen und Reiten). Informiere dich zu aktuellen Angeboten am Schwarzen Brett.

☐ Du hast Spaß an Mathe? Diese Veranstaltung findet in unserer Schule jedes Jahr im März statt. Wir treffen uns nach Schulschluss in der Schule und lösen bis zum nächsten Morgen spannende Mathe-Aufgaben. Diese sind etwas komplizierter als die Aufgaben im Unterricht. Die Aufgaben werden gemeinsam in der Gruppe gelöst. Alle Schüler und Schülerinnen ab Klasse sechs sind herzlich willkommen.

☐ Du gehörst zu den knapp drei Millionen Schülerinnen und Schülern in Deutschland, die mit dem Bus zur Schule kommen? Einen aktuellen Plan mit den Ankunfts- und Abfahrtszeiten der Schulbusse findest du immer am Schwarzen Brett. Achtung: Wir haben eine Baustelle (März bis November) vor der Schule und die Haltestellen haben sich geändert!

☐ Herr Koop ist montags bis freitags von 13 bis 17 Uhr an unserer Schule. Er ist Ansprechpartner für alle Schülerinnen und Schüler, aber auch Lehrerinnen, Lehrer und Eltern. Er unterstützt dich bei Fragen und Problemen rund um die Schule und hilft dir auch bei Sorgen und Schwierigkeiten im Alltag, in der Familie oder mit Freunden. Herr Koop vermittelt auch bei Konflikten.

b) Was ist richtig? Kreuzen Sie an und korrigieren Sie die falschen Aussagen.

1. ☐ Wenn man Konflikte mit anderen hat, kann man zum Schulsozialarbeiter gehen.
2. ☐ Der Schulsozialarbeiter arbeitet nicht mit Lehrkräften und Eltern.
3. ☐ In den Ferien finden die Arbeitsgemeinschaften normalerweise nicht statt.
4. ☐ Zur *Langen Nacht der Mathematik* darf man nur gehen, wenn man sehr gut in Mathe ist.
6. ☐ Jede Schülerin / Jeder Schüler muss an einer Arbeitsgemeinschaft teilnehmen.
7. ☐ Im Busfahrplan steht, wann die Schulbusse ankommen und abfahren.

2 Lennarts Schulalltag

3.20

a) Lennart geht in die 8. Klasse des Heinrich-Heine-Gymnasiums. Er berichtet über seinen Schulalltag. Hören Sie das Interview und sammeln Sie Informationen.

Schulbeginn	Lieblingsfach	unbeliebtes Fach	Noten	AGs
....	....	....	....	....
....	....	....	....	....

Lennart Lieb, 13 Jahre

b) **Schreiben Sie einen kurzen Bericht über Lennart. Geben Sie Informationen zu allen Punkten aus a).**

Lennart ist in der 8. Klasse. Sein Schultag beginnt ...

3 Schule in Deutschland

a) **Sehen Sie sich die Fotos an und lesen Sie die Fragen. Zu welchen drei Fragen passen die Fotos? Ordnen Sie zu.**

a

b

c

1. ☐ Ist das Schulsystem in Deutschland überall gleich?
2. ☐ Mit wie vielen Jahren kommen die Kinder in die Schule?
3. ☐ Wann kann man von der Hauptschule zur Realschule wechseln?
4. ☐ Welchen Abschluss macht man auf dem Gymnasium?
5. ☐ Welche Ausbildungsmöglichkeiten haben Schülerinnen/Schüler mit Realschulabschluss?
6. ☐ Welche Schülerinnen/Schüler besuchen Gemeinschafts- oder Regionalschulen?

b) **Sehen Sie sich noch einmal die Broschüre auf Seite 190 an und ordnen Sie jeder Frage in a) eine passende Antwort zu.**

a Haupt- und Realschüler/innen.
b Sie können eine Ausbildung, das Fachabitur oder das Abitur machen.
c Nein, in jedem Bundesland ist es etwas unterschiedlich.
d Mit sechs Jahren.
e Nach dem sechsten und dem neunten Schuljahr.
f Am Ende des zwölften Schuljahres macht man Abitur.

4 Flüssig sprechen. **Hören Sie und sprechen Sie nach.**

3.21

1. in die Grundschule – in die Grundschule kommen – mit sechs Jahren in die Grundschule kommen
2. den Abschluss – den Abschluss machen – mit 16 Jahren den Abschluss machen
3. das Abitur – das Abitur machen – mit 18 Jahren das Abitur machen
4. einen Studienplatz – sich um einen Studienplatz bewerben – sich mit 18 um einen Studienplatz bewerben

5 Meine Schulbiografie

a) **Schreiben Sie die Fragen zu den Antworten.**

1. Waren Sie im Kindergarten?

1. Nein, meine Mutter war mit mir zu Hause, bis ich in die Schule gekommen bin.
2. Ich bin mit sieben Jahren in die Schule gekommen. Das war 1998.
3. Ich bin zehn Jahre zur Schule gegangen.
4. Ich habe mit 17 Jahren meinen Schulabschluss gemacht.
5. Nach der Schule habe ich eine Ausbildung gemacht.

b) **Und Sie? Beantworten Sie die Fragen aus a) und schreiben Sie Ihre Schulbiografie.**

6 Berufe an der Schule

a) Lesen Sie die Porträts auf Seite 191 noch einmal. Notieren Sie die Wortverbindungen.

kaputte Dinge reparieren

~~kaputte Dinge~~ – mit jemandem – ein Fach – Schüler und Eltern – die Heizung – Glühbirnen – Getränke und Essen – Konflikte – Schnee – nach Lösungen – eine Arbeitsgemeinschaft

leiten – wechseln – ~~reparieren~~ – beraten – unterrichten – räumen – überwachen – verkaufen – lösen – suchen – nicht klarkommen

b) Ordnen Sie den Bildern Wortverbindungen aus a) zu und schreiben Sie Sätze.

a) Die Schulsozialarbeiterin ...

a

b

c
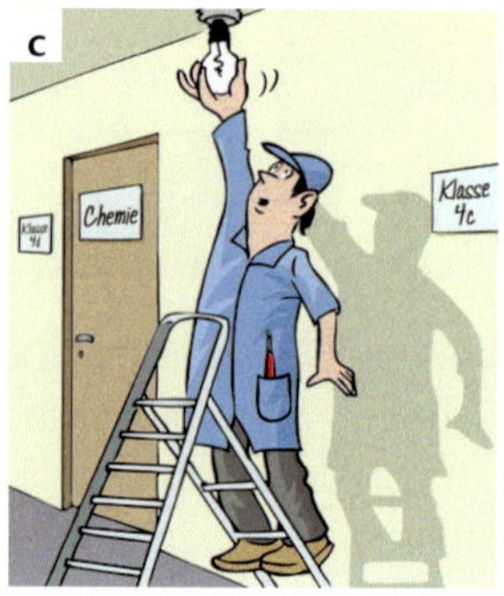

d

7 Das Magazin *Beruf aktuell* im Gespräch mit einem Lehrer

a) Lesen Sie den Magazinbeitrag und ordnen Sie die Interviewfragen zu.

1. Wie gut kennen Sie Ihre Schüler? – 2. Und was sind die Gründe dafür? – 3. Macht Ihnen Ihr Beruf Spaß? – 4. Was machen Sie in so einer Situation? – 5. Können Sie uns ein Beispiel geben?

BERUF AKTUELL

Im Gespräch

Traumberuf Lehrer!?

„Lehrerinnen und Lehrer haben es doch gut! Sie arbeiten meistens nur ein paar Stunden am Vormittag und haben oft Ferien." Das denken viele, aber ist das wirklich so? Beruf aktuell fragt Peter Möller, der seit 15 Jahren Deutsch- und Geschichtslehrer an einer Realschule ist.

Beruf aktuell: → ☐
Möller: Ja, eigentlich schon. Ich möchte nicht tauschen. Manchmal habe ich aber auch schlechte Tage und bin unzufrieden oder gestresst, wenn ich nach Hause komme.

Beruf aktuell: → ☐
Möller: Das kann unterschiedliche Gründe haben. Mich nervt es z.B., wenn die Schülerinnen und Schüler unvorbereitet in den Unterricht kommen und wir deshalb im Unterricht viel Zeit verlieren.

Beruf aktuell: → ☐
Möller: Sicher. Gestern hatten z.B. von 26 Schülern nur zwölf die zwei Texte gelesen, die sie zu Hause vorbereiten sollten. Sie konnten meine Fragen zu den Texten nicht beantworten.

Peter Möller (52)

Beruf aktuell: → ☐
Möller: In so einer Situation fasst dann ein Schüler, der den Text gelesen hat, den Inhalt zusammen und danach mache ich mit dem Unterricht weiter. Naja, leider passiert so etwas öfter.

Beruf aktuell: → ☐
Möller: Es ist sehr schade, aber bei so vielen Schülern kann man nicht jeden gut kennen. Ich merke aber, wenn die Leistungen eines Schülers schlechter werden. Dann frage ich ihn oder sie, ob es ein Problem gibt, oder ich spreche mit der Schulsozialarbeiterin.

b) Was sagt Peter Möller? Kreuzen Sie an und korrigieren Sie die falschen Aussagen.

1. ☐ Mein Beruf macht mir meistens Spaß.
2. ☐ Die Schülerinnen und Schüler sind immer gut vorbereitet.
3. ☐ Die Deutschstunde gestern lief nicht gut, weil ich schlecht vorbereitet war.
4. ☐ Wir lesen die Texte in der Klasse, wenn viele sie zu Hause nicht gelesen haben.
5. ☐ Ich versuche meinen Schülerinnen und Schülern zu helfen, wenn sie Probleme haben.

c) Welchen Aussagen würde Peter Möller zustimmen? Kreuzen Sie an und markieren Sie dann die Formen des Konjunktiv II (Präsens) in den Sätzen.

1. ☐ Ich würde gern in einem anderen Beruf arbeiten.
2. ☐ Ich würde es gut finden, wenn die Schülerinnen und Schüler besser vorbereitet wären.
3. ☐ Ich wünschte, ich hätte die Möglichkeit alle Schülerinnen und Schüler besser kennenzulernen.
4. ☐ Ich würde meine Schülerinnen und Schüler nie nach privaten Problemen fragen.

8 Ich wünschte ...

a) Schülerin/Schüler (S) oder Lehrerin/Lehrer (L)? Wer sagt das? Notieren Sie.

[S] ~~mehr Sportunterricht haben~~ – ☐ keine Hausaufgaben haben – [L] ~~nicht so viele Schüler in den Klassen sein~~ – ☐ Eltern mehr mit der Schule zusammenarbeiten – ☐ lustigere Lehrer haben – ☐ mehr Zeit für die einzelnen Schüler haben – ☐ nur gute Noten haben – ☐ nettere Kollegen haben – ☐ in den Klassenzimmern ruhiger sein – ☐ nettere Mitschüler haben – ☐ weniger Korrekturen haben – ☐ die Hausaufgaben ordentlich machen

b) Wünsche. Schreiben Sie Sätze im Konjunktiv II (Präsens).

Das sagt eine Schülerin / ein Schüler:	Das sagt eine Lehrerin / ein Lehrer:
Ich wünschte, wir hätten mehr Sportunterricht.	Ich wünschte, in den Klassen wären nicht so viele Schüler.
...	...

c) Schreiben Sie die Sätze aus b) wie im Beispiel.

Es wäre schön/gut, wenn wir mehr Sportunterricht hätten.
Es wäre toll, wenn in den Klassen nicht so viele Schüler wären.

9 Wenn ich zwei Wochen Urlaub hätte, ...

a) Schreiben Sie Sätze mit *wäre, hätte, könnte*.

1. ans Meer fahren können
2. in den Bergen sein
3. ein kleines Ferienhaus haben
4. ganz allein sein
5. bei Regen viele Bücher lesen können
6. bei Sonnenschein wandern können
7. viel Zeit zum Nachdenken haben
8. sehr zufrieden sein

1. Wenn ich zwei Wochen Urlaub hätte, könnte ich ans Meer fahren.

b) Markieren Sie in Ihren Sätzen aus a) den Konjunktiv II (Präsens) wie im Beispiel.

10 Was ich anders machen würde ...

a) Überfliegen Sie die Textabschnitte 1.– 4. Ordnen Sie sie den Zeichnungen zu.

a ☐

b ☐

c ☐

d ☐

1. Ich bin jetzt 32 Jahre alt und Sekretärin in einer kleinen Firma. Ich denke oft darüber nach, was ich anders machen ....[1], wenn ich jetzt noch einmal die Chance ....[2], in die Schule zu gehen.
2. Ich glaube, ich ....[3] versuchen, besser Englisch zu lernen. Dann ....[4] ich im Internet mit Menschen aus der ganzen Welt chatten.
3. Nach dem Schulabschluss ....[5] ich auf jeden Fall ein Jahr durch Australien reisen. Ich ....[6] die ganze Zeit unterwegs und ....[7] viele neue Leute kennenlernen. Das ....[8] toll.
4. Wahrscheinlich ....[9] ich jetzt nicht Sekretärin. Ich ....[10] lieber als Reiseleiterin arbeiten.

b) Ergänzen Sie den Text in a) mit: *würde, wäre, hätte* oder *könnte*.

11 Und Sie? Ergänzen Sie die Sätze.

1. Wenn ich einen Wunsch frei hätte, ...
2. Wenn ich 15 Jahre jünger wäre, ...
3. Wenn ich Reiseleiter/in wäre, ...
4. Wenn ich mir einen Beruf aussuchen könnte, ...

12 Die ideale Schule?

3.22

a) Hören Sie das Interview. Was würde Holger Wollnick, Chemielehrer an der Goetheschule in Thal, ändern? Kreuzen Sie die richtigen Aussagen an und korrigieren Sie die falschen.

1. ☐ Die Schule würde später mit dem Unterricht beginnen, gegen 10 Uhr.
2. ☐ Ich würde die Fächer nicht alle trennen, denn für viele Themen sind mehrere Fächer wichtig.
3. ☐ Meine Schüler/innen würden sehr viel weniger mitbestimmen.
4. ☐ Die Eltern würden den Unterricht aktiver unterstützen.
5. ☐ In den Klassenzimmern würde mehr Ordnung herrschen.
6. ☐ Ich würde Englisch als Unterrichtssprache festlegen.

Holger Wollnick (48)

b) Was würden Sie auch ändern?

Ich würde auch später beginnen ...

Zertifikatstraining

Lesen Teil 3 Arbeitszeit: 10 Minuten

Lesen Sie die Situationen 1 bis 7 und die Anzeigen a bis h. Wählen Sie: Welche Anzeige passt zu welcher Situation? Sie können jede Anzeige nur einmal verwenden. Für eine Situation gibt es keine passende Anzeige. In diesem Fall schreiben Sie 0.

Einige Ihrer Bekannten suchen passende Möglichkeiten, um sich weiterzubilden.

1 ☐ Ava besucht die 12. Klasse und braucht Nachhilfe in Englisch. Anzeige: ....

2 ☐ Tonda möchte fotografieren lernen. Anzeige: ....

3 ☐ Rafael möchte in Österreich als Rezeptionist im Hotel arbeiten. Er sucht einen Deutschkurs, der speziell auf diese Arbeit vorbereitet. Anzeige: ....

4 ☐ Mia möchte Englisch lernen. Sie hat ein Baby und möchte deshalb zu Hause lernen. Anzeige: ....

5 ☐ Wael ist Arzt. Er möchte seine Deutschkenntnisse für die Arbeit verbessern. Anzeige: ....

6 ☐ Nelli möchte lernen, wie man am Computer Fotos bearbeiten kann. Anzeige: ....

7 ☐ Arife arbeitet in einem Büro. Sie möchte neben der Arbeit das Abitur machen. Anzeige: ....

a

Für Bildung ist es nie zu spät!

Nutzen Sie die zweite Chance und machen Sie den Haupt- oder Realschulabschluss oder auch das Abitur. Qualifizierte Lehrkräfte bereiten Sie in einer freundlichen Lernumgebung mit motivierendem Unterricht auf Ihren Abschluss vor. Der Unterricht findet jeweils Mo.–Do. von 17:00 bis 20:30 Uhr statt. Informationen unter: bfz-colleg.de

b

Sprachen lernen – wann und wo Sie wollen!

Ab sofort bietet das Sprachenzentrum der Universität Online-Sprachkurse an, die auch von Nicht-Studenten genutzt werden können. Es stehen verschiedene Anfänger- und Fortgeschrittenenkurse für Englisch, Spanisch und Französich zur Auswahl.
Kursdauer: 10 Wochen, wöchentliche Arbeitszeit: ca. 5 h.
Voraussetzung: PC mit Internetanschluss.

c

Neue Kurse an der Volkshochschule.

Ab nächstem Mittwoch bietet die VHS zwei neue Kurse im Bereich Medien an. Um 14 Uhr startet der 6-wöchige Kurs: „Internet- und Social-Media. Ein Kurs für Eltern und Großeltern." Um 15:30 Uhr beginnt der 10-wöchige Kurs: „Bilder am PC bearbeiten – eine Einführung"

d

Arbeiten in der Hotelbranche

Sie haben eine Ausbildung im Bereich Hotel oder Gastronomie und suchen eine Arbeit? Wir bieten Sommerjobs und feste Arbeitsstellen in ganz Österreich.
info@Jobvermittlung-Kienel.at

e

Deutschkurse für spezielle Lernziele

Sie wollen Ihre kommunikativen Fähigkeiten für die telefonische Kundenbetreuung, die Arbeit im Hotel oder auch die Kommunikation mit Patienten (für Alten- und KrankenpflegerInnen) trainieren? Dann sind Sie bei uns genau richtig! Kleine Lerngruppen, moderner Unterricht und erfahrene KursleiterInnen – so macht Lernen Spaß! **www.Beruf_Sprache.de**

f

Freundlicher Student hilft SchülerInnen bei Problemen in Englisch und Deutsch (inkl. Abiturvorbereitung).
Ich bin zweisprachig (Deutsch-Englich) und habe Erfahrung in der Arbeit mit Kindern und Jugendlichen. **Tel.: 0175-34076437**

g

WEBFUTURE **- Professionelle EDV-Weiterbildung**

Wir haben noch freie Plätze in folgenden Kursen:
- 10-Finger-Schreiben
- Web-Design-Basiskurs
- Digital Zeichnen

Online-Anmeldung unter: www.webfuture_WB.at

h

GESUNDHEIT UND KULTUR

Unser aktuelles Weiterbildungsangebot:

- Krankheit und Gesundheit in verschiedenen Kulturen
- interkulturelle Pflege
- Deutsch im Klinikalltag und in der Praxis – ein Sprachkurs für Ärzte und Ärztinnen

30 Klima und Umwelt

1 So ein Wetter!

a) Ordnen Sie die Satzanfänge den Texten auf Seite 194/195 zu.

1. [a] Die Meteorologin Dr. Eva Niewald glaubt nicht ...
2. [ ] Den absoluten Negativrekord von ...
3. [ ] In Mitteleuropa ist es normal, ...
4. [ ] In Grimma ...
5. [ ] Die Zugspitze ...
6. [ ] Zuerst gab es in Süd- und Ostdeutschland Hochwasser, dann ...
7. [ ] Im Rhein-Main-Gebiet musste ...
8. [ ] Mit Schaufeln und Gummistiefeln ...

b) Beenden Sie die Sätze aus a).

> *1. Die Meteorologin Dr. Eva Niewald glaubt nicht, dass das extreme Wetter in Deutschland eine Folge des Klimawandels ist.*

c) Welches Verb ist richtig? Vergleichen Sie mit den Texten auf Seite 194/195. Streichen Sie das nicht-passende Verb. Markieren Sie dann die Wortverbindungen im Beitrag.

1. Weshalb ~~gab~~/kam es zu kilometerlangen Verkehrsstaus?
2. Warum treten/laufen in Deutschland und Österreich viele Flüsse über die Ufer?
3. Warum mussten die Anwohner Grimmas ihre Häuser verlassen/gehen?
4. In welchem Jahr wurde die höchste Temperatur in Deutschland gemessen/gefunden?
5. Welcher Fluss hat das Stadtzentrum von Grimma überflutet/gestiegen?
6. Sind/Haben die Wetterbedingungen eine Folge des Klimawandels?
7. Welchen Rekord stellte/machte 1970 eine Ortschaft im Allgäu auf?
8. Wann legte/stellte die Bahn den Verkehr ein?

d) Beantworten Sie die Fragen aus c). Verwenden Sie die Wortverbindungen.

2 *Der* oder *des*? Ergänzen Sie die Buchtitel.

1. Der Name .... Rose
2. Die dunkle Seite .... Mondes
3. Krieg .... Sterne
4. Der Schatten .... Windes
5. Die Entdeckung .... Himmels
6. Harry Potter und der Stein .... Weisen

3 Begründungen mit *wegen*

a) Verbinden Sie die Satzteile und schreiben Sie Sätze. Es gibt viele Varianten. Lesen Sie Ihre Sätze dann laut und schnell.

Wegen der extremen Hitze **1**	**a** gab es in Süddeutschland Hochwasser.
Wegen des starken Sturms **2**	**b** hatten viele Leute Kopfschmerzen.
Wegen der schweren Regenfälle **3**	**c** waren die Schulen geschlossen.
Wegen der extremen Kälte **4**	**d** gab es Unfälle und kilometerlange Staus.
Wegen der starken Schneefälle **5**	**e** kam es zu Behinderungen im Verkehr.
Wegen des dichten Nebels **6**	**f** stellten die Flughäfen den Verkehr ein.

b) Schreiben Sie eine kurze Entschuldigung, warum ...

Sie nicht zum Sprachkurs kommen können – Ihr Kind nicht am Sportunterricht teilnehmen kann – Sie gestern nicht zur Arbeit fahren konnten – die Grillparty mit Kollegen ausfällt

eine schwere Erkältung – eine leichte Knieverletzung – der schwere Hagel – das schlechte Wetter

> *Ich kann heute wegen einer ...*

4 3.23 **Textkaraoke.** **So ein M...wetter! Hören Sie und sprechen Sie die 👄-Rolle im Dialog.**

👂 ...
👄 Ach, das ist mir egal. Aber vor Gewitter habe ich ziemliche Angst.
👂 ...
👄 Das glaube ich dir. Erinnerst du dich noch an den Sommer 2015?
👂 ...
👄 Ja, und da bin ich auch in ein Gewitter gekommen. Wir waren auf einer Fahrradtour.
👂 ...
👄 Nein, nein. Ich hatte nur Angst, weil es sehr laut donnerte und oft blitzte.

5 Eine etwas andere Wetter-Erfahrung

3.24 **a) Hören Sie den Anfang des Interviews mit Herrn Moser. Welches Foto passt zu Herrn Mosers Aussagen? Kreuzen Sie an.**

3.25 **b) Hören Sie das komplette Interview. Kreuzen Sie die richtigen Aussagen an und korrigieren Sie die falschen.**

1. ☐ Urs Moser fliegt gern mit seiner Tochter in den Urlaub.
2. ☐ Alle in der Familie lieben das Skifahren.
3. ☐ Urs Moser erinnert sich noch gut an eine Skitour mit Freunden vor vier Jahren.
4. ☐ Herr Moser hat Erfahrung mit Stürmen. Er hat viele erlebt.
5. ☐ Urs Moser, seine Frau und die Freunde retteten sich vor einer Schneelawine.
6. ☐ Seine Frau hat so große Angst, dass sie keine Schneewanderungen mehr macht.

3.25 **c) Was erfahren Sie über Urs Moser und seine Familie? Hören Sie noch einmal, notieren Sie Stichpunkte und schreiben Sie dann einen Bericht.**

Urs + Sohn: Mountainbike fahren im Sommer

6 Vom Klimawandel und Dornröschenschlaf: Schlüsselwörter. **Lesen Sie noch einmal den Artikel auf Seite 197. Notieren Sie das gesuchte Wort.**

1. Was produziert die Menschheit zu viel?
2. Was brachte bisher nur wenige Ergebnisse?
3. Wovon gibt es eine Zusammenfassung?
4. Wer streitet über die Folgen des Klimawandels?
5. Was wird die Welt weiter aufheizen?
6. Was wird mehr und mehr schmelzen?
7. Was wird es in trockenen Regionen noch weniger geben?

1. Kohlendioxid (CO_2)

7 **Treibhausgas, Treibhauseffekt und Klimawandel. Lesen Sie den Zeitschriftenartikel. Kreuzen Sie die richtigen Aussagen an und korrigieren Sie die falschen.**

1. ☐ Das Kohlendioxid in der Luft ist eine Ursache für den Klimawandel.
2. ☐ CO_2 wird durch den Menschen produziert.
3. ☐ Die Temperaturen werden um bis zu 5,3 °C ansteigen.
4. ☐ Wegen des Treibhauseffekts sind es bald -18 °C auf der Erde.
5. ☐ Zu den erneuerbaren Energien zählen zum Beispiel Erdöl und Kohle.

UMWELT

Der Klimawandel

– Woher er kommt und was wir dagegen tun können

Der Bericht der Internationalen Energie-Agentur (IEA) zeigt: 2012 wurden 31,6 Milliarden Tonnen Kohlendioxid (CO_2) weltweit produziert – so viel wie noch nie! Experten/-innen warnen vor den Folgen und sagen eine Klimaerwärmung von bis zu 4,8 °Celsius bis zum Jahr 2099 voraus.

Wer oder was ist die Ursache des Klimawandels?

Eine Ursache für den Klimawandel ist die Verstärkung des sogenannten Treibhauseffekts. Der Treibhauseffekt entsteht durch Treibhausgase in der Luft, wie zum Beispiel CO_2. CO_2 entsteht durch verschiedene Prozesse in der Natur. Seit der Industrialisierung wird es jedoch auch in großen Mengen vom Menschen produziert, zum Beispiel beim Verbrennen fossiler Rohstoffe wie Kohle und Öl. Dadurch wird der Treibhauseffekt immer stärker.

Kann man den Klimawandel stoppen?

Nach Meinung der Experten und Experteninnen können wir einen extremen Klimawandel noch aufhalten. Das aber nur, wenn alle Länder, vor allem die Industriestaaten, sofort handeln. Der IEA-Report stellt drei wichtige Schritte vor:

1. Die Staaten müssen dringend Energie sparen.
2. Sie müssen sehr viel stärker erneuerbare Energien nutzen, also Energie aus Wind, Sonne, Wasser und Biomasse.
3. Die Staaten dürfen nicht so viel Kohle und andere fossile Rohstoffe nutzen. Dabei entsteht zu viel CO_2.

8 **Wörter definieren. Lesen Sie noch einmal den Zeitschriftenartikel in 7. Definieren Sie die Wörter im Schüttelkasten. Suchen Sie Informationen im Text. Nutzen Sie auch ein Wörterbuch.**

Klimaerwärmung – Treibhauseffekt – Rohstoffe – erneuerbare Energien

Klimaerwärmung = Erwärmung des Klimas, die Temperaturen steigen

9 **Flüssig sprechen**

3.26

a) Hören Sie und sprechen Sie nach.

1. ☐ steigen – Die Temperaturen steigen. – Die Temperaturen steigen um mindestens 5 Grad Celsius.
2. ☐ zunehmen – Unwetter werden zunehmen. – Unwetter werden in Zukunft zunehmen.
3. ☐ abnehmen – Die Regenmenge wird abnehmen. – Die Regenmenge wird in einigen Regionen abnehmen.
4. ☐ sinken – Der Meeresspiegel wird sinken. – Der Meeresspiegel wird sinken, weil die Eisdecken in Grönland und der Antarktis schmelzen.

b) Welche Aussagen in a) sind richtig? Kreuzen Sie an und korrigieren Sie die falschen.

10 Zukunftsprognosen

a) **Welche Prognosen glauben Sie (☺), welche nicht (☹)? Notieren Sie.**

Bis 2050 wird sich das Kohlendioxid in der Luft verdoppeln 1. ☐☐

Der Meeresspiegel wird um 7 (!) Meter steigen
Das Eis auf Grönland wird bis zum Jahr 2300 komplett schmelzen. 2. ☐☐

Bis 2100 werden wir bis zu 70 % des Amazonas-Regenwaldes verlieren 3. ☐☐

4. ☐☐
Der Meeresspiegel wird bis 2050 um einen halben Meter steigen. 136 Küstenstädte weltweit stehen deswegen vor ernsthaften Problemen.

b) **Markieren Sie in a) das Futur (*werden*+ Infinitiv).**

3.27 c) **Hören Sie das Interview mit der Umweltexpertin Linda Pfeifer zu den Prognosen aus a). Bestätigt Frau Pfeifer die Prognosen (+) oder nicht (–)? Notieren Sie.**

11 Was machst du …? **Beantworten Sie die Fragen wie im Beispiel. Verwenden Sie die drei Möglichkeiten, um über Zukunft zu sprechen.**

1. Fliegst du in den Urlaub? (ja, im Sommer)
2. Fährst du Ski? (ja, im Februar)
3. Machst du etwas am Samstagabend? (nein, nichts / zu Hause bleiben)
4. Schaust du dir einen Film im Kino an? (ja, am Donnerstagabend)
5. Lernst du für den Test? (ja, nächste Woche)

1. Fliegst du in den Urlaub?
Ja, ich fliege in den Urlaub.
Ja, im Sommer fliege ich in den Urlaub.
Ja, ich werde in den Urlaub fliegen.

12 Kampf dem Klimawandel

a) **Was wird Ihrer Meinung nach bis 2100 passieren (☺), was nicht (☹)? Notieren Sie.**

1. ☐ Wir fahren sparsamere Autos.
2. ☐ Wir produzieren 20 % weniger CO_2.
3. ☐ Wir reduzieren unseren Wasserverbrauch.
4. ☐ Wir werfen weniger Lebensmittel weg.
5. ☐ Wir reduzieren den Fleischkonsum.
6. ☐ Wir recyceln alle Wertstoffe.
7. ☐ Wir belasten die Umwelt weniger.
8. ☐ Die Umwelt ist viel sauberer.

b) **Formulieren Sie Prognosen zu Ihren Antworten aus a).**

1. Die Menschen werden sparsamere Autos fahren.
2. In Zukunft werden wir …

c) **Markieren Sie das Futur (*werden* + Infinitiv) wie im Beispiel.**

13 Umweltbelastungen

a) Lesen Sie noch einmal den Artikel auf Seite 199. Beenden Sie dann die Sätze.

1. Der UN-Klimareport sagt, dass ....
2. Je mehr CO_2 durch den Menschen ....
3. Es gibt viele Möglichkeiten Energie zu sparen, z. B. ....
4. Wassersparen ist ganz einfach. Man kann ....
5. Der Autor nennt neben dem Wasserverbrauch und dem CO_2 noch zwei Probleme: ....

....

b) Markieren Sie die Nomen-Verb-Verbindungen im Artikel auf Seite 199. Schreiben Sie dann eigene Sätze mit den Wortverbindungen.

die Umwelt belasten – Tipps geben – ein Grund sein – Energie verbrauchen – Energie sparen – Geräte abschalten – Wertstoffe recyceln – das Auto nutzen – sparsame Geräte nutzen – Nahrungsmittel in den Müll werfen – Recyclingpapier nutzen

Der Mensch belastet die Umwelt mit Müll und Kohlendioxid.

14 Widersprüche im Satz ausdrücken

a) Welche Aussagen passen zusammen? Ordnen Sie zu.

Die Industrie produziert am meisten CO_2. **1**	**a** Auch jeder Privathaushalt muss Wasser sparen.
Nur die Politiker können etwas gegen den Wassermangel in Südeuropa tun. **2**	**b** Falsch, die 46.000.000 Autos in Deutschland sind es.
Busse und Bahnen sind die größten CO_2-Produzenten im Verkehr. **3**	**c** Nein, die Landwirtschaft produziert am meisten.

b) Schreiben Sie Sätze mit *nicht ..., sondern ...* in Ihr Heft.

15 Bedingungen und Konsequenzen

a) Verbinden Sie die Sätze mit *je ..., desto ...*

1. Wir produzieren mehr Solar- und Windenergie. Wir brauchen weniger Kohle und Öl.
2. Wir sparen Papier. Wir verbrauchen weniger Holz.
3. Autofahren wird billiger. Weniger Menschen nutzen öffentliche Verkehrsmittel.
4. Wir baden mehr. Wir brauchen sehr viel mehr Wasser.
5. Die Menschen essen mehr Fleisch. Es werden mehr Wälder für die Landwirtschaft zerstört.

1. Je mehr Windenergie wir produzieren, desto weniger Kohle und Öl brauchen wir.

b) Ordnen Sie die Sätze aus a) zu. Ergänzen Sie mit eigenen Ideen.

gut für die Umwelt	*schlecht für die Umwelt*
....	....

16 Leserbrief. **Schreiben Sie einen Leserbrief an die Zeitschrift *Natur pur* zum Thema: Was kann jeder Mensch gegen den Klimawandel tun?**

Zertifikatstraining

Hören Teil 4

3.28

Sie hören eine Diskussion im Radio. Sie hören die Diskussion zweimal. Dazu lösen Sie acht Aufgaben. Ordnen Sie die Aussagen zu: Wer sagt was? Lesen Sie die Aussagen 1 bis 8. Dazu haben Sie 60 Sekunden Zeit.

In der Radiosendung „Pro und Contra" diskutiert die Moderatorin mit den Studiogästen Kerstin Wurzbacher und Kai Dilling über das Thema „Brauchen wir eine Geschwindigkeitsbeschränkung auf deutschen Autobahnen?"

		Moderatorin	Kerstin Wurzbacher	Kai Dilling
1	Eine Geschwindigkeitsbeschränkung wäre gut.	a	b	c
2	Über das Thema Geschwindigkeitsbeschränkung auf den Autobahnen gibt es schon seit vielen Jahren Diskussionen.	a	b	c
3	Die Zahl der Unfälle ist in den letzten Jahren gesunken.	a	b	c
4	Die Mehrzahl der Unfälle in Deutschland passiert nicht auf der Autobahn.	a	b	c
5	Die Situation in Deutschland und Österreich kann man nicht miteinander vergleichen.	a	b	c
6	Wir brauchen mehr Polizeikontrollen auf der Autobahn.	a	b	c
7	Durch eine Geschwindigkeitsbeschränkung würden die Autos weniger Abgase produzieren.	a	b	c
8	Die Autoindustrie will kein Tempolimit.	a	b	c

Lerntipp
In diesem Prüfungsteil kommen die Aussagen nicht alle chronologisch im Gespräch vor.

31 Das ist mir aber peinlich!

1 **Peinlichkeiten. Welche Situationen finden Sie (nicht) peinlich? Kommentieren Sie mit den Redemitteln auf Seite 200.**

1

Sie sagen Freunden, dass Sie nicht mit ihnen ausgehen können, weil Sie arbeiten müssen. In Wahrheit haben Sie eine andere Verabredung. Am Abend treffen Sie die Freunde vor dem Kino.

2

Sie sind im Supermarkt und wollen zahlen: Sie finden Ihr Portemonnaie nicht, denn Sie haben es zu Hause vergessen.

3

Sie feiern mit Familie und Freunden Ihren Geburtstag. Beim Essen erzählen Sie eine Geschichte, die Sie witzig finden, aber niemand lacht.

1. Situation 1 kenne ich. Das ist mir auch schon einmal passiert. Das war echt ...

2 **Peinlich oder total egal?**

a) Lesen und ergänzen Sie den Text mit den Wörtern aus dem Schüttelkasten.

menschlich – ansehen – Unsicherheit – peinlich – Hitze – Belastung – verlegen

Lotta Jung (27): „Ich werde leider total schnell rot. Immer wenn ich ....[1] bin oder mir etwas ....[2] ist, spüre ich diese aufsteigende ....[3] im Gesicht. Das ist für mich wirklich eine ziemliche ....[4], weil dann jeder meine ....[5] bemerkt. Meine Freundin sagt: „Rotwerden ist doch ....[6]!" Aber ich fände es besser, wenn man mir nicht immer gleich ....[7] würde, dass mir etwas unangenehm ist."

b) Ordnen Sie die Stichpunkte zu und schreiben Sie zu jeder Zeichnung zwei Sätze.

1. ☐ den Text vergessen / peinlich sein
2. ☐ laut schnarchen / etwas unangenehm finden
3. ☐ in das Buffet fallen / über jemanden lachen
4. ☐ jemanden anlächeln / rot werden

a

b

c

d

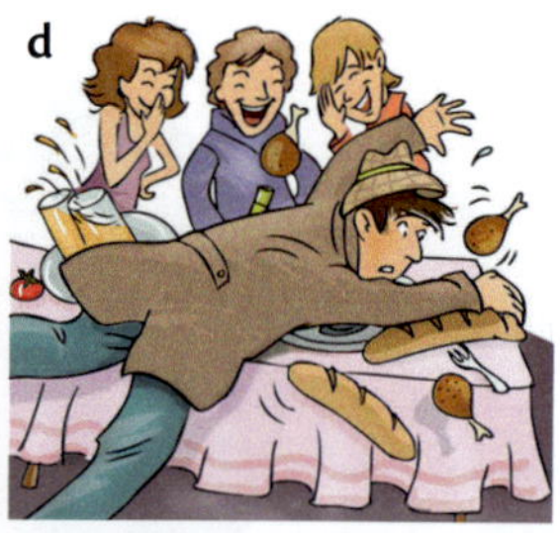

3 **Flüssig sprechen**

a) Lesen Sie die Sätze und markieren Sie die Veränderungen wie im Beispiel.

1. Das ist peinlich! – Das ist aber peinlich! – Das ist aber wirklich peinlich!
2. Das möchte ich nicht erleben! – Das möchte ich aber nicht erleben! – Das möchte ich aber wirklich nicht erleben!
3. Total unangenehm! – Das ist total unangenehm! – Das ist echt total unangenehm!

3.29 **b) Hören Sie und sprechen Sie nach.**

4 Eine peinliche Situation

3.30

a) Hören Sie den Dialog und beantworten Sie die Fragen.

1. Wie viele Personen sprechen? 2. Wo sind die Personen? 3. Worüber sprechen sie?

b) Hören Sie den Dialog noch einmal. Welche Aussage ist richtig? Kreuzen Sie an und korrigieren Sie die falschen Aussagen.

1. ☐ Die Frau hatte eine Zwiebelsuppe, das Huhn und einen Cappuccino.
2. ☐ Die Frau schlägt vor, dass jeder selbst zahlt.
3. ☐ Einer der beiden Männer hatte die Ente und zwei Gläser Wein.
4. ☐ Die Frau weiß nicht, ob sie genug Geld im Portemonnaie hat.

5 Der neue Knigge

a) Beide Wortverbindungen sind richtig. Welche wird im Artikel auf Seite 202 genutzt? Markieren Sie.

1. am Strand einschlafen/spielen
2. nach dem Platz fragen/suchen
3. eine Frage beantworten/stellen
4. bei Kerzenlicht essen/sitzen
5. Trinkgeld geben/bekommen
6. zu Missverständnissen kommen/führen
7. sich mit einer Person treffen/verabreden
8. Interesse zeigen/haben

b) Schreiben Sie je einen Satz zu den Wortverbindungen aus a).

1. Es ist nicht gut, am Strand einzuschlafen. / Als Kind habe ich gern am Strand gespielt.

c) Formulieren Sie Sätze. Lesen Sie laut und schnell.

Obwohl	ich wenig Zeit habe, ich viel zu tun habe, ich ganz schön im Stress bin, der Tag nur 24 Stunden hat,	gehe ich oft joggen/radfahren/schwimmen. besuche ich regelmäßig meine Familie. nehme ich mir Zeit für Freunde. arbeite ich nicht in den Abendstunden. genieße ich einen Abend im Kino/Theater/...

d) Schreiben Sie Sätze, die auf Sie zutreffen.

Obwohl ich viel zu tun habe, gehe ich ...

6 Kein Benehmen! Schreiben Sie Sätze mit *obwohl*.

1. Essen ist in der S-Bahn nicht erlaubt. – Ich esse während der Heimfahrt einen Hamburger.
2. Die Füße auf den Tisch zu legen, ist kein gutes Benehmen. – Mein Chef macht das ständig.
3. Twittern und mailen bei einer Verabredung ist unhöflich. – Meine Freundin tut das oft.
4. Sich im Restaurant an einen vollen Tisch zu setzen ist unhöflich. – Ich tue es einfach.
5. Ich muss um acht im Büro sein. – Ich fahre erst Viertel nach acht mit dem Fahrrad los.
6. Es ist im Park verboten, den Rasen zu betreten. – Viele machen dort Picknick.
7. Hunde müssen in der Stadt an die Leine. – Der Hund von Frau Maier läuft frei herum.

1. Obwohl Essen in der S-Bahn nicht erlaubt ist, esse ich ...

7 Prüfungsangst, klingelnde Handys und Verkehrskontrollen

a) Ordnen Sie die Bilder den Sätzen zu.

a

1. ☐ Herr Hagen hat Fieber.
2. ☐ Das Handy von Frau Schirmer klingelt.
3. ☐ Herr und Frau Lieb sind in zwei Minuten verabredet.
4. ☐ Frau Pietsch hat keine Zeit für eine Verkehrskontrolle.
5. ☐ Line hat große Angst vor Prüfungen.

b

c

d

e

b) Schreiben Sie Sätze mit *obwohl*. Formulieren Sie in beiden Varianten.

~~mit sehr gutem Ergebnis bestehen~~ – sich höflich verhalten – lange vor dem Spiegel stehen – den Anruf nicht annehmen – an einem Projekt arbeiten

1. Obwohl Line große Angst vor Prüfungen hat, besteht sie mit sehr gutem Ergebnis.
Line besteht mit sehr gutem Ergebnis, obwohl sie große Angst vor Prüfungen hat.

8 Was Sie wissen sollten!

a) Lesen Sie die Fragen. Was meinen Sie? Kreuzen Sie an.

	ja	nein
1. Sie wollen jemanden ansprechen, haben aber den Namen vergessen. Sollten Sie nach dem Namen fragen?	☐	☐
2. Wie viel Trinkgeld gibt man (im Taxi, im Restaurant)? Sind zehn Prozent zu viel?	☐	☐
3. Sie sind neu am Arbeitsplatz und das Telefon klingelt. Wie verhalten Sie sich richtig? Sollten Sie nur „Hallo" sagen?	☐	☐
4. Sie sind in Bayern und alle begrüßen Sie mit „Grüß Gott". Sollten Sie mit „Guten Tag" antworten?	☐	☐
5. Sie sind für 20 Uhr zum Essen bei Bekannten eingeladen. Sie sind schon um 19.40 Uhr da. Sollten Sie schon klingeln?	☐	☐

b) Lesen Sie die Knigge-Antworten. Ordnen Sie sie den passenden Fragen in a) zu und vergleichen Sie sie mit Ihren Antworten.

a ☐ Im Restaurant sollten es zwischen fünf und zehn Prozent und bei der Taxifahrt ungefähr zehn Prozent sein.

b ☐ Ja, das sollten Sie! Grüßen Sie lieber mit einem „Guten Tag", wenn Sie nicht aus der Region kommen.

c ☐ Fragen Sie nicht direkt nach dem Namen. Nennen Sie eine Situation, in der Sie die Person schon einmal getroffen haben, und sagen Sie zum Beispiel: „Haben wir uns nicht bei der Messe kennengelernt? Ich bin Frau/Herr …"

d ☐ Sagen Sie niemals nur „Hallo" am Telefon. Zuerst nennen Sie die Firma, danach die Abteilung und erst dann laut und deutlich Ihren Nachnamen.

e ☐ Machen Sie lieber noch einen Spaziergang. Für die Gastgeber ist es oft unangenehm, wenn die Gäste zu früh kommen.

9 Thesen zum Zeitungsartikel „Andere Länder, andere Sitten". Welche Aussagen zum Artikel auf Seite 204 sind richtig? Kreuzen Sie an und korrigieren Sie die falschen.

1. ☐ In Ellenbogen-Ländern ist der Abstand zwischen Gesprächspartnern Oberarmlänge.
2. ☐ In Handgelenk-Kulturen sind Familie und Privates gute Gesprächsthemen.
3. ☐ Zu den Handgelenk-Kulturen gehören u. a. Russland, China und Frankreich.
4. ☐ Großen körperlichen Abstand empfindet man in Fingerspitzenstaaten als unangenehm.
5. ☐ In allen Kulturen hört man gern Komplimente über regionale Sehenswürdigkeiten.

10 Nachrichtenmeldungen

a) Lesen Sie die Zeitungsüberschriften und markieren Sie das Partizip I.

1 **Bellende Hunde beißen nicht?**
Manchmal doch! Jogger schwer verletzt nach ...

2 *Die Zahl der rauchenden Jugendlichen unter 16 hat 2017 abgenommen*

3 **Trauernder Mann geht nach dem Tod seiner Frau mit dem Rad auf Weltreise**

4 **16.000 Läufer und Läuferinnen starteten bei brennender Hitze zum Supermarathon**

b) Erklären Sie die Partizipien wie im Beispiel.

Bellende Hunde sind Hunde, die bellen.

c) Bilden Sie das Partizip I.

1. singen – der Vogel
2. klingeln – das Handy
3. fahren – das Auto
4. schlafen – die Kinder
5. tanzen – das Paar
6. kochen – das Wasser

11 So ein Pech!

3.31

a) Hören Sie das Gespräch und bringen Sie die Zeichnungen in die richtige Reihenfolge.

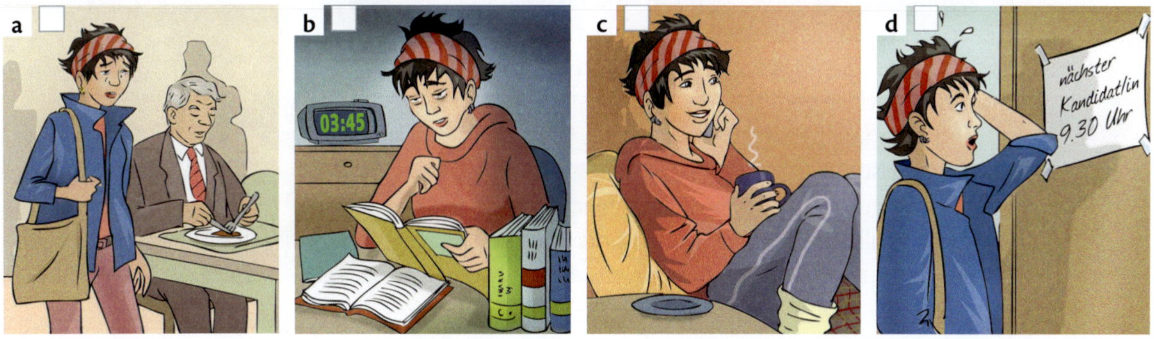

b) Beenden Sie die Sätze mit Hilfe der Vorgaben. Verwenden Sie das Präteritum.

1. Nachdem Sabrina die ganze Nacht gelernt hatte, (verschlafen und zu spät zur Prüfung kommen)
2. Nachdem sie ihren Professor gefunden hatte, (mit ihm über die Prüfung sprechen)
3. Nachdem sie mit ihm gesprochen hatte, (frustriert nach Hause gehen)
4. Nachdem sie zu Hause angekommen war, (beste Freundin anrufen)
5. Nachdem sie mit ihrer besten Freundin gesprochen hatte, (sich besser fühlen)

1. Nachdem Sabrina die ganze Nacht gelernt hatte, verschlief sie und ...

12 Zuerst – danach

a) Was passiert zuerst (1), was danach (2)? Notieren Sie.

1. ☐ Er fährt gegen einen Baum. ☐ Er liegt mit gebrochenem Bein im Krankenhaus.
2. ☐ Wir verschlafen am nächsten Morgen. ☐ Wir feiern am Abend lange.
3. ☐ Sie besteht ihre Prüfungen mit „sehr gut". ☐ Sie bekommt ein tolles Jobangebot.
4. ☐ Sie gehen gemeinsam spontan in ein Café. ☐ Judith trifft zufällig einen Freund.
5. ☐ Ich beende die Schule. ☐ Ich beginne mit meiner Ausbildung zum Mechatroniker.

b) Schreiben Sie Sätze mit *nachdem* wie im Beispiel.

1. Nachdem er gegen einen Baum gefahren war, lag er mit gebrochenem ...

13 Oh, Verzeihung!

3.32 **a) Welche Reaktion passt? Hören Sie und verbinden Sie.**

... 1	a Entschuldigung, das war mein Versehen. Ich hole Papier.
... 2	b Oh, verzeihen Sie, bitte. Das wusste ich nicht. Th – ist notiert.
... 3	c Das muss ein Missverständnis sein! Ich kläre das noch heute.
... 4	d Entschuldige, Ina. So ein Missgeschick, ich kaufe zwei neue!

3.33 **b) Hören Sie und kontrollieren Sie Ihre Zuordnung in a).**

3.32 **c) Textkaraoke. Hören Sie und sprechen Sie die passende -Rolle.**

14 Ein Missgeschick

a) Ordnen Sie die Sätze und schreiben Sie den Dialog.

- 4 Ja, ich sehe schon, das Licht ist kaputt. Was machen wir denn jetzt? Ich hatte noch nie einen Unfall.
- ☐ Die Polizei rufen? Es ist doch nur ein Licht kaputt.
- ☐ Entschuldigen Sie. Das war ein Versehen. Das wollte ich nicht. Sind Sie verletzt?
- ☐ Ja, es ist aber auch kein großer Schaden. Was wird das denn kosten?
- ☐ Das ist eine gute Idee. Dann machen wir jetzt Fotos von der Unfallstelle und den Autos und tauschen unsere Daten aus. Zum Glück habe ich meine Papiere dabei.
- ☐ Nein, mir geht es gut, aber sehen Sie sich mein Auto an!
- 1 Ja, das kann doch wohl nicht wahr sein! Können Sie nicht aufpassen?
- ☐ Keine Ahnung, sicher über 200 Euro. Ich könnte in die Werkstatt fahren und Ihnen die Rechnung schicken.
- ☐ Ich rufe die Polizei, damit sie den Schaden aufnehmen kann.
- 7 Nur ein Licht? Das ist kein kleiner Schaden!

3.34 **b) Hören Sie und kontrollieren Sie.**

Zertifikatstraining

Lesen Teil 4 Arbeitszeit: 15 Minuten

Lesen Sie die Texte 1 bis 7. Wählen Sie: Ist die Person für Benimm-Unterricht (Unterricht für gutes Benehmen) in der Schule?

Beispiel

0	Karina M.	Ja	~~Nein~~
1	Kai A.	Ja	Nein
2	Hermann J.	Ja	Nein
3	Leonie S.	Ja	Nein
4	Sascha P.	Ja	Nein
5	Kevin T.	Ja	Nein
6	Esther S.	Ja	Nein
7	Heike L.	Ja	Nein

In einer Zeitschrift lesen Sie Kommentare zu einem Artikel über das Thema „Politiker wollen Benimm-Unterricht an Schulen einführen".

LESERBRIEFE

0 Wer denkt, dass Benimm-Unterricht die Lösung ist, der macht es sich zu einfach. Viel wichtiger finde ich, dass die Erwachsenen den Kindern ein gutes Beispiel sind und die Kinder von ihnen lernen können, was gutes Benehmen ist. Damit meine ich nicht nur Eltern, Erzieher oder Lehrer, sondern auch Politiker, Stars und alle, die ständig in den Medien sind.

Karina Marks aus Bonn, 55

1 Wir hatten letztes Jahr in der Schule einen Benimm-Kurs. Ich dachte erst, dass das blöd ist, aber es war sogar interessant und witzig. Ich glaube, manche Schüler haben erst im Kurs verstanden, wie wichtig gutes Benehmen für das ganze Leben ist. Also ich finde, dass die Idee nicht schlecht ist.

Kai Abel aus Bergen, 18

2 Ich bin Lehrer und ich muss tatsächlich feststellen, dass sich manche Schüler/innen unhöflich oder sogar respektlos verhalten. Ich bin jedoch der Meinung, dass es kein extra Unterrichtsfach oder einen Benimm-Kurs braucht. Auf gutes Benehmen, höfliche Kommunikation und ein faires Miteinander sollte jeder Lehrer in jeder Unterrichtsstunde achten. Es ist ja schon immer auch Aufgabe der Lehrkräfte, den Kindern soziale Kompetenz – und dazu gehört auch gutes Benehmen – zu vermitteln.

Hermann Jens aus Mainz, 62

3 Viele Leute sind gegen den Benimm-Unterricht, weil ihrer Meinung nach die Eltern für die Erziehung der Kinder zuständig sind. Aber die Frage ist doch: Was passiert mit den Kindern, die zu Hause nicht lernen, was gutes Benehmen ist – weil die Eltern sich zum Beispiel keine Zeit für ihre Kinder nehmen (können) oder aber auch selbst nicht gelernt haben, wie man sich richtig und höflich verhält?

Leonie Sander aus Greifswald, 27

4 Ich weiß zwar nicht, ob diese Benimm-Kurse eine Verbesserung bringen, aber ich bin sicher, dass sie niemandem schaden. Wenn sich ein Jugendlicher allerdings beim Vorstellungsgespräch oder im Praktikum nicht gut benimmt, dann schadet das dem Schüler ganz sicher, denn wer will schon jemanden einstellen, der nicht ordentlich grüßt, zu spät kommt oder sich mit „Hi" am Telefon meldet?

Sascha Paulsen aus Ulm, 39

5 Also ich finde, dass es dringend nötig ist, etwas zu unternehmen. In unserer Schule ist es oft so laut und so dreckig, weil einige sich nicht benehmen können, dass es mir keinen Spaß mehr macht, in die Schule zu gehen. Ich fände es viel schöner, wenn die Stimmung in der Schule freundlicher und der Ton höflicher wäre. Ob ein Benimm-Kurs die Situation verbessern kann, weiß ich nicht, aber man sollte es versuchen.

Kevin Treschke aus Berlin, 15

6 Ich verstehe diese Diskussion nicht. Ich finde, dass in unserer Schule die Schüler ziemlich gut wissen, wie man sich zu benehmen hat. Natürlich sind wir auch mal frech zu Lehrern oder unseren Eltern, aber das ist für Jugendliche doch normal! Ich glaube, dass sich in jeder Generation die Älteren über das Benehmen der Jüngeren beschweren. Mein Opa kann sich auch noch daran erinnern, wie sein Vater immer sagte: „Ach die Jugend heutzutage – keine Manieren!"

Esther Speerfork aus Itzehoe, 17

7 Ich sehe das kritisch, weil ich nicht glaube, dass die Kinder in der Schule lernen können, was gutes Benehmen bedeutet. Wenn die Eltern es nicht schaffen, die Kinder gut zu erziehen, dann schaffen das die Lehrer/innen auch nicht. Man sollte lieber die Eltern bei der Erziehung der Kinder unterstützen.

Heike Lau aus Plau a. S., 33

32 Generationen

1 Inhaltsangabe: „Die blauen und die grauen Tage“

a) Markieren Sie in der Inhaltsangabe auf Seite 207 die Ausdrücke 1. – 6. Welche Definition passt? Kreuzen Sie an.

1. voller Ungeduld warten
   ☐ gelangweilt warten
   ☐ unruhig warten
2. zum guten Geist des Hauses werden
   ☐ sehr beliebt sein bei den Bewohnern
   ☐ den Hausbewohnern Angst machen
3. graue und blaue Tage
   ☐ Tage mit viel Regen und wenig Sonne
   ☐ schlechte und gute Tage
4. das Wort … fällt
   ☐ das Thema … wird angesprochen
   ☐ das Thema … wird nicht mehr diskutiert
5. die Ereignisse spitzen sich zu
   ☐ ein Problem wird gelöst
   ☐ eine Situation wird schwieriger oder immer komplizierter
6. ein einfühlsames Buch
   ☐ ein Buch, in dem gefühlvoll über ein Thema geschrieben wird
   ☐ ein romantisches Buch über die Liebe

b) Beantworten Sie die Fragen. Nutzen Sie in Ihren Antworten die Ausdrücke aus a).

1. Haben Sie schon einmal voller Ungeduld auf jemanden gewartet? Wann und wieso?
2. Wen in Ihrem Freundeskreis / Ihrer Familie kann man als „guten Geist“ bezeichnen? Warum?
3. Woran denken Sie, wenn das Wort „Prüfung“ fällt?
4. Welche Umweltprobleme haben sich Ihrer Meinung nach besonders zugespitzt?
5. Welches Buch / Welchen Film finden Sie einfühlsam und warum?

2 Familienbeziehungen. Beantworten Sie die Fragen mit Hilfe der Angaben im Bild.

1. Wer ist der Vater des Bräutigams?
2. Wie heißt die Mutter der Braut?
3. Wie alt ist der Bruder des Bräutigams?
4. Mit wem ist die Schwester des Bräutigams verheiratet?
5. Wie viele Enkel haben die Eltern des Bräutigams?
6. Wer ist die Nichte der Braut?

1. Der Vater des Bräutigams …

3 Liselotte Kunert erzählt

a) Lesen Sie die Beschreibung zum Hochzeitsbild. Welcher Possessivartikel passt nicht?

Das ist ein Foto von der Hochzeit meiner/~~meines~~[1] Schwester Theresa und ihres/ihrer[2] Mannes Ralf. Neben meinem Schwager steht Horst. Er ist der Vater meiner/meines[3] Schwagers und jetzt natürlich der Schwiegervater meines/meiner[4] Schwester. Ich mag ihn sehr, er ist lustig. Links neben ihm steht seine Frau Waltraud. Ganz links im Bild steht Jochen, der Bruder meiner/meines[5] Schwagers. Er war allein auf dem Fest seiner/seines[6] Bruders, weil seine Frau krank war. Links hinter Ralf, dem Bräutigam, steht seine Schwester Judith mit ihrem Mann Robert. Lisa Marie und Lukas, die Kinder der beiden, stehen vorn an der Seite ihres/ihrer[7] Großmutter. Lukas ist ein wilder Junge. Er ist der Liebling meiner/meines[8] Mannes Frank. Ich trage übrigens nicht mehr den Namen meiner/meines[9] Eltern, ich heiße jetzt Kunert wie mein Mann.

b) Selbsttest. Ergänzen Sie die Possessivartikel.

1. Ewald und Rosemarie haben die Eltern .... Schwiegersohns erst auf der Hochzeit kennengelernt.
2. Liselotte hat sich sehr gut mit der Schwester .... Schwagers unterhalten.
3. Ralf war sehr froh darüber, dass sich die Kinder .... Schwester nicht gelangweilt haben.
4. Waltraud lachte viel über die Späße .... Enkelkinder.
5. Die Eltern der Brautleute sind sehr zufrieden mit der Partnerwahl .... Kinder.
6. Rosemarie hielt eine Rede. Theresa freute sich über die netten Worte .... Mutter.

4 Erinnern Sie sich ...? **Formulieren Sie Fragen wie im Beispiel.**

1. Sie: die Jahre – die Kindheit
2. du: das Haus – die Großeltern
3. ihr: die Träume – die Jugend
4. du: die große Liebe – das Leben
5. Sie: der Name – der/die Grundschullehrer/in
6. ihr: der Name – beste Freundin / bester Freund
7. du: die Kursteilnehmer/innen – der A1-Kurs
8. ...

1. Erinnern Sie sich an die Jahre Ihrer Kindheit? 2. Erinnerst du dich an ...

5 Einen Text nacherzählen. **Ergänzen Sie die Satzanfänge und vergleichen Sie.**

1. Evi kommt ...
2. Evi findet, ihre Oma ...
3. Oma möchte, dass Evi ...
4. Oma will genau wissen, ...
5. Die Eltern und Oma überlegen ...
6. Evi will nicht, dass ...

6 Einen Romanauszug verstehen

a) Markieren Sie die Ausdrücke 1.–9. in den Romanauszügen auf den Seiten 209/210. Ordnen Sie die Erklärungen a–i zu.

1. etwas auf der Zunge zergehen lassen
2. aus etwas ein Geheimnis machen
3. Buch über etwas führen
4. etwas hat einen Sinn
5. sich nicht unterkriegen lassen
6. in Tränen ausbrechen
7. die Augenbrauen heben
8. etwas bringt jemanden in Rage
9. auf jemanden Acht geben

- [ ] **a** regelmäßig Notizen zu etwas machen
- [ ] **b** etwas ist nützlich/sinnvoll
- [ ] **c** plötzlich weinen
- [ ] **d** eine Geste, die zeigt, dass jemanden etwas wundert
- [1] **e** etwas langsam essen/genießen
- [ ] **f** sich um jemanden kümmern
- [ ] **g** über etwas nicht offen sprechen
- [ ] **h** eine Person kämpft und gibt nicht auf
- [ ] **i** etwas macht eine Person sehr wütend

b) Beantworten Sie die Fragen. Verwenden Sie die markierten Wortverbindungen.

1. Führen Sie Buch über etwas? (Tagebuch, Einnahmen/Ausgaben, ...)
2. Was bringt Sie in Rage?
3. Mussten Sie in Ihrer Kindheit auf kleinere Geschwister Acht geben?
4. Wann haben Sie sich das letzte Mal über jemanden geärgert?
5. Wann haben Sie das letzte Mal etwas Wichtiges vergessen?
6. Haben Sie schon einmal jemandem etwas versprochen und es nicht gemacht?

1. Ich laufe regelmäßig und führe Buch über meine Laufzeiten.

7 Flüssig sprechen. Hören Sie und sprechen Sie nach.

3.35

1. Ich mache mir Sorgen. – Ich mache mir sehr große Sorgen. – Ich mache mir sehr große Sorgen um meine Oma.
2. auf meine kleine Schwester aufpassen – Ich muss auf meine kleine Schwester aufpassen. – Ich muss am Wochenende oft auf meine kleine Schwester aufpassen.
3. mich nicht einmischen – mich bei diesem Streit nicht einmischen – Ich möchte mich bei diesem Streit nicht einmischen.

8 Seit wann gibt es ...?

a) Was glauben Sie? Seit wann gibt es diese Gegenstände? Kommentieren Sie mit Hilfe der Redemittel auf Seite 210.

der Kühlschrank

das Tablet

elektrisches Licht

die Waschmaschine

das Fahrrad

Ich vermute, dass es den Kühlschrank seit ...

3.36

b) Hören Sie den Quizausschnitt. Notieren Sie zu jedem Gegenstand die Jahreszahl und eine zusätzliche Information.

9 Seit ... Verbinden Sie die Sätze mit *seit*. Markieren Sie die Satzklammer.

1. Juan hat eine gut bezahlte Arbeit. Er wohnt nicht mehr bei seinen Eltern.
2. Frau Fischer ist an Demenz erkrankt. Ihr Sohn kümmert sich um sie.
3. Die Kinder besuchen die 6. Klasse. Frau Klein arbeitet wieder Vollzeit.
4. Lydia geht es viel besser. Sie trainiert zweimal pro Woche im Fitnessstudio.

1. Seit Juan ...

10 Textkaraoke. **Hören Sie und sprechen Sie die -Rolle im Dialog.**

3.37

Hallo Frau Gärtner, schön Sie zu sehen!

…

Gut. Seit die Mutter meines Mannes krank ist, haben wir aber viel zu tun.

…

Sie ist jetzt 76. Seit ihr Mann gestorben ist und sie alleine lebt, geht es ihr nicht mehr so gut. Sie vergisst sehr viel und braucht viel Hilfe im Alltag.

…

Danke der Nachfrage. Meinen Eltern geht es gut. Sie sind viel unterwegs, seit sie in Rente sind.

…

Schön. Wie alt sind denn die Kinder Ihrer Tochter?

…

11 Radiosendung zum Thema „Seniorenheim – eine gute Sache?!"

a) **Lesen Sie die Aussagen 1.– 9. Was spricht Ihrer Meinung nach für (+) bzw. gegen (-) ein Leben im Altersheim? Markieren Sie.**

☐ ☐ **1.** Man hat Sicherheit und Service – wenn nötig 24 Stunden am Tag.
☐ ☐ **2.** Man hat feste Zeiten und Routinen (Essen, Freizeitaktivitäten etc.).
☐ ☐ **3.** Pflegerinnen und Pfleger helfen bei gesundheitlichen Problemen.
☐ ☐ **4.** Alle Bewohnerinnen und Bewohner müssen sich an die Hausregeln halten.
☐ ☐ **5.** Die Pflege im Heim kann teuer sein.
☐ ☐ **6.** Man ist unabhängig von der Hilfe der Kinder oder Verwandter.
☐ ☐ **7.** Man muss das eigene Zuhause verlassen und hat meist nicht mehr so viel Platz.
☐ ☐ **8.** Es gibt Freizeitangebote und man macht neue Bekanntschaften.
☐ ☐ **9.** Im Heim kümmert sich eine Pflegekraft um viele Menschen.

3.38

b) **Welche Punkte sprechen aus der Sicht des Radiomoderators für (+) bzw. gegen (-) das Seniorenheim? Hören Sie und markieren Sie in a).**

c) **Lesen Sie die Reaktionen der Hörerinnen und Hörer auf den Radiobeitrag. Auf welche Punkte aus a) beziehen sich die Personen? Notieren Sie.**

www.dein_Radio.de

Radio Programm › Über uns › Kontakt › Service › Archiv ˅

„Seniorenheim – eine gute Sache?!" Jetzt hören › Kommentieren

Sendung vom 28. 06. 2017, 18:00 Uhr

Lisa Polke, Wuppertal 5 ☐ ☐	Meine Mutter ist 84 Jahre alt und ich pflege sie zu Hause. Ich möchte nicht, dass sie im Heim lebt. Das kostet einfach zu viel Geld und ich bin auch dagegen, dass sie ihr Zuhause verlassen muss. Ich bin wirklich Tag und Nacht für sie da – das schafft kein Personal im Altersheim!
Werner Thiele, Bad Ems ☐ ☐ ☐	Ich bin jetzt 56 Jahre alt. Wenn ich gesundheitliche Probleme bekomme, dann spricht doch alles dafür, ins Seniorenheim zu gehen. Ich möchte unabhängig von meinen Kindern sein und lieber Hilfe von Pflegern und Schwestern bekommen. Ich habe auch keine Lust, alleine zu Hause zu sitzen. Im Heim lernt man neue Leute kennen und man kann auch Freizeitangebote nutzen.
Judith Laske, Eisenach ☐ ☐ ☐	Ich habe keine Kinder, die sich um mich kümmern. Wenn ich alt bin und krank werde, gehe ich ins Altersheim. Etwas Angst habe ich schon, dass ich meine Freiheit verliere, weil ich mich an die festen Zeiten und auch an die Hausordnung halten muss. Und ich werde auch meine große Wohnung vermissen, klar, aber es gibt auch viele Vorteile …

d) **Schreiben Sie Ihre Meinung zum Thema „Seniorenheim". Verwenden Sie die Redemittel von Seite 210.**

12 Die Lösung

a) Lesen Sie den Romanauszug. Beantworten Sie die folgenden Fragen.

1. Wie viele Personen sprechen?
2. Was möchte Evi vorschlagen?
3. Wie gut kennt Evis Oma Frau Klappenroth und die anderen?
4. Was wollen sie machen, wenn Evis Idee nicht funktioniert?
5. Wer geht definitiv nicht ins Seniorenheim?

1. Ich glaube, es sind ...

[...] „Evi hat da eine Idee", kam Oma ihr zu Hilfe. „Eine recht, nun ja, recht ungewöhnliche[1] Idee. Und da die Idee auch Sie betrifft ..." [...] Frau Klapproth öffnete die Augen. Sie wirkte mit einem Mal[2] sehr wach. „Ich glaube, ich weiß, was du uns vorschlagen[3] willst." [...] „Weißt du", sagte Frau Klapproth zu Evi, „ich habe selbst schon darüber nachgedacht." [...] „Mein Haus ist groß. Allein kann ich es nicht halten[4]. Die Arbeit ist mir längst über den Kopf gewachsen[5], aber der Gedanke an ein Heim ..." Sie schaute Oma an. „Wir kennen uns noch nicht gut genug, um zu wissen, ob wir auch im Alltag miteinander auskommen können[6]. Allerdings[7] haben wir nicht die Zeit, uns besser kennen zu lernen, also

– 152 –

sollten wir es einfach versuchen. Ins Altersheim können wir schließlich immer noch. Das läuft uns nicht weg.[8]" [...] Frau Perges Wangen hatten sich mit einer fleckigen Röte überzogen. „Ich bin ... im ersten Moment würde ich sagen, das ist eine ... ganz wundervolle Idee!" Herr Ronnebach saß da wie vom Donner gerührt[9]. „ [...] also, wie schon gesagt, ein Heim wäre für mich ja nie in Betracht gekommen[10]. Und ...", er sah von einem zum anderen, „ja, nun, warum eigentlich nicht?" [...]

[1] nicht alltäglich – [2] plötzlich – [3] einen Vorschlag machen – [4] hier: es nicht in Ordnung halten / es nicht bezahlen – [5] etwas ist zu viel/schwer für jemanden – [6] sich mögen / sich gut verstehen – [7] aber – [8] hier: die Möglichkeit gibt es auch später noch – [9] sehr überrascht – [10] hier: das wollte ich nie

– 153 –

3.39

b) Hören Sie zu und markieren Sie die Pausen im Romanauszug.

c) Lesen Sie den Romanauszug laut. Trainieren Sie Pausen und flüssiges Lesen.

13 Doppelkonjunktionen

a) Verbinden Sie die Sätze.

weder ... – noch ...

1. Er arbeitet ... an seiner Karriere. (hart/zielstrebig)
2. Die Kinder sind bei dieser Zahnärztin ... (ängstlich/laut)
3. Das Buch war ... (spannend/lustig)

1. Er arbeitet weder hart noch zielstrebig an ...

nicht nur ..., sondern auch ...

1. Sie hat das Projekt ... beendet. (schnell/zuverlässig)
2. Er nimmt ... Unterricht. (in Isländisch / in Chinesisch)
3. Sie ist ... Schauspielerin. (eine erfolgreiche / eine sehr sympathische)

b) Beschreiben Sie sich selbst.

1. Ich bin weder besonders ... noch ...
2. Ich kann nicht nur ..., sondern auch ...
3. Ich lerne nicht nur ..., sondern auch ...
4. Ich mag nicht nur..., sondern auch ...
5. Ich spreche weder ... noch ...
6. Ich spiele weder ... noch ...

1. Ich bin weder besonders groß noch klein.

Zertifikatstraining

Hören Teil 2

3.40

Sie hören nun einen Text. Sie hören den Text einmal. Dazu lösen Sie fünf Aufgaben. Wählen Sie bei jeder Aufgabe die richtige Lösung: a, b oder c. Lesen Sie jetzt die Aufgaben 1 bis 5. Dazu haben Sie 60 Sekunden Zeit.

Sie nehmen am Informationstag im Interkulturellen Seniorenzentrum Fischerstraße in Frankfurt am Main teil. Zu Beginn der Veranstaltung gibt es eine kleine Einführung.

1 Zum Informationstag ...
- a sind leider nur wenige Interessierte gekommen.
- b werden die Besucherinnen und Besucher von einer Bewohnerin begrüßt.
- c sind viele Leute gekommen.

2 Wo findet das Fest statt?
- a In den Gemeinschaftsräumen.
- b Im Garten.
- c In der Cafeteria.

3 Das Interkulturelle Seniorenzentrum Fischerstraße ...
- a ist 2013 umgezogen.
- b hat aktuell 36 Bewohnerinnen und Bewohner.
- c wurde vor zehn Jahren eröffnet.

4 Viele der Pflegekräfte ...
- a sprechen nicht so gut Deutsch.
- b sprechen zwei oder mehr Sprachen.
- c berichten von sprachlichen Schwierigkeiten.

5 Das Essen im Seniorenzentrum ...
- a kochen die Bewohner und Bewohnerinnen immer selbst.
- b ist ohne Schweinefleisch.
- c beachtet die Gewohnheiten der Bewohnerinnen und Bewohner.

33 Migration

1 Migrationsgeschichten: Ich lebe in …

3.41

a) Hören Sie den Radiobeitrag. Welche Aussagen sind richtig? Kreuzen Sie an.

Hatice Akyün, Journalistin und Schriftstellerin türkischer Herkunft

1. ☐ Sie lebt in Deutschland, weil ihre Eltern Gastarbeiter in Berlin waren.
2. ☐ Ihre Eltern sprechen wenig Deutsch, sie haben keinen Deutschkurs gemacht.
3. ☐ Sie spricht nicht so gut Türkisch. Deshalb schreibt sie auf Deutsch.

Franka Potente, Schauspielerin und Schriftstellerin deutscher Herkunft

4. ☐ Sie war viele Male in den USA – zum Studium, beruflich und auch privat.
5. ☐ Potente lebt jetzt wegen der guten Angebote in Film und Fernsehen in den USA.
6. ☐ Sie spricht fließend Englisch und spielt auch in amerikanischen Serien und Filmen.

b) Sind Hatice Akyün und Franka Potente Migrantinnen? Lesen Sie noch einmal die Definition auf Seite 212. Begründen Sie dann Ihre Meinung schriftlich.

2 Was bedeutet …?

a) Lesen Sie den Online-Artikel. Ordnen Sie die Begriffe einer Definition zu.

www.junior-magazin.net/

Home
FAQ
Kontakt
Impressum

Rubrik: Junior-Magazin erklärt …

Einwanderungsland Deutschland

Du hast bestimmt schon oft Wörter wie **Spätaussiedler** (1), **Gastarbeiter** (2) und **Asylbewerber** (3) gehört. Doch weißt du auch, welche Personengruppen das sind? Dein Junior-Team erklärt dir, wer das ist.

◯ Das sind Personen, die ihre Heimat verlassen, weil sie dort wegen ihrer politischen Meinung, ihrer Religion, Rasse oder aus anderen Gründen verfolgt werden. Sie können im Einwanderungsland Asyl beantragen. Wenn das Einwanderungsland den Antrag genehmigt, darf die Person bleiben. Lehnt das Land den Asylantrag ab, bekommt die Person kein Asyl und darf nicht im Land bleiben.

◯ So nannte man die Einwanderer, die ab 1955 vor allem aus Italien, Spanien, Portugal und der Türkei in die Bundesrepublik kamen, um hier für einige Jahre zu arbeiten. Man brauchte diese zusätzlichen Arbeitskräfte, weil es in Deutschland zu wenige Arbeitskräfte gab. Bis 1973 kamen 14 Millionen Arbeiter nach Deutschland. Die Mehrzahl von ihnen ging zurück, circa drei Millionen blieben.

◯ Es handelt sich um Angehörige von deutschen Minderheiten, die seit Generationen vor allem in Ostmitteleuropa, Ost- und Südosteuropa gelebt haben und die nach dem 1. Januar 1993 in die Bundesrepublik Deutschland gekommen sind.

b) Lesen Sie noch einmal und beantworten Sie die Fragen.

1. Wann kann eine Person Asyl beantragen?
2. Woher kommen die meisten Spätaussiedler, die heute in Deutschland leben?
3. Warum kamen in den 1950er Jahren viele Migranten nach Deutschland?

3 Textinhalte wiedergeben. Lesen Sie die Notizen und vergleichen Sie mit den Magazin-Beiträgen auf Seite 213. Markieren Sie vier weitere Fehler und korrigieren Sie sie.

- Anfang 19. Jahrhundert: Auswanderung aus Deutschland, Grund: Nationalsozialisten
- „Übersee" – Ziele (1914): USA, Brasilien, Kanada, Skandinavien, Australien
- Industrialisierung (Ende des 20. Jahrhunderts): zu wenig Arbeitskräfte in Deutschland, viele Polen kommen ins Ruhrgebiet (z. B. Arbeit im Autobau)
- Wirtschaftwunder (1950er Jahre): Deutsche wandern in die Türkei aus
- Heute: jährlich wandern 100.000 Deutsche aus; beliebte Ziele: Schweiz, USA, Russland

4 Rosa Amato ist krank

a) Bilden Sie Sätze mit *lassen*. Lesen Sie sie laut und schnell.

1. Rosa geht nicht einkaufen. (Gigi)
2. Sie kocht nie. (eine Freundin)
3. Rosa räumt nicht mehr auf. (Haushaltshilfe)
4. Sie holt keine Pakete und Briefe von der Post. (Gigi)
5. Rosa geht nicht zum Arzt. Er kommt. (Doktor Monti)
6. Sie bezahlt keine Rechnungen. (Gigi und Ada)

1. Rosa lässt Gigi einkaufen.

b) Rosa geht es besser. Ordnen Sie die Ausdrücke den Bildern zu.

☐ allein spazieren gehen – ☐ schwere Einkäufe nach Hause tragen – ☐ Kaffee trinken – ☐ für die Familie kochen – ☐ zu einer Feier fahren – ☐ das Bad putzen

c) Was lässt der Arzt Rosa machen (✔), was noch nicht (✘)? Schreiben Sie Sätze mit Hilfe der Angaben in b).

Rosas Arzt lässt Rosa jetzt wieder allein spazieren gehen.
Aber Doktor Monti lässt sie noch nicht ...

5 Das lasse ich niemanden machen. Das mache ich allein!

a) Wobei lassen Sie sich nicht helfen? Kreuzen Sie an und schreiben Sie Sätze.

1. ☐ Geschenke einpacken
2. ☐ die Wohnung putzen
3. ☐ Geburtstag organisieren
4. ☐ Kleidung kaufen
5. ☐ meine Wohnung renovieren
6. ☐ meine Wäsche waschen

1. Ich lasse Geschenke nicht einpacken. Das mache ich immer allein.

b) Was lassen Sie andere Personen machen? Schreiben Sie mindestens fünf Sätze.

Ich lasse meine Fenster putzen.

6 Gastarbeiter, die Generation meiner Eltern ...

a) Lesen Sie noch einmal den Artikel auf Seite 216. Wer sagt was? Fatih Akın (A) und/oder Ursula Betge (B)? Notieren Sie.

1. ☐☐ Solino ist ein gefühlvoller Film.
2. ☐☐ Das war das perfekte Drehbuch. Es passt zu mir und meiner Familie.
3. ☐☐ Der Film zeigt das Schicksal einer ganzen Generation.
4. ☐☐ Man sieht nicht nur die Probleme des Ankommens, auch des Heimkehrens.
5. ☐☐ Der Film zeigt, dass der Regisseur den Alltag italienischer Einwanderer kennt und versteht.
6. ☐☐ Die Geschichten von italienischen und türkischen Einwandererfamilien ähneln sich oft.

b) Suchen Sie im Artikel auf Seite 216 das passende Wort. Ergänzen Sie die Sätze.

1. ... ist eine Person, die beruflich Filme macht.
2. ... ist eine Region Deutschlands, in der seit dem 19. Jahrhundert Kohle abgebaut wird.
3. ... ist der Text für einen Film, der von einem Drehbuchautor verfasst wird.
4. Gigi und Giancarlo sind Kinder von Gastarbeitern, sie sind Migranten der zweiten ...
5. Für manche ist ... der Geburtsort, für andere ein Ort, an dem sie lange leben.
6. ... bezeichnet Ereignisse im Leben, die durch Zufall, Glück oder etwas Höheres passieren.
7. Das Gegenteil von *weggehen* ist ...

7 Stimmen zum Film

3.42

a) Hören Sie die Reaktion von zwei Kinobesuchern. Welche Punkte sprechen die beiden an? Kreuzen Sie an.

1. ☐ der Gastarbeiter
2. ☐ das Kino
3. ☐ die Zielgruppe
4. ☐ der Regisseur
5. ☐ die italienische Kultur

b) Hören Sie noch einmal. Welche Aussagen sind richtig? Kreuzen Sie an.

1. ☐ Die Interviewerin wundert sich, warum man sich einen alten Film im Kino anschaut.
2. ☐ Der Besucher erklärt, dass es leider nur alte Filme in diesem Kino gibt.
3. ☐ Wegen der hohen Preise gehen die beiden selten ins Kino.
4. ☐ Die Interviewerin findet, dass Fatih Akın ein guter Regisseur ist.
5. ☐ Die Besucher finden, dass der Film zu lang ist.
6. ☐ Beide Kinobesucher sind sehr zufrieden mit dem Kinoabend.

c) Hören Sie noch einmal. Korrigieren Sie die falschen Aussagen aus b).

2. Der Besucher findet es ...

8 Eine große Familie

a) Schreiben Sie Relativsätze im Genitiv und markieren Sie wie im Beispiel.

1. Mark arbeitet als Personalberater in Holland. Sein Neffe Ben ist ein Jahr in den USA.
2. Claudia ist mit Hamza verheiratet. Ihr Bruder Timo lebt in Australien.
3. Kim kommt aus Malaysia. Ihr Onkel Mark lebt in Holland.
4. Hamza ist Informatiker. Seine Tochter Monika studiert in England.
5. Gerd und Linda leben in Berlin. Ihre Kinder sind alle ins Ausland gegangen.
6. Ben möchte einmal in Deutschland studieren. Seine Großeltern wohnen in Berlin.

> *1. Mark, dessen Neffe Ben ein Jahr in den USA ist, arbeitet als Personalberater in Holland.*

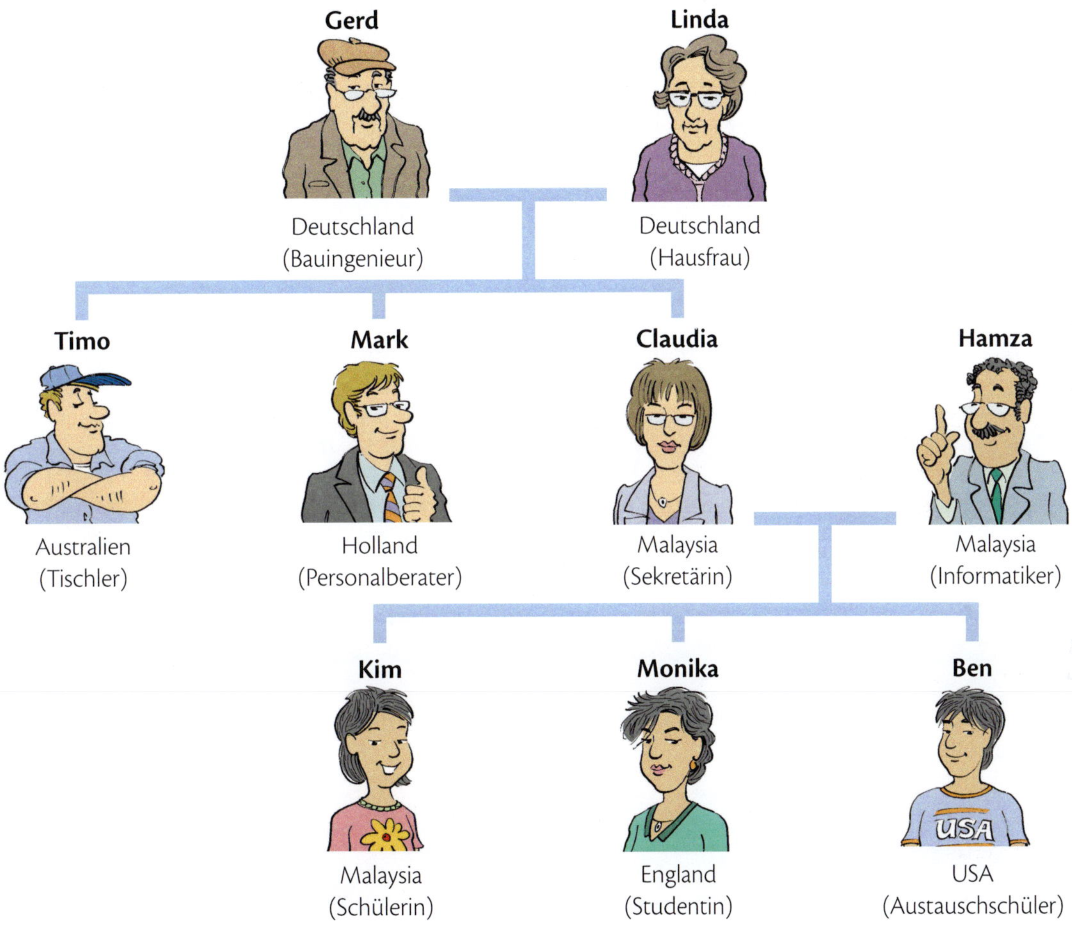

b) Schreiben Sie mindestens fünf weitere Sätze zu den Personen aus a).

9 Wussten Sie, dass …? **Verbinden Sie die Sätze wie im Beispiel.**

1. Der Film „Solino" handelt von Wünschen und Träumen. Die zentralen Personen sind die Gastarbeiter der ersten und zweiten Generation.
2. Fatih Akın ist in Hamburg geboren. Seine Eltern stammen aus der Türkei.
3. Rosa kehrt nach Solino zurück. Ihre Ehe mit Romano ist zerbrochen.
4. Gigi kann nicht zur Preisverleihung fahren. Sein Film wird bei den Ruhrfestspielen gezeigt.

> *1. Der Film „Solino", dessen zentrale …*

10 Dinge, die aus- oder einwandern

a) Lesen Sie den Magazin-Beitrag. Was kennen Sie (nicht)? Was haben Sie selber, bzw. was interessiert Sie? Schreiben Sie zu jedem Absatz mindestens zwei Sätze.

Deutsche Autos kenne ich natürlich. Wer kennt nicht BMW, Audi oder VW? Aber ich habe kein Auto und ich interessiere mich auch nicht für Autos.

Unwichtiges Wissen

Heute: Dinge, die ein- oder auswandern

für Fans des unwichtigen Wissens von Wissen-Redakteur Rafael Lisker

Exportschlager Auto. Im Jahr 1886 hatten Karl Benz und Gottlieb Daimler die Idee, ein Fahrzeug zu bauen. Heute werden jährlich Fahrzeuge und Teile im Wert von circa 190 Milliarden Euro von Deutschland ins Ausland verkauft. Autos sind das wichtigste Exportgut Deutschlands.

Kommt **Bier** aus dem deutschsprachigen Raum? Nein! Ob Sie es glauben oder nicht – Bier wurde schon im alten Ägypten hergestellt. Fast fertig gebackenes Brot wurde mit Wasser vermischt und vergoren. So bekam man eine Art Bier. Auch die Römer kannten schon Bier.

Den ersten **Weihnachtsbaum** gab es in Südwestdeutschland schon im Jahre 1419. Dieser Baum wurde mit Süßigkeiten und Plätzchen geschmückt und aufgestellt. Diese Tradition verbreitete sich nicht nur in Deutschland, sondern in vielen Teilen der Welt. Auswanderer brachten die Tradition nach Amerika. Wen es interessiert: 1889 wurde der erste Weihnachtsbaum im Weißen Haus aufgestellt.

1920 wurde in Deutschland eine Süßigkeit erfunden, die heute weltweit beliebt ist: die **Gummibärchen**. Hans Riegel, in Bonn geboren, eröffnete eine Firma mit dem Namen Haribo. Das ist ein Akronym seines Namens: HAns RIegel aus BOnn. Heute werden jeden Tag 100 Millionen Haribo-Bären produziert und weltweit verkauft.

b) Lesen Sie den Magazin-Beitrag noch einmal und sammeln Sie Informationen in einer Tabelle.

Produkt	*seit …*	*ein- oder ausgewandert*	*Interessantes*
....	....	....	....

11 Passiv und Passiversatzform *man*

a) Finden Sie die Sätze mit Passivformen in 10 a) und schreiben Sie sie auf.

1. Heute werden jährlich Fahrzeuge und Teile im Wert von circa 190 Milliarden Euro von Deutschland ins Ausland verkauft. (Präsens Passiv)

b) Formulieren Sie die Sätze aus a) mit der Passiversatzform *man*.

1. Man verkauft heute jährlich Fahrzeuge und Teile …

Zertifikatstraining

Sprechen Teil 2 – Ein Thema präsentieren

Für die Vorbereitung (Notizen) haben Sie zehn Minuten Zeit. Sprechen Sie dann zwei bis drei Minuten frei zu den Folien 1 bis 5.

Sie sollen ein aktuelles Thema präsentieren. Dazu finden Sie hier fünf Folien. Folgen Sie den Anweisungen links und schreiben Sie Ihre Notizen rechts daneben.

Stellen Sie Ihr Thema vor. Erklären Sie den Inhalt und die Struktur Ihrer Präsentation.

„Neue Heimat – neues Glück?"

Migration im 21. Jahrhundert

1

....
....
....

Berichten Sie von Ihrer Situation oder einem Erlebnis im Zusammenhang mit diesem Thema.

Migration im 21. Jahrhundert

Meine persönlichen Erfahrungen

2

....
....
....

Berichten Sie von der Situation in Ihrem Heimatland und geben Sie Beispiele.

Migration im 21. Jahrhundert

Ein- und Auswanderung in meinem Heimatland

3

....
....
....

Nennen Sie die Vor- und Nachteile und sagen Sie dazu Ihre Meinung. Geben Sie auch Beispiele.

Migration im 21. Jahrhundert

Vor-/Nachteile und meine Meinung

4

....
....
....

Beenden Sie Ihre Präsentation und bedanken Sie sich bei den Zuhörern.

Migration im 21. Jahrhundert

Abschluss und Dank

5

....
....
....

Sprechen Teil 3 – Über ein Thema sprechen

Nach Ihrer Präsentation:
Reagieren Sie auf die Rückmeldung und auf Fragen Ihrer Zuhörerinnen und Zuhörer.

Nach der Präsentation Ihrer Lernpartnerinnen und Lernpartner:
- **a) Geben Sie eine Rückmeldung zur Präsentation (z. B. wie Ihnen die Präsentation gefallen hat, was für Sie neu oder besonders interessant war).**
- **b) Stellen Sie auch eine Frage zur Präsentation.**

34 Europa

1 Hauptstädte der EU-Länder

a) Notieren Sie zu jeder Hauptstadt das Land.

1
Budapest

3
Wien

5
Riga

7
Sofia

2
Lissabon

4
Stockholm

6
Rom

8
Zagreb

b) Welche Sprachen spricht man in den Städten in a)? Recherchieren Sie.

1. Budapest – Ungarn, Ungarisch
2. Lissabon – …

2 Chancen und Herausforderungen

a) Lesen Sie noch einmal die Magazin-Beiträge auf Seite 219. Kreuzen Sie die richtigen Aussagen an und korrigieren Sie die falschen.

1. ☐ Christina Reiter studiert mit einem Stipendium in Brüssel.
2. ☐ Milan Jaska spricht vier Sprachen.
3. ☐ Baiba Graudinga denkt beim Thema Europa an EU-Institutionen und den Euro.
4. ☐ Milan Jaska arbeitet als Übersetzer für die EU in Brüssel.
5. ☐ Christina Reiter ist von der europäischen Idee begeistert.
6. ☐ Baiba Graudinga war Au-Pair-Mädchen in München, jetzt studiert sie.
7. ☐ Milan Jaska denkt beim Thema Europa unter anderem an Bildungspolitik.
8. ☐ Christina Reiter findet, dass sich Europa erst noch zu einem Kontinent des Friedens und der Versöhnung entwickeln muss.
9. ☐ Baiba Graudinga sieht in der EU Vorteile für ihr Leben.

b) Und Sie? Beantworten Sie die Fragen.

1. In welchen EU-Ländern waren Sie schon einmal?
2. Welche Länder in Europa würden Sie gerne einmal besuchen?
3. Haben Sie schon einmal ein Stipendium beantragt bzw. bekommen?
4. Würden Sie gerne als Au-Pair arbeiten? Warum (nicht)?
5. Die EU als Arbeitgeber – ist das für Sie ein Thema? Warum (nicht)?
6. Welche Vorteile hat es Ihrer Meinung nach, im Ausland zu studieren/arbeiten?

3 EU-Institutionen. Beantworten Sie die Fragen mit Hilfe der Informationen auf Seite 220.

1. Hat das Europäische Parlament mehr Macht als die nationalen Parlamente?
2. Müssen Europäer/innen zur Europawahl gehen? Gibt es eine Wahlpflicht?
3. Welche Institution besteht aus den Staats- und Regierungschefs/-innen der Mitgliedstaaten?
4. Welche Institution wird von 24.000 Beamten und Beamtinnen unterstützt?
5. Wer ist in der EU für die Verwaltung des Haushalts zuständig?

1. Das Europäische Parlament hat ...

4 Wofür sind ...? Beantworten Sie die Fragen mit Hilfe der Angaben im Kasten.

Aus- und Fortbildung – Forschung und Lehre – Erziehung der Kinder – Lösung von Konflikten – Rechtsfragen – ein glückliches Leben – Probleme von Kindern

1. Wofür sind Eltern verantwortlich?
2. Wofür sind Universitäten zuständig?
3. Wofür sind Schulsozialarbeiter zuständig?
4. Wofür sind Lehrkräfte zuständig?
5. Wofür sind Freunde nötig?
6. Wofür sind Gerichte zuständig?

1. Eltern sind für die Erziehung ihrer Kinder ...

5 Textkaraoke

3.43

a) Hören Sie und sprechen Sie die [Mund]-Rolle im Dialog.

[Ohr] ...
[Mund] Hallo Miray, schön dich zu sehen. Ja, ich habe mich an der Universität in Heidelberg um ein Stipendium beworben. Und ich habe es auch bekommen.
[Ohr] ...
[Mund] Nein, nein. Ich interessiere mich für Geschichte.
[Ohr] ...
[Mund] Nein, aber ein Freund hat mir schon viel über die Stadt erzählt.
[Ohr] ...
[Mund] Ja klar, ich muss mich noch über so viele Dinge informieren.
[Ohr] ...
[Mund] Ich freue mich auf mein erstes Seminar, über das Organisatorische ärgere ich mich aber jetzt schon. Es nervt, in Ämtern zu sitzen oder ewig nach einer Wohnung zu suchen.
[Ohr] ...

b) Markieren Sie die Verben mit Präpositionen in a).

c) Beantworten Sie die Fragen zum Dialog aus a).

1. Woran denkt Miray als sie „Universität Heidelberg" hört?
2. Warum gratuliert Miray Hannah?
3. War eine der beiden schon einmal in Heidelberg?
4. Freut sich Hannah auf den Umzug?
5. Hat Hannah schon eine Wohnung in Heidelberg?

1. Miray denkt an ein Medizinstudium.

6 Fragewörter. **Schreiben Sie Fragen und Antworten wie im Beispiel.**

1. sich ärgern ... – das langweilige Seminar
2. träumen ... – ein Urlaub in den Alpen
3. sich freuen ... – das Praktikum in Brüssel
4. sich interessieren ... – Arbeit als Übersetzer
5. denken ... – seine Freundin Lenka

1. Worüber ärgert sich Anton? – Er ärgert sich über das langweilige Seminar.

7 Flüssig sprechen. **Hören Sie und sprechen Sie nach.**

3.44

1. sich interessieren – sich für Politik interessieren – sich nicht so sehr für Politik interessieren
2. sich ärgern – sich über den Anruf ärgern – sich sehr über den Anruf der Chefin ärgern
3. sich freuen – sich auf das Konzert freuen – sich den ganzen Tag auf das Konzert freuen
4. sich informieren – sich über eine Stelle informieren – sich im Arbeitsamt über eine Stelle informieren

8 Ich träume ...

a) **Ergänzen Sie die Präposition.**

1. Ich interessiere mich .... viele Dinge, besonders ....
2. Nach meiner Ausbildung / meinem Studium bewerbe ich mich ....
3. Ich träume .... einem Urlaub ....
4. Ich ärgere mich .... meine Freundin / meinen Freund, wenn ....
5. Ich denke beim Thema Europa ....

b) **Beenden Sie die Sätze mit Ihren Ideen.**

9 Politische Forderungen

3.45

a) **Hören Sie die Forderungen des Schülers Justus Bundi und notieren Sie die Reihenfolge der Themen.**

☐ Kunst ☐ Finanzkrise ☐ Bildung ☐ Frieden ☐ *1* Arbeitslosigkeit

b) **Hören Sie noch einmal. Was sagt Justus Bundi? Kreuzen Sie die richtigen Aussagen an und korrigieren Sie die falschen.**

1. ☐ Politiker und Politikerinnen reden viel, tun aber nicht genug.
2. ☐ Die Arbeitslosenquote in Europa muss gesenkt werden.
3. ☐ Die Banken müssen stärker mit den Regierungen zusammenarbeiten.
4. ☐ Das Gefühl zusammenzugehören ist wichtig.
5. ☐ Frieden und Stabilität in der Welt sind am wichtigsten.
6. ☐ Wir sollten weniger Geld in Kunst investieren und dafür mehr in Bildung.
7. ☐ Wenn kein Geld da ist, sollte man zuerst bei kulturellen Einrichtungen sparen.

c) **Schreiben Sie zu jedem Thema aus a) eigene Forderungen an die Politik.**

1. Ich finde, dass Politiker und Politikerinnen zu viel reden und zu wenig tun. Sie sollten ...

10 Endlich Urlaub!

a) Formulieren Sie die Sätze wie im Beispiel um.

1. Ich muss kein Geld wechseln.
2. Wir müssen nicht so früh aufstehen.
3. Es ist nicht notwendig, ein Visum zu beantragen.
4. Wir müssen uns nicht um unsere Tiere kümmern.
5. Ich muss nicht kochen und backen.
6. Mein Mann muss nicht einkaufen.

1. Ich brauche kein Geld zu wechseln.

b) Ich brauche nicht mehr zu lernen. Lesen Sie Lydia Peters Aussagen und schreiben Sie sie um.

In genau 24 Stunden: Ich muss nicht mehr lernen, ich muss nicht so früh zu Bett gehen. Ich muss keinen Wecker stellen und ich muss auch nicht mehr in der Bibliothek sitzen. Ich muss auch nicht mehr den ganzen Tag vor dem Computer sitzen oder so viele Fremdwörter auswendig lernen. Ich muss nicht mehr fünf Tassen Kaffee am Tag trinken und ich muss auch nicht mehr meinen Freunden absagen oder Termine verschieben. Endlich fertig mit den Prüfungen!

c) Und Sie? Was brauchen Sie nicht (mehr) zu tun? Schreiben Sie fünf Sätze.

Ich brauche nicht mehr zur Schule zu gehen.
Ich brauche nicht ...

11 Touristikziel Europa

a) Markieren Sie die Verben im Blog auf Seite 223.

liegen – versorgen – belegen – schaffen – anziehen – überqueren

b) Ergänzen Sie die passenden Verben.

1. Nur das Kolosseum in Rom hat es auf die Liste der sieben neuen Weltwunder ....
2. Europa .... jährlich fast 477 Millionen Besucher aus aller Welt ....
3. Platz 1 auf der Liste der beliebtesten europäischen Reiseziele .... Frankreich.
4. Mit der Energie, die der Eiffelturm verbraucht, könnte man 100 Haushalte ....
5. In Amsterdam .... 1539 Brücken die zahlreichen Kanäle.
6. Dass Europa für Touristen so attraktiv ist, ... an seiner Vielfalt.

12 *Trotzdem*

a) **Welche Aussagen sind richtig? Vergleichen Sie mit dem Blog auf Seite 223. Kreuzen Sie die richtigen Aussagen an und korrigieren Sie die falschen.**

1. ☐ Europa hat viele Attraktionen. Nur der Pariser Eiffelturm zählt als „Neues Weltwunder".
2. ☐ Europa hat keine Megastädte. Viele Touristen zieht es auf den Kontinent.
3. ☐ Frankreich ist sehr schön. Die USA sind seit Jahren das beliebteste Reiseziel.
4. ☐ Europa hat eine reiche und alte Kultur. Touristen reisen lieber nach Asien.
5. ☐ Sie sind 10.000 km Fahrradwege in Holland gefahren. Sie haben nicht alle befahren.
6. ☐ Venedig ist berühmt für seine Kanäle. Birmingham hat mehr Kanalkilometer.

b) **Schreiben Sie die (korrigierten) Sätze mit *trotzdem* in Ihr Heft.**

13 Wiederholung: *obwohl*. **Formulieren Sie die Aussagen aus 12 mit *obwohl*.**

1. Obwohl Europa viele Attraktionen hat, zählt nur das Kolosseum ...

14 Bus oder Bahn? Alternativen mit *entweder ... oder ...*

3.46

a) **Hören Sie den Dialog im Reisebüro. Wofür entscheidet sich Familie Reindörfer? Kreuzen Sie an.**

1. Anreise:	☐ Bus	☐ Bahn
2. Flug:	☐ mit Stopp	☐ ohne Stopp
3. Unterkunft:	☐ im Hotel	☐ im Ferienhaus
4. Essen:	☐ pauschal	☐ selbst
5. Ausflüge:	☐ ja	☐ nein
6. Abreise:	☐ früh	☐ nachmittags

b) **Schreiben Sie Sätze wie im Beispiel.**

1. selbst kochen / ins Restaurant gehen
2. sich eine Ausstellung ansehen / ins Theater gehen
3. eine Schifffahrt machen / mit einem Tauchkurs beginnen
4. sehr früh aufstehen und den Ausflug mitmachen / ausschlafen und spät frühstücken
5. einen Reiseführer engagieren / allein durch die Stadt spazieren
6. in einer Woche abreisen / noch eine weitere Woche Urlaub machen

1. Wir können entweder selbst kochen oder ins Restaurant gehen.

c) **Und Sie? Beantworten Sie die Fragen wie im Beispiel.**

1. Sie haben eine Woche Urlaub. Was machen Sie?
2. Sie haben eine Hose online bestellt, aber sie ist zu lang. Was können Sie tun?
3. Ihre beste Freundin / Ihr bester Freund heiratet. Was schenken Sie ihr/ihm?
4. Eine Freundin / Ein Freund sucht eine Wohnung. Was kann sie/er tun?
5. Ihre Schwester / Ihr Bruder möchte in Europa studieren. Was empfehlen Sie ihr/ihm?
6. Ihre Eltern haben Lust auf eine Städtereise. Wohin können Sie fahren?

1. Entweder besuche ich meine Familie oder ich fahre ans Meer.

Zertifikatstraining

Schreiben Aufgabe 1 Arbeitszeit: 20 Minuten

Sie haben am Wochenende einen Film im Kino gesehen. Eigentlich wollte Sonja, eine Freundin von Ihnen, mit ins Kino gehen, aber sie musste kurzfristig absagen. Schreiben Sie eine E-Mail an Sonja.

- Beschreiben Sie: Worum ging es in dem Film?
- Begründen Sie: Wie hat Ihnen der Film gefallen?
- Machen Sie einen Vorschlag für eine neue Verabredung.

Schreiben Sie eine E-Mail (ca. 80 Wörter).
Schreiben Sie etwas zu allen drei Punkten.
Achten Sie auf den Textaufbau (Anrede, Einleitung, Reihenfolge der Inhaltspunkte, Schluss).

Schreiben Aufgabe 2 Arbeitszeit: 25 Minuten

Im Fernsehen haben Sie eine Sendung zum Thema „Europa – Chancen und Herausforderungen“ gesehen. Im Online-Gästebuch der Sendung lesen Sie folgende Meinung dazu:

www.medienaktuell.net

Gästebuch ● > 30.05.15 19.20 Uhr

Beitrag von Karim Mein Heimatland ist nicht in der EU, aber ich glaube, dass die EU eine gute Sache ist. Wenn die europäischen Länder zusammen arbeiten, können sie mehr erreichen als jedes Land für sich allein. Außerdem ist die EU gut für die Stabilität in Europa. Aber die EU muss sich auch um politische Themen kümmern, die außerhalb der EU-Grenzen liegen. Die ganze Welt braucht Frieden und Wohlstand.

Was denken Sie über die EU? Schreiben Sie nun Ihre Meinung (ca. 80 Wörter).

Schreiben Aufgabe 3 Arbeitszeit: 15 Minuten

In der Sprachschule beginnt bald eine Projektwoche zum Thema „Die Europäische Union“. Sie sollen Informationsmaterial besorgen. Sie schreiben an Herrn Schuster vom Informationsbüro „Europa für alle“.

Erklären Sie kurz, wofür Sie das Informationsmaterial benötigen und bitten Sie höflich um Zusendung von Informationsmaterial.

Schreiben Sie eine E-Mail (ca. 40 Wörter).
Vergessen Sie nicht die Anrede und den Gruß am Schluss.

Grammatik auf einen Blick

Einheiten 1–6

Sätze

1 W-Fragen

2 Satzfragen

3 Aussagesatz

4 Der Satzrahmen

5 Zeitangaben im Satz

6 Adjektive im Satz nach Nomen

7 *es* im Satz

8 Wörter verbinden Sätze
  1 Pronomen
  2 Artikel
  3 *dort* und *da*
  4 *das*

Wörter

9 Nomen mit Artikel
  1 Bestimmter Artikel: *der, das, die*
  2 Unbestimmter Artikel: *ein, eine*
  3 Verneinung: *kein, keine*
  4 Bestimmter, unbestimmter Artikel und Verneinung im Akkusativ
  5 Possessivartikel im Nominativ

10 Nomen im Plural

11 Wortbildung: Komposita

12 Präpositionen: *am, um, bis, von ... bis* + Zeit

13 Präpositionen: *in, neben, unter, auf, vor, hinter, an, zwischen, bei* + Ort (Dativ)

14 Präposition: *mit* + Dativ

15 Fragewörter

16 Verben
  1 Verben: Stamm und Endungen
  2 Hilfsverben *sein* und *haben*

17 Verben: Verneinung mit *nicht*

Einheiten 7–12

Sätze

18 Zeitangaben im Satz

19 Angaben im Satz: *wie oft? – jeden Tag, manchmal, nie*

20 Der Satzrahmen
  1 Das Perfekt im Satz
  2 Modalverben im Satz: *wollen, müssen, dürfen, können*

21 *es* im Satz

22 Wörter verbinden Sätze: *zuerst, dann, danach, und*

Wörter

23 Artikelwörter im Akkusativ: Possessivartikel und *(k)ein-*

24 Fragewort: *welch-*, Demonstrativum: *dies-*

25 Personalpronomen im Akkusativ

26 Wortbildung:
  1 Nomen + *-in*
  2 Nomen + *-ung*

27 Adjektive – Komparation: *viel, gut, gern*

28 Adjektive im Akkusativ: unbestimmter Artikel

29 Präpositionen: *in, durch, über* + Akkusativ

30 Präpositionen: *zu, an ... vorbei* + Dativ

31 Modalverben: *müssen, wollen, dürfen, können, möchten, mögen*

32 Imperativ

33 Perfekt: regelmäßige und unregelmäßige Verben
  1 Partizip der regelmäßigen Verben
  2 Partizip der unregelmäßigen Verben

Sätze

1 W-Fragen

E 3, 5

	Position 2			
Woher	kommen	Sie?	Aus Italien.	
Was	trinken	Sie?	Kaffee, bitte.	Woher kommen Sie?
Wie	heißt	du?	Claudio.	
Wie viel Uhr	ist	es?	Halb zwei.	
Wann	kommst	du?	Um drei.	
Wer	spricht	Russisch?	Ich.	

2 Satzfragen

E 3

Position 1			
Kommen	Sie	aus Italien?	
Trinken	Sie	Kaffee?	Kommen Sie aus Italien?
Warst	du	schon mal in München?	
Können	Sie	das bitte wiederholen?	

3 Aussagesatz

E 3

	Position 2	
Ich	spreche	Portugiesisch.
Hildesheim	liegt	südlich von Hannover.
Marion	ist	Deutschlehrerin.

4 Der Satzrahmen

E 5

		Position 2		Satzende
Aussagesatz	Ich	rufe	dich am Samstag	an.
	Ich	stehe	am Sonntag um elf	auf.
	Ich	gehe	um zehn	schlafen.
	Ich	kann	auf Deutsch	buchstabieren.
W-Frage	Wann	stehst	du am Sonntag	auf?
	Wann	gehst	du	schlafen?
	Was	möchten	Sie	trinken?
Satzfrage	Rufst	du	mich am Samstag	an?
	Können	Sie	das bitte	buchstabieren?

5 Zeitangaben im Satz

E 5

	Position 2	
Wir	gehen	am Sonntag ins Kino. Kommst du mit?
Am Sonntag	kommt	meine Mutter. Das geht nicht.
Gehen	wir	am Samstag ins Museum?
Ja, am Samstag	geht	es.

6 Adjektive im Satz nach Nomen

E 4

Meine Wohnung ist **klein**.

Ich finde meine Wohnung **schön**.

7 *es* im Satz

8 Wörter verbinden Sätze

E 2 **1 Pronomen**

Das ist Frau Schiller. **Sie** ist Deutschlehrerin.

2 Artikel

- Wo ist mein Deutschbuch? – **Das** ist dort drüben!
- Kennst du Frau Schiller? – Ja, **die** kenne ich, sie ist Deutschlehrerin.

E 3 **3 *dort* und *da***

dort = Ort

- Warst du schon mal in Meran? – **Dort** spricht man Italienisch und Deutsch.
- Gehen wir am Montag ins Kino? – Tut mir leid, **da** kann ich nicht. Zeit
- Warst du schon mal in Meran? – Nein, **da** war ich noch nicht. Ort

E 2, 5 **4 *das***

- Cola, Wasser, Cappuccino … **Das** macht 8,90 Euro.
- Das ist Sauerkraut. – **Das** verstehe ich nicht. Können Sie **das** wiederholen?
- Kommst du am Freitag? – Freitag? Ja, **das** geht.

Wörter

9 Nomen mit Artikel

E2 1 Bestimmter Artikel: *der, das, die*

der Computer
maskulin

das Haus
neutrum

die Tasche
feminin

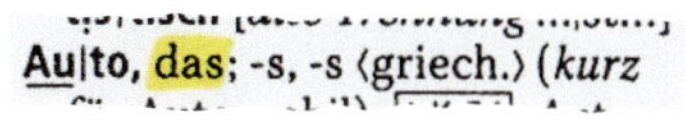

Au|to, das; -s, -s ⟨griech.⟩ (*kurz*

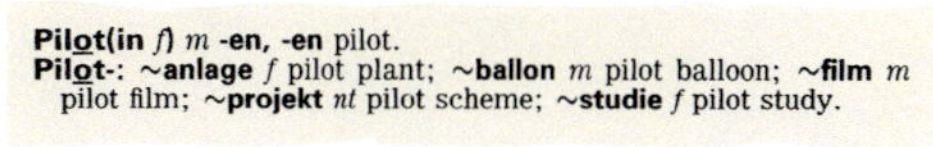

Pilot(in *f*) *m* **-en, -en** pilot.
Pilot-: **~anlage** *f* pilot plant; **~ballon** *m* pilot balloon; **~film** *m* pilot film; **~projekt** *nt* pilot scheme; **~studie** *f* pilot study.

E2 2 Unbestimmter Artikel: *ein, eine*

ein Computer
maskulin

ein Haus
neutrum

eine Tasche
feminin

E2 3 Verneinung: *kein, keine*

Das ist ein Computer.

Das ist kein Computer, das ist ein Monitor.

Singular						Plural	
der	Computer	das	Haus	die	Tasche	die	Computer, Häuser, Taschen
ein	Computer	ein	Haus	eine	Tasche	–	Computer, Häuser, Taschen
kein	Computer	kein	Haus	keine	Tasche	keine	Computer, Häuser, Taschen

E4 4 Bestimmter, unbestimmter Artikel und Verneinung im Akkusativ

	Nominativ		Akkusativ	
Das ist	der/(k)ein Flur. das/(k)ein Bad. die/(k)eine Toilette.	Ich finde	den Flur das Bad die Toilette	zu klein.
		Ich habe	(k)einen Flur. (k)ein Bad. (k)eine Toilette.	

5 Possessivartikel im Nominativ

Personalpronomen	Singular		Plural
	der Balkon / das Bad	die Wohnung	die Balkone/Bäder/Wohnungen
ich	mein		meine
du	dein		deine
er/es/sie	sein/sein/ihr		seine/seine/ihre
wir	unser		unsere
ihr	euer		eure
sie/Sie	ihr/Ihr		ihre/Ihre

10 Nomen im Plural

E2

–	-s	-n	-e
der Computer die Computer	das Foto die Fotos	die Tafel die Tafeln	der Kurs die Kurse
der Lehrer die Lehrer	das Handy die Handys	die Regel die Regeln	das Heft die Hefte
der Beamer die Beamer	der Kuli die Kulis	die Lampe die Lampen	der Tisch die Tische

-(n)en	-(ä/ö/ü)-e	-(ä/ö/ü)-er
die Zahl die Zahlen	die Stadt die Städte	das Haus die Häuser
die Lehrerin die Lehrerinnen	der Ton die Töne	das Wort die Wörter
die Tür die Türen	der Stuhl die Stühle	das Buch die Bücher

Regel Der bestimmte Artikel im Plural ist immer die.

Lerntipp
Nomen zusammen mit Pluralformen lernen:
die Tür – die Türen
das Buch – die Bücher

11 Wortbildung: Komposita

E2

	Bestimmungswort ↓	Grundwort ↓	
das Büro	der Büro	-stuhl	der Stuhl
der Flur	die Büro	-lampe	die Lampe
	die Flur	-lampe	

Regel Der Artikel von Komposita ist der Artikel des Grundwortes.
Das Grundwort steht am Ende.

12 Präpositionen: *am, um, bis, von … bis* + Zeit

E5

am	Am Montag gehe ich in den Kurs.	Zeitpunkt ↓	am + Tag
um	Der Kurs beginnt um neun Uhr.		um + Uhrzeit
von … bis bis	Der Kurs dauert von 19 bis 21 Uhr. von Montag bis Freitag. bis Sonntag.	Zeitraum ⟷	

13 Präpositionen: *in, neben, unter, auf, vor, hinter, an, zwischen, bei* + Ort (Dativ)

E6

Wo ist mein Autoschlüssel?
Der Autoschlüssel …

… hängt an der Wand.

… liegt auf der Kommode.

… liegt unter der Zeitung.

… liegt im Regal neben den Büchern.

		Singular		
		der Schreibtisch	das Regal	die Kommode
Der Schlüssel ist	in neben unter auf vor hinter	dem Schreibtisch	dem Regal	der Kommode.
Der Schlüssel hängt	an			der Wand.
		Plural		
Der Stuhl steht	zwischen bei	den Schreibtischen / den Regalen / den Kommoden.		

in dem = im
an dem = am
bei dem = beim

Regel der/das → dem   die → der   die (Plural) → den

14 Präposition: *mit* + Dativ

E 6

der Bus		mit dem Bus	
das Auto	Ich fahre	mit dem Auto	zur Arbeit.
die Straßenbahn		mit der Straßenbahn	

15 Fragewörter

E 1, 2, 3, 5

wo?	Wo warst du gestern?	In Hamburg.
	Aarau? Wo liegt denn das?	In der Schweiz.
woher?	Woher kommen Sie?	Aus Polen. / Aus der Türkei.
was?	Was heißt das auf Deutsch?	Radiergummi.
	Was möchten Sie trinken?	Kaffee, bitte.
wer?	Wer ist denn das?	Das ist John.
wie?	Wie heißt du?	Ich heiße Ana.
	Wie viel Uhr ist es?	Es ist halb neun.
wann?	Wann kommst du nach Hause?	Um vier.

16 Verben

E 1, E 2 1 Verben: Stamm und Endungen

	kommen	**wohnen**	**heißen**	**trinken**	**arbeiten**	**schreiben**	**suchen**
ich	komme	wohne	heiße	trinke	arbeite	schreibe	suche
du	kommst	wohnst	heißt	trinkst	arbeitest	schreibst	suchst
er/es/sie	kommt	wohnt	heißt	trinkt	arbeitet	schreibt	sucht
wir	kommen	wohnen	heißen	trinken	arbeiten	schreiben	suchen
ihr	kommt	wohnt	heißt	trinkt	arbeitet	schreibt	sucht
sie/Sie	kommen	wohnen	heißen	trinken	arbeiten	schreiben	suchen

E 3, E 5 2 Hilfsverben *sein* und *haben*

		Präsens	Präteritum	Präsens	Präteritum
Singular	ich	bin	war	habe	hatte
	du	bist	warst	hast	hattest
	er/es/sie	ist	war	hat	hatte
Plural	wir	sind	waren	haben	hatten
	ihr	seid	wart	habt	hattet
	sie/Sie	sind	waren	haben	hatten

17 Verben: Verneinung mit *nicht*

E 5

Ich	gehe	am Sonntag	nicht	ins Theater.
Ich	kann	heute	nicht.	
Am Freitag	kann	ich	nicht.	
Das	geht		nicht.	
Kommst		du	nicht	mit?

Sätze

18 Zeitangaben im Satz

E 7

	Position 2		
Wir	gehen	am Sonntag ins Kino. Kommst du mit?	
Am Sonntag	kommt	meine Mutter. Das geht nicht.	
Meine Mutter	kommt	am Sonntag. Das geht nicht.	
Wann	muss	ich zu Hause	sein?
Um 19 Uhr	musst	du zu Hause	sein.
Du	musst	um 19 Uhr zu Hause	sein.

19 Angaben im Satz: *wie oft? – jeden Tag, manchmal, nie*

E 11

Ich	kaufe	jeden Tag	Milch.
Jeden Tag	kaufe	ich	Milch.
Ich	kaufe	manchmal	Fisch.
Manchmal	kaufe	ich	Fisch.

Fleisch kaufe ich nie! Ich bin Vegetarier.

20 Der Satzrahmen

E 9 **1 Das Perfekt im Satz**

		Position 2		Satzende
Aussage	Wir	haben	eine Radtour	gemacht.
	Wir	sind	nach Österreich	gefahren.
	Im Sommer	haben	wir eine Radtour	gemacht.
	Wir	sind	drei Wochen	geblieben.
Frage	Habt	ihr	eine Radtour	gemacht?
	Seid	ihr	nach Österreich	gefahren?
	Wohin	seid	ihr	gefahren?
	Wie lange	seid	ihr	geblieben?

E 3, 7, 8, 11

2 Modalverben im Satz: *wollen, müssen, dürfen, können*

Aussage	Wir	wollen	eine Radtour	machen.
	Ich	darf	kein Fleisch	essen.
	Ich	muss	um acht zu Hause	sein.
	Ich	kann	am Samstag nicht	kommen.

Satzfrage	Wollt	ihr	eine Radtour	machen?
	Darfst	du	Fisch	essen?
	Müssen	Sie	schon	gehen?
	Können	Sie	eine E-Mail	schreiben?

W-Frage	Wohin	wollt	ihr	fahren?
	Was	darfst	du	essen?
	Wann	musst	du	gehen?
	Wann	kannst	du	kommen?

21 *es* im Satz

E 11

Es regnet. (Wetterwörter)
Es ist kalt.

- Gehen wir am Samstag aus? — Am Samstag geht es nicht.
- Wie geht's? (Wie geht es?) — Danke, es geht.
- Wir waren in den Ferien auf Mallorca. — Und wie war es?

22 Wörter verbinden Sätze: *zuerst, dann, danach, und*

E 8

Zuerst war sie im Büro. Dann hat sie Sport gemacht. Danach war sie mit Jan im Kino.
Und dann haben sie noch eine Pizza gegessen.

- Wo geht es zum Schlosspark?
- Zuerst gehen Sie geradeaus bis zur Ampel. Dann die erste Straße links, danach sehen Sie schon das Schloss. Und hinter dem Schloss ist der Park.

Wörter

23 Artikelwörter im Akkusativ: Possessivartikel und *(k)ein-*

E 7

Nominativ			der		das		die
ich		mein		mein		meine	
du		dein		dein		deine	
er/es		sein		sein		seine	
sie	Das ist	ihr	Computer	ihr	Auto	ihre	Uhr.
wir		unser		unser		unsere	
ihr		euer		euer		eure	
sie/Sie		ihr/Ihr		ihr/Ihr		ihre/Ihre	
	Das ist	(k)ein	Computer	(k)ein	Auto	(k)eine	Uhr.

Akkusativ			den		das		die
ich		meinen		mein		meine	
du		deinen		dein		deine	
er/es		seinen		sein		seine	
sie	Ich suche	ihren	Computer	ihr	Auto	ihre	Uhr.
wir		unseren		unser		unsere	
ihr		euren		euer		eure	
sie/Sie		ihren/Ihren		ihr/Ihr		ihre/Ihre	
	Ich habe	(k)einen	Computer	(k)ein	Auto	(k)eine	Uhr.

24 Fragewort: *welch-*, Demonstrativum: *dies-*

E 10, E 11

			der	das		die	
Singular							
Nominativ	Wie ist	dieser	Computer	dieses	Auto	diese	Uhr?
Akkusativ	Ich mag	diesen	Computer	dieses	Auto	diese	Uhr.
Plural							
Nominativ	Wie sind	diese	Computer/Autos/Uhren?				
Akkusativ	Ich suche	diese	Computer/Autos/Uhren.				

Nominativ	Welcher	Apfel	welches	Eis	welche	Banane	schmeckt gut?
Akkusativ	Welchen	Apfel	welches	Eis	welche	Banane	kaufst du?
Plural	Welche	Äpfel/Bananen					kaufst du?

25 Personalpronomen im Akkusativ

E 12

Nominativ	Akkusativ
ich	mich
du	dich
er/es/sie	ihn/es/sie
wir	uns
ihr	euch
sie/Sie	sie/Sie

Kennst du Arnold Schwarzenegger?
Ja, ich habe ihn einmal in Graz getroffen.

Hallo Petra, hast du einen neuen Freund?
Ich habe euch gestern in der Stadt gesehen!

26 Wortbildung: Nomen + *-in, -ung*

E 7

1 Nomen + *-in*

der Lehrer	die Lehrerin	der Taxifahrer	die Taxifahrerin

2 Nomen + *-ung*

die Wohnung	(wohnen)
die Ordnung	(ordnen)
die Orientierung	(sich orientieren)
die Entschuldigung	(sich entschuldigen)

Regel Nomen mit *-ung* = Artikel die

27 Adjektive – Komparation: *viel, gut, gern*

E 10

viel	→	mehr	→	am meisten
gut	→	besser	→	am besten
gern	→	lieber	→	am liebsten

28 Adjektive im Akkusativ: unbestimmter Artikel

E 11

	Wer ist das?
den	Sein Mantel ist rot. Er trägt einen roten Mantel.
das	Sein Hemd ist weiß. Er trägt ein weißes Hemd.
die	Seine Nase ist groß. Er hat eine große Nase.
Plural	Seine Schuhe sind schwarz. Er trägt schwarze Schuhe.
	Das ist der Weihnachtsmann!

29 Präpositionen *in, durch, über* + Akkusativ

E 8

Wohin gehen die Touristen?

	Die Touristen gehen	ins Museum. (ins = in das)	durch das Tor.	über die Brücke.
der		in den Zoo.	durch den Park.	über den Markt.
das	Wir gehen	ins Museum.	durch das Tor.	über das Gelände.
die		in die Oper.	durch die Stadt.	über die Brücke.

30 Präpositionen *zu, an ... vorbei* + Dativ

E 8

	Die Touristen gehen	zum Museum. (zum = zu dem)	zur Universität. (zur = zu der)	am Stadttor vorbei. (am = an dem)
der		zum Bahnhof.	am Bahnhof vorbei.	
das	Wir gehen	zum Stadttor.	am Stadttor vorbei.	
die		zur Brücke.	an der Brücke vorbei.	

31 Modalverben: *müssen, wollen, dürfen, können, möchten, mögen*

E 3, E 7, E 8, E 11

	müssen	wollen	dürfen	können	möchten	mögen
ich	muss	will	darf	kann	möchte	mag
du	musst	willst	darfst	kannst	möchtest	magst
er/es/sie	muss	will	darf	kann	möchte	mag
wir	müssen	wollen	dürfen	können	möchten	mögen
ihr	müsst	wollt	dürft	könnt	möchtet	mögt
sie/Sie	müssen	wollen	dürfen	können	möchten	mögen

32 Imperativ

E 12

Nimm keine Tabletten! Geh zum Arzt! Kommen Sie bitte am Montag um neun in die Praxis!
Geht nicht auf Partys!

Präsens	Imperativ du-Form	Präsens	Imperativ ihr-Form	Präsens	Imperativ Sie-Form
du gehst	geh~~st~~	ihr geht	geht	Sie gehen	gehen Sie
du nimmst	nimm~~st~~	ihr nehmt	nehmt	Sie nehmen	nehmen Sie

33 Perfekt: regelmäßige und unregelmäßige Verben

E 9

1 Partizip der regelmäßigen Verben

Wir haben eine Radtour gemacht. Wir haben Wien angeschaut. Wir haben Freunde besucht.
Wir sind in den Bergen gewandert und haben viel fotografiert.

ge...(e)t	...ge...t	...(e)t	...ieren → ...t
gemacht	eingekauft	besucht	fotografiert
gespielt	angeschaut	erreicht	probiert
gezeltet	abgeholt	übernachtet	telefoniert

2 Partizip der unregelmäßigen Verben

Der Urlaub hat begonnen. Wir sind nach Italien geflogen. Ich habe meine Freundin angerufen.
Die Kinder haben Postkarten geschrieben. Wir sind in Rom gewesen.

ge...en	...ge...en	...en
geflogen	aufgestanden	verloren
geschrieben	angerufen	geboren
gekommen	weitergefahren	begonnen

Minimemo

Die meisten Verben bilden das Perfekt mit *haben*.
Lernen Sie das Perfekt mit *sein*:
fahren – ist gefahren, laufen – ist gelaufen, fliegen – ist geflogen,
bleiben – ist geblieben, passieren – ist passiert, sein – ist gewesen

Grammatik auf einen Blick

Sätze

1 Gründe nennen: Nebensätze mit *weil*

E13, 21

Hauptsatz	Hauptsatz
Ich habe Deutsch gelernt.	Es (war) ein Schulfach.
Hauptsatz	**Nebensatz**
Ich habe Deutsch gelernt,	weil es ein Schulfach (war).

Regel Im Nebensatz steht das Verb am Ende. Der Nebensatz beginnt mit **weil**.

2 Seine Meinung ausdrücken: Nebensätze mit *dass*

E14

Ich finde,	dass das Auto zu teuer (ist).
Meinst du nicht auch,	dass das Auto zu teuer (ist)?
Ich habe gesagt,	dass ich das Auto zu teuer (finde).

3 Indirekte Fragen

E17

1 Ja/Nein-Fragen: *ob*

(Kommst) du am Wochenende?

Entschuldigung, was hast du gesagt?

Ich habe gefragt, ob du am Wochenende (kommst)?

2 Fragen mit Fragewort: *wann, wo, …*

Hauptsatz	Nebensatz
Kannst du mir sagen,	wann du (kommst)?
Ich möchte wissen,	was Sie gesagt (haben).
Können Sie mir sagen,	wo ich das Haus Nr. 23 (finde)?

Regel Der Nebensatz beginnt mit *ob* oder einem Fragewort und das Verb steht am Satzende.

4 Personen oder Sachen genauer beschreiben: Relativsätze im Nominativ und Akkusativ

E18

Marillenknödel: Das sind Knödel, die man mit Marillen (Aprikosen) macht.

Christstollen: Das ist ein Kuchen, den man zu Weihnachten backt.

Hauptsatz 1	Hauptsatz 2
Das sind Knödel.	Man macht sie mit Aprikosen.
Das ist ein Kuchen.	Man backt ihn zu Weihnachten.

Hauptsatz	Relativsatz
Das sind Knödel,	die man mit Aprikosen macht.
Das ist ein Kuchen,	den man zu Weihnachten backt.

	Nominativ	Akkusativ
Singular	der das	den das
Plural	die die	die die

Regel Der Relativsatz erklärt ein Nomen im Hauptsatz.

Nominativ — **Der** Mann, **der** in der Wohnung neben uns wohnt, backt gern Kuchen.

Akkusativ — **Der** Kaffee, **den** der Kellner eben gebracht hat, ist kalt.

Nominativ — **Das** Rezept, **das** von meiner Oma ist, suche ich jetzt.

Akkusativ — **Das** Steak, **das** ich letzte Woche hier gegessen habe, war zäh.

Nominativ — **Die** Frau, **die** dort am Tisch sitzt, wartet schon eine Stunde auf das Essen.

Akkusativ — **Die** Suppe, **die** ich bestellt habe, war salzig.

Regel **Plural** im Nominativ und Akkusativ immer **die**: die Männer/Kinder/Frauen, die …

5 Gegensätze ausdrücken: Hauptsätze und Informationen mit *aber* verbinden

E15

Hauptsatz	Hauptsatz
Eine Reise mit dem Zug dauert länger als mit dem Flugzeug.	Sie ist bequemer.
Eine Reise mit dem Zug dauert länger als mit dem Flugzeug,	**aber** sie ist bequemer.

6 Alternativen ausdrücken: *oder*

E15

Gehen wir zu dir **oder** zu mir?
Magst du Tee **oder** Kaffee?
Mit Milch **oder** mit Zucker?

Wörter

7 Nomen verbinden mit Genitiv-s: *Jaquelines Großvater*

E14

Das ist der Großvater von Jacqueline.	/ das Auto von Günther.	/ die Frau von Jan.
Das ist Jacquelines Großvater.	/ Günthers Auto.	/ Jans Frau.

8 Possessivartikel im Dativ

E14

		der Computer das Radio	die Kamera
Singular	ich	meinem	meiner
	du	deinem	deiner
	er/es	seinem	seiner
	sie	ihrem	ihrer
Plural	wir	unserem	unserer
	ihr	eurem	eurer
	sie/Sie	ihrem/Ihrem	ihrer/Ihrer
Plural (Nomen)		meinen/unseren Computern, Radios, Kameras	

9 Übersicht Possessivartikel: Nominativ, Akkusativ, Dativ

E14

		der	*das*	*die*
Singular	Nominativ	mein Hund	mein Auto	meine Firma
	Akkusativ	meinen Hund	mein Auto	meine Firma
	Dativ	meinem Hund	meinem Auto	meiner Firma
Plural	Nominativ	meine Hunde/Autos/Firmen		
	Akkusativ	meine Hunde/Autos/Firmen		
	Dativ	meinen Hunden/Autos/Firmen		

Regel Alle Possessivartikel (*dein, sein, unser …*) und auch (*k*)*ein* haben die gleichen Endungen wie *mein*.

10 Übersicht Personalpronomen: Nominativ, Akkusativ, Dativ

E16, 18

Du fährst in die Stadt? Kannst du mich mitnehmen?

	Nominativ	Akkusativ	Dativ
Singular	ich	mich	mir
	du	dich	dir
	er	ihn	ihm
	es	es	ihm
	sie	sie	ihr
Plural	wir	uns	uns
	ihr	euch	euch
	sie/Sie	sie/Sie	ihnen/Ihnen

Ja, du kannst mit mir bis zum Viktoria-Luise-Platz fahren.

11 Reflexivpronomen im Akkusativ: *sich interessieren für*

E16

Interessierst du **dich** für Politik? Ja, aber ich **ärgere mich über** die Politiker.
Simone **freut sich auf** das Wochenende mit Peter. Sie hat **sich über** sein Geschenk **gefreut**. Sie **treffen sich** am Wochenende **mit** Freunden.
Meine Kollegin **fühlt sich** heute nicht gut. Sie **regt sich über** unseren Chef **auf**.
Jetzt **entspannt** sie **sich mit** Yoga.

	Personalpronomen im Akkusativ	Akkusativ-Reflexivpronomen
Singular	mich	mich
	dich	dich
	ihn	sich
	es	sich
	sie	sich
Plural	uns	uns
	euch	euch
	sie/Sie	sich

Lerntipp
Lernen Sie die Verben mit Präpositionen:
sich ärgern über
sich interessieren für
sich entspannen mit
sich aufregen über

Sie schminkt sich.

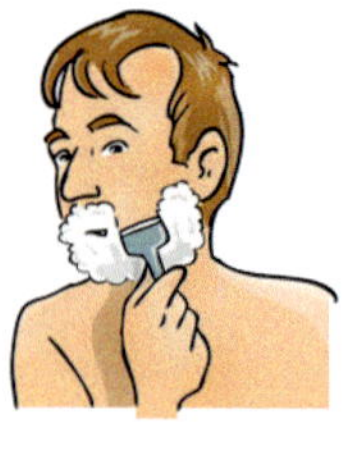
Er rasiert sich.

Regel Reflexivpronomen im Akkusativ = Personalpronomen im Akkusativ, außer in der 3. Person (er, es, sie, sie/Sie)

12 Komparation – Vergleiche mit *als* und Superlativ: *am liebsten*

E13

Der Mont Blanc (4807 m) ist **höher als** das Matterhorn (4478 m).

Das Matterhorn ist **der schönste** Berg Europas, aber nicht **der höchste**.

Der Mont Blanc ist **am höchsten**.

1	schwer	schwerer	am schwersten	der/das/die schwerste
	schön	schöner	am schönsten	der/das/die schönste
	leicht	leichter	am leichtesten	der/das/die leichteste
	weit	weiter	am weitesten	der/das/die weiteste
2	lang	länger	am längsten	der/das/die längste
	jung	jünger	am jüngsten	der/das/die jüngste
	groß	größer	am größten	der/das/die größte
	hoch	höher!	am höchsten	der/das/die höchste
3	viel	mehr	am meisten	der/das/die meiste
	gut	besser	am besten	der/das/die beste
	gern	lieber	am liebsten	der/das/die liebste

Regel Komparativ: Adjektiv + Endung *-er* + *als*

13 Adjektive im Dativ mit Artikel
E14

Die Frau mit der hellblauen Bluse und der weißen Jeans heißt Mari.

Der Junge mit den blonden Haaren und einem weißen Pullover heißt Jonas.

Regel Adjektive im Dativ mit Artikel: Die Endung ist immer **-en**.

14 Adjektive ohne Artikel: Nominativ und Akkusativ
E17

Alter Fernseher gesucht!
☏ 030 / 29 77 30 34

Altes Auto, 1972, VW-Käfer, fährt noch! Nur 100,– €,
📞 089-34 26 77

Verkaufe alte Kamera, suche neuen Heimtrainer.
Tel.: 0171 / 33 67 87 99

Singular	*(der)*	*(das)*	*(die)*
Nominativ	alter Fernseher	altes Handy	alte Uhr
Akkusativ	alten Fernseher	altes Handy	alte Uhr
Plural	*(die)*		
Nominativ/Akkusativ	alte Fernseher/Handys/Uhren		

Lerntipp
Adjektive ohne Artikel:
Den Artikel erkennt man an der Endung.

Regel Adjektive ohne Artikel haben die gleiche Endung wie Adjektive mit unbestimmtem Artikel (im Nominativ und Akkusativ).

Suche rotes Kleid.

Ich habe ein rotes Kleid gekauft.

15 Zeitadverbien *zuerst, dann, danach*
E16

zuerst ⟶ dann ⟶ danach

Zuerst stehe ich auf, dann gehe ich joggen, danach dusche ich mich.

16 Indefinita – unbestimmte Menge (Personen): *niemand, wenige, viele, alle*
E16

Alle aus meiner Familie machen Sport.
Viele sind im Fußballverein.
Wenige machen Musik.
Niemand spielt Gitarre.

17 Modalverb *sollen*
E15

	sollen
ich	soll
du	sollst
er/es/sie	soll
wir	sollen
ihr	sollt
sie/Sie	sollen

Karl hat gerade angerufen. Du sollst ihn vom Bahnhof abholen.

Sätze

18 Nebensätze mit *als*

E20

	Position 2	
Goethe	war	erst 16 Jahre alt, **als** er Jura in Leipzig studierte.
Als er Jura in Leipzig studierte,	war	Goethe erst 16 Jahre alt.
Alexandr	hat	auch gearbeitet, **als** er in Weimar war.
Als er in Weimar war,	hat	Alexandr auch gearbeitet.

19 Einen Zweck ausdrücken

E24

1 *um … zu*

Hauptsatz	Nebensatz
Ich nehme ein Taxi,	**um** schnell nach Hause **zu** kommen.
Ich brauche kein teures Handy,	**um** Freunde an**zu**rufen.
Ich muss mich beeilen,	**um** den Bus nicht **zu** verpassen.

Regel Der Nebensatz beginnt mit *um*. *Zu* steht vor dem Verb im Infinitiv. Bei trennbaren Verben steht *zu* zwischen Vorsilbe und Verb. *Um … zu*-Sätze haben keine Nominativergänzung, sie beziehen sich auf die Nominativergänzung im Hauptsatz.

2 *damit*

Hauptsatz	Nebensatz
Ich nehme ein Taxi,	**damit** ich schneller nach Hause komme.
Ich nehme ein Taxi,	**damit** meine Frau das Auto nehmen kann.
Ich lerne Deutsch,	**damit** ich in Österreich arbeiten kann.
Ich brauche einen Reisepass,	**damit** ich ins Ausland reisen kann.

Regel *Damit*-Sätze und *Um … zu*-Sätze haben die gleiche Bedeutung. Der Unterschied ist: *Damit*-Sätze haben eine Nominativergänzung.

20 Bedingungen und Folgen: Nebensätze mit *wenn*

E22

Nebensatz (Bedingung)	Hauptsatz (Folge)
Wenn ich schlechte Laune habe,	(dann) kaufe ich mir ein Geschenk.
Wenn es regnet,	(dann) muss ich einen Regenschirm mitnehmen.
Wenn der Weihnachtsbaum brennt,	(dann) kommt die Feuerwehr.

21 Gründe nennen: *denn*

E21

Hauptsatz	Hauptsatz (Grund)
Ich wollte Lehrerin werden,	**denn** mein Vater war auch Lehrer.
Akim macht ein Praktikum bei VW,	**denn** er interessiert sich für Autos.
Wir können heute nicht Fußball spielen,	**denn** das Wetter ist schlecht.

Regel *Denn* verbindet zwei Hauptsätze.

22 Übersicht: Verben im Satz

1 Hauptsätze

	Position 1	Position 2		
	Ich	fahre	jetzt nach Hause.	
Modalverb	Ich	muss	jetzt nach Hause	fahren.
Perfekt	Ich	bin	gestern zu spät nach Hause	gefahren.
Zeitangabe am Anfang	Gestern	bin	ich zu spät nach Hause	gefahren.
Imperativ	Fahren	Sie	nach Hause!	
Frage	Wann	fahren	Sie nach Hause?	
	Fahren	Sie	nach Hause?	
	Sind	Sie	gestern mit dem Auto nach Hause	gefahren?

2 Hauptsätze und Nebensätze

	Hauptsatz			Nebensatz	
dass	Ich	habe	gehört,	**dass** du gestern zu spät	gekommen bist.
weil	Ich	war	zu spät,	**weil** ich den Bus	verpasst habe.
wenn	Ich	höre	gern Musik,	**wenn** ich gute Laune	habe.
damit	Ich	nehme	das Auto,	**damit** ich schneller	bin.
um ... zu	Ich	fahre	nach Tübingen,	**um** meine Mutter	**zu** besuchen.
Relativsatz	Das	ist	die Frau,	**die** ich in der Stadt	gesehen habe.
als	Sie	hat	mich angerufen,	**als** ich nicht zu Hause	war.

3 Hauptsätze und Hauptsätze

Meine Freundin fährt in den Urlaub,	**aber** ich habe leider keine Zeit.
Ich habe mir ein neues Fahrrad gekauft,	**denn** mein altes Rad war kaputt.
Ich habe die Kinokarten gekauft,	**und** ich habe Friedrich abgeholt.
Wollen wir schwimmen gehen,	**oder** bleibst du lieber zu Hause?

23 Übersicht: Satzverbindungen

Nach diesen Wörtern verändert sich die Wortstellung nicht:
aber, denn, und, oder

Nach diesen Wörtern verändert sich die Wortstellung:
als, damit, dass, weil, um ... zu, wenn ... dann, ob

24 Personen/Sachen genauer beschreiben: Relativsätze mit Präpositionen: *in, mit* + Dativ

E23

Singular

Hauptsatz 1	Hauptsatz 2
Der Film „Erbsen auf halb 6" machte Hilmir Snaer Gudnason in Deutschland bekannt.	Er spielte in dem Film die männliche Hauptrolle.

Relativatz

Der Film „Erbsen auf halb 6", in dem er die männliche Hauptrolle spielte, machte Hilmir Snaer Gudnason in Deutschland bekannt.

Fritzi Haberlandt mag das Dorf in Brandenburg, in dem sie seit einigen Jahren lebt, sehr gern.

1994 hat Hilmir Snaer Gudnason die Schauspielschule, an der er vier Jahre studiert hat, erfolgreich abgeschlossen.

Plural

Die Krimis, in denen Fritzi Haberlandt spielt, sind sehr spannend.

Fritzi Haberlandt findet die Krimis, in denen sie eine Nebenrolle spielt, immer spannend „bis zur letzten Minute".

25 Dativ- und Akkusativergänzungen im Satz

E22

Nominativ (wer?)		**Dativ** (wem?)	**Akkusativ** (was?)
Er	schickt	seiner Freundin	einen Blumenstrauß.
Sie	schreibt	ihm	eine SMS.
Katrin	schenkt	ihrer Freundin	ein neues Buch.
Max	zeigt	seinem Freund	ein Foto.
Bringst du		mir	ein Brot mit?
Zeigst du		mir	dein neues Handy?

Lerntipp
geben, schenken, zeigen, bringen: immer mit Dativ und Akkusativ

Regel Zuerst die Dativergänzung, dann die Akkusativergänzung

Wörter

26 Wortbildung

E21, 24

1 Nomen mit *-ung*

die Rechnung – rechnen
die Bestellung – bestellen
die Prüfung – prüfen
die Entscheidung – entscheiden
die Ausbildung – ausbilden

Lerntipp
In Wörtern mit *-ung* findet man meistens ein Verb.

Regel Nomen mit *-ung*: Artikel *die*

2 Aus Verben Nomen machen

rauchen – Das Rauchen ist hier verboten!
nachsprechen – Das Nachsprechen von Dialogen trainiert die Aussprache.
lernen – Das Lernen mit den Videos macht mir Spaß.

27 Genitivartikel: *des, der*

E23

Singular	*der* Film:	das Ende	des Films
	das Gesicht:	die Sprache	des Gesichts
	die Sonne	die Farbe	der Sonne
(Plural)	*die* Deutschen:	die Liste	der wichtigsten Deutschen

28 Indefinita

E23, 28

Viele Deutsche sind in einem Verein. **Manche** Menschen sind in vier Vereinen. **Einige** Hobbys sind nicht teuer. **Viele** Hobbys kosten nichts. **Andere** Hobbys sind sehr teuer. **Man** braucht viel Zeit für ein Hobby. **Jemand** hat uns gestern von seinem Hobby erzählt. **Niemand** hat es verstanden.

Regel Personen und Sachen: *wenige, manche, andere, einige, viele*
Personen: *jemand, niemand, man*

29 Übersicht Relativpronomen

E23

Singular		Nominativ	Akkusativ	Dativ
	der	der	den	dem
	das	das	das	dem
	die	die	die	der
Plural	*die*	die	die	denen

30 Präpositionen mit Dativ: *aus, bei, nach, von, seit, zu, mit*

E22

Hallo Lisa,

am 23. Dezember fahre ich **zu** meiner Familie. Weihnachten feiern wir immer **mit** den Eltern und Geschwistern. Mein Bruder wohnt **seit** einem Jahr in München, aber er kommt natürlich auch. Er will uns viele Fotos **von** seiner neuen Wohnung zeigen. **Nach** dem Fest mache ich eine Woche Urlaub. Silvester feiern wir **bei** unseren Freunden. Am 3. Januar komme ich **aus** dem Weihnachtsurlaub zurück. Was machst du Weihnachten?

Liebe Grüße
Ina

31 Präpositionen mit Akkusativ oder Dativ

E23

> **Lerntipp**
> **Auf die Verben achten:**
> *stellen, legen, setzen* + Akkusativ
> *stehen, liegen, sitzen, sein* + Dativ

Die Assistentin stellt die Pflanze auf den Boden. Die Pflanze steht auf dem Boden.
Die Assistentin legt die Bücher in das Regal. Die Bücher liegen im Regal.
Die Assistentin hängt das Bild an die Wand. Das Bild hängt an der Wand.

Wohin? – Richtung/Bewegung: **mit Akkusativ**	**Wo**? – Ort: **mit Dativ**

⚠ Zu: immer mit Dativ — *Wir gehen zu einem Freund.*

32 Vergleiche mit *so/ebenso/genauso ... wie* und *als*

E19

Uns gefällt es in der Stadt genauso gut wie auf dem Land.
Das Kulturangebot ist in der Stadt besser als auf dem Land.

Regel *so/ebenso/genauso ...* + Adjektiv (Grundform) + *wie*
Adjektiv (Komparativ) + *als*

33 Modalverben: Präsens und Präteritum

E19

	müssen Präsens	Präteritum	**dürfen** Präsens	Präteritum	**können** Präsens	Präteritum
ich	muss	musste	darf	durfte	kann	konnte
du	musst	musstest	darfst	durftest	kannst	konntest
er/es/sie	muss	musste	darf	durfte	kann	konnte
wir	müssen	mussten	dürfen	durften	können	konnten
ihr	müsst	musstet	dürft	durftet	könnt	konntet
sie/Sie	müssen	mussten	dürfen	durften	können	konnten

	sollen Präsens	Präteritum	**wollen** Präsens	Präteritum
ich	soll	sollte	will	wollte
du	sollst	solltest	willst	wolltest
er/es/sie	soll	sollte	will	wollte
wir	sollen	sollten	wollen	wollten
ihr	sollt	solltet	wollt	wolltet
sie/Sie	sollen	sollten	wollen	wollten

> **Lerntipp**
> Die **Modalverben im Präteritum** haben keinen Umlaut – aber immer ein *t*:
> wir konnten / ihr musstet / sie durften

34 Perfekt und Präteritum
E20

Im Reiseführer steht:
Goethe wohnte hier.

Regel Das Perfekt kann man in der gesprochenen Sprache fast immer benutzen.
Bei den Modalverben und bei *haben*, *sein* und *werden* benutzt man auch in der gesprochenen Sprache meistens das Präteritum.

35 Regelmäßige Verben im Präteritum
E20

Singular	ich	leb-	**-te**
	er	studier-	**-te**
	sie	wohn-	**-te**
Plural	sie/Sie	besuch-	**-ten**
	wir	arbeit-**e**-	**-ten**

Lerntipp
arbeiten: Infinitivstamm auf *-t* will immer noch ein *-e*.

Lerntipp
Das Präteritum in der 2. Person (du/ihr) verwendet man fast nur bei Modalverben und *haben* und *sein*.

Minimemo
Lernen Sie extra:
Früher war/waren/gab es ...
Heute ist/sind/gibt es ...

36 *werden*: Präsens und Präteritum
E21, 24

Ich werde bald 30. Ich werde alt. Mit 23 wurde ich Vater.
Als Kind wollte sie Fotografin werden. Sie wurde aber Architektin.
Als ich 27 Jahre alt war, wurde ich zum ersten Mal Mutter. Mein Sohn möchte Arzt werden.

	Präsens	Präteritum
ich	werd**e**	wurde
du	**wirst**	(wurdest)
er/es/sie	**wird**	wurde
wir	werd**en**	wurden
ihr	werd**et**	(wurdet)
sie	werd**en**	wurden

37 Passiv

E24

Aktiv
Die Mitarbeiter verpacken den Stollen.
Akkusativ

Passiv
Der Stollen **wird verpackt**.
Nominativ

Regel Das Passiv wird mit dem Verb *werden* und dem Partizip II gebildet.

38 Präteritum Passiv

E24

Präsens Passiv: Der Dresdner Christstollen **wird** aus Mehl, Hefe, Wasser, Milch, Vanillezucker und richtig viel Butter **gebacken**.
Präteritum Passiv: Der erste Dresdner Christstollen **wurde** schon 1474 **gebacken**.

Regel Das Präteritum Passiv wird mit dem Verb *werden* im Präteritum und dem Partizip II gebildet.

39 Höfliche Bitten mit *hätte, könnte*

E21

- Könnte ich bitte Frau Schneider sprechen?
- Tut mir leid, Frau Schneider hat heute Urlaub.
- Könnte ich eine Nachricht für Frau Schneider hinterlassen?
- Aber natürlich.

Könnten Sie mir sagen, wie spät es ist?
Hätten Sie ein Taschentuch für mich?
Hättest du heute Lust auf Kino?
Ich hätte gern zwei Kilo Tomaten.

	haben		**können**	
	Präsens	Konjunktiv	Präsens	Konjunktiv
ich	habe	hätte	kann	könnte
du	hast	hättest	kannst	könntest
er/es/sie	hat	hätte	kann	könnte
wir	haben	hätten	können	könnten
ihr	habt	hättet	könnt	könntet
sie/Sie	haben	hätten	können	könnten

Lerntipp
Die Höflichkeitsform von *haben* und *können* wird wie das Präteritum gebildet, aber mit Umlaut: du hast – du hattest – Hättest du ...?

Grammatik auf einen Blick

Sätze

1 Gleichzeitigkeit: Nebensätze mit *während*

E25

Sarah macht Notizen, während sie telefoniert.

Während Sarah telefoniert, macht sie Notizen.

Regel Der Nebensatz beginnt mit während, er kann vor oder nach dem Hauptsatz stehen.
Im Nebensatz steht das Verb am Ende.

2 Gegensätze ausdrücken

E31

1 Nebensätze mit *obwohl*

Hauptsatz 1	Hauptsatz 2
Nelli kennt ihre neue Nachbarin nicht.	Sie besucht sie.
Hauptsatz	Nebensatz
Nelli besucht ihre neue Nachbarin,	obwohl sie sie nicht kennt.
Nebensatz	Hauptsatz
Obwohl sie sie nicht kennt,	besucht Nelli ihre neue Nachbarin.

Regel Mit obwohl beginnt ein Nebensatz. Der *obwohl*-Satz drückt einen Gegensatz aus.
Er kann vor oder nach dem Hauptsatz stehen.

Obwohl das Baden im Brunnen verboten ist, spielen die Kinder im Wasser.

E34

2 Hauptsätze mit *trotzdem*

Viele Europäer kritisieren die EU-Politik. Trotzdem sind sie für die EU.
Die EU ist eine große Wirtschaftsregion, trotzdem sind viele Europäer arbeitslos.

3 Zeitpunkte: Nebensätze mit *seit* ...

E 32

Hauptsatz
Evi führt Tagebuch.

Nebensatz
Seit Evi Tagebuch führt,

Hauptsatz
Oma freut sich über die blauen Tage,

Hauptsatz
Oma freut sich über die blauen Tage.

Hauptsatz
freut sich Oma über die blauen Tage.

Nebensatz
seit Evi Tagebuch führt.

Regel Nebensätze mit **seit** meinen den Zeitpunkt des Beginns einer Handlung, die noch andauert.

seit ⊢——→
von ⊢——⊣ bis

4 Infinitiv mit *zu*

E 27

Matthias Gans ist es wichtig, Zeit mit seiner Familie **zu verbringen**.
Elena König ist froh, in einer Beziehung **zu sein**.
Ivana Boksic hat keine Angst, auch einmal etwas allein **zu unternehmen**.
Florians Eltern haben geplant, allein **zu verreisen**.
Florian hat keine Lust, die Wohnung **aufzuräumen**.
Vergiss bitte nicht, den Müll **rauszubringen**!
Hast du Lust **fernzusehen**?

Regel Der Infinitiv mit **zu** steht oft am Ende des Satzes. Bei trennbaren Verben steht **zu** zwischen dem trennbaren Verbteil und dem Verbstamm.

5 Etwas begründen: *darum, deshalb, deswegen*

E 26

Ich arbeite an einem neuen Projekt, **darum**/**deshalb**/**deswegen** komme ich oft spät nach Hause.

Regel Mit **darum**/**deshalb**/**deswegen** beginnt ein Hauptsatz, das Verb steht auf Position 2.

Minimemo
darum, deshalb, deswegen –
drei Wörter,
eine Bedeutung

6 Ratschläge, höfliche Bitten und irreale Wünsche ausdrücken: der Konjunktiv II (Präsens)

E 26, E 29

Ratschläge:
Du **solltest** gesünder leben.
Ihr **müsstet** mal wieder zusammen ausgehen.

Höfliche Bitten:
Ich **hätte** gerne einen Kaffee, (bitte)!
Könnten Sie mir bitte ein Glas Wasser bringen?

Irreale Wünsche:
Ich **wäre** gern 18!
Ich **wünschte**, die Schüler **wären** fleißiger.
Ich **würde** am liebsten sofort in den Urlaub fahren.
Wenn mir mein Mann im Haushalt helfen **würde**, **hätte** ich mehr Zeit.

7 Doppelkonjunktionen

E 30 1 Bedingungen und Konsequenzen ausdrücken mit *je ..., desto ...*

Je weniger Schnee in den Alpen fällt, desto weniger Skiurlauber gibt es.

E 30 2 Widersprüche im Satz ausdrücken mit *nicht ..., sondern ...*

Nicht die Kraftwerke, sondern die Kühe sind das Klimaproblem Nr. 1.

E 32 3 Aufzählungen mit *nicht nur..., sondern auch ... / weder ... noch ...*

Das Buch gibt nicht nur viele Informationen, sondern auch viele lustige Antworten auf die „großen" Fragen.

Die Interviews sind weder zu lang noch langweilig.

E 34 4 Alternativen ausdrücken mit *entweder ... oder ...*

Das Europäische Parlament arbeitet entweder in Straßburg oder in Brüssel.
Entweder suche ich mir einen Job in Italien oder ich studiere weiter.

Was machst du nach dem Examen?

Entweder suche ich mir einen Job in Italien oder ich studiere weiter.

8 Fragesätze mit Fragewörtern: *woran, worüber, womit, wovon*

E 34

- **Woran** denken Sie bei dem Wort Europa?
- Ich denke **an** Reisen ohne Grenzen.

- **Worüber** freuen Sie sich?
- Ich freue mich **über** meine Erfolge beim Deutschlernen.

- **Womit** bezahlst du die Rechnung?
- **Mit** meiner EC-Karte!

- **Wovon** träumen Sie?
- Ich träume **von** einem schnellen Auto.

9 Übersicht: Verben im Satz

1 Hauptsätze

	Position 1	Position 2		
	Ich	fahre	jetzt nach Hause.	
lassen	Ich	lasse	Maria nach Hause	fahren.
brauchen	Ich	brauche	Maria nicht nach Hause	zu fahren.
Modalverb	Ich	muss	jetzt nach Hause	fahren.
Perfekt	Ich	bin	gestern zu spät nach Hause	gefahren.
Plusquamperfekt	Ich	hatte	gestern versucht, dich	anzurufen.
Futur	Ich	werde	heute spät nach Hause	fahren.
Zeitangabe am Anfang	Gestern	bin	ich zu spät nach Hause	gefahren.
Imperativ	Fahren	Sie	nach Hause!	
Frage	Fahren	Sie	nach Hause?	
	Sind	Sie	mit dem Auto nach Hause	gefahren?
	Wann	fahren	Sie nach Hause?	
	Wovon	träumst	du?	
Konj. II (Präsens)		Würden	Sie mich bitte	vorbeilassen?
	Ich	würde	gern in die Alpen	fahren.
	Du	solltest	zum Arzt	gehen.
	Ich	hätte	gern einen Kaffee.	
	Sie	wäre	gern wieder 18.	

2 Hauptsätze vor Nebensätzen

					Nebensatzende
dass	Peter	hat	gesagt,	dass er keine Zeit	hat.
weil	Ich	kam	zu spät,	weil ich den Bus	verpasst habe.
wenn	Ich	höre	gern Musik,	wenn ich gute Laune	habe.
damit	Ich	nehme	das Auto,	damit ich schneller	bin.
um ... zu	Ich	fahre	nach Tübingen,	um meine Mutter	zu besuchen.
Infinitiv mit zu	Sie	hat	keine Lust,	die Wohnung	aufzuräumen.
Relativsatz	Das	ist	die Frau,	die ich in der Stadt	gesehen habe.
als	Sie	hat	angerufen,	als ich nicht da	war.
während	Er	trinkt	Kaffee,	während er Zeitung	liest.
obwohl	Er	putzt	das Auto,	obwohl er keine Lust	hat.
seit	Clara	spielt	Klavier,	seit sie zur Schule	geht.
ob	Ich	möchte	wissen,	ob du morgen	kommst.

3 Nebensätze vor Hauptsätzen

	Position 2		
Weil ich den Bus verpasst habe,	war	ich zu spät.	
Wenn ich schlechte Laune habe,	rufe	ich Freunde an.	
Damit ich schneller bin,	habe	ich das Auto.	genommen.
Um meine Mutter zu besuchen,	fahre	ich nach Bern.	
Als ich krank war,	hat	meine Mutter oft	angerufen.
Während er Zeitung liest,	trinkt	er Kaffee.	
Obwohl er keine Lust hat,	will	er das Auto	putzen.
Seit Clara zur Schule geht,	spielt	sie Klavier.	

4 Hauptsätze und Hauptsätze

Mein Freund möchte in den Urlaub fahren,	aber ich habe leider keine Zeit.
Ich habe mir ein neues Fahrrad gekauft,	denn mein altes Rad war kaputt.
Ich habe Kinokarten gekauft	und ich habe Paul angerufen.
Morgen gehe ich schwimmen	oder ich mache einen Einkaufsbummel.
Ich arbeite oft sehr lange,	darum gehe ich selten ins Kino.
Die EU wird oft kritisiert,	trotzdem wollen viele Länder in die EU.

Wörter

10 Wortbildung

1 Nomen mit *-ung*

die Rechnung – rechnen
die Entscheidung – entscheiden
die Prüfung – prüfen
die Regierung – regieren
die Veranstaltung – veranstalten
die Leitung – leiten

Lerntipp
In Wörtern mit *-ung* findet man meistens ein Verb.

2 Nomen mit *-heit, -keit*

Für die Bürger der EU sind Mehrsprachigkeit und Reisefreiheit wichtig.

die Freiheit – frei
die Sicherheit – sicher
die Unabhängigkeit – unabhängig
die Mehrsprachigkeit – mehrsprachig
die Freizügigkeit – freizügig

Lerntipp
die Heitungkeit

Regel Nomen mit *-ung, -heit, -keit* haben den Artikel **die**.

3 Aus Verben Nomen machen

rauchen – Im Restaurant ist **das** Rauchen verboten!
lachen – Mediziner sagen, dass **das** Lachen gesund ist.
heiraten – Manche Leute denken, dass **das** Heiraten nicht mehr modern ist.
bauen – **Das** Bauen wird jedes Jahr teurer.

Regel Nomen aus Verben haben den Artikel **das**.

E 25 #### 4 Nominalisierungen mit *zum*

lesen – zum Lesen
lernen – zum Lernen
arbeiten – zum Arbeiten
präsentieren – zum Präsentieren

Ich hätte gern mehr Zeit zum Lesen.

E 28 #### 5 Verkleinerungsformen mit *-chen*

die Katze – das Kätz**chen**
das Haus – das Häus**chen**
der Mann – das Männ**chen**

Regel Verkleinerungsformen haben den Artikel **das**.

E 27

6 Adjektive in Gegensatzpaaren mit *un-*, *-voll* und *-los*

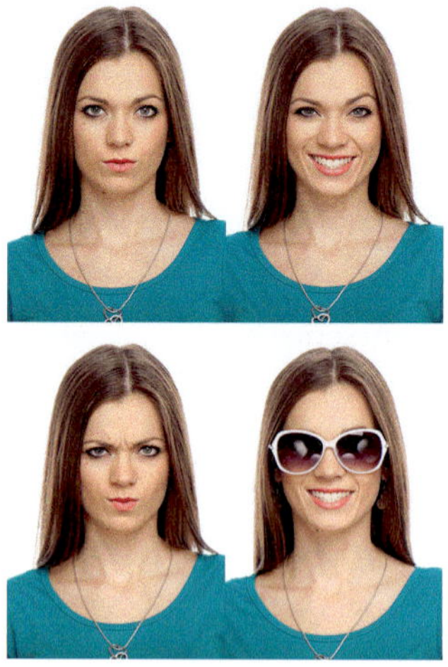

glücklich – unglücklich
romantisch – unromantisch

humorvoll – humorlos
sinnvoll – sinnlos

Ich hätte gerne einen romantischen Mann. Mit unromantischen Männern kann ich nichts anfangen!

11 Gründe: *wegen* + Genitiv

E 30

Wegen des Klimawandels gibt es mehr Umweltkatastrophen.

Klimaforscher machen sich wegen des Wetters Sorgen.

Wegen der Erderwärmung schmelzen die Gletscher.

Die Städte am Meer sind wegen der Sturmfluten in Gefahr.

	der	*das*	*die*
Nominativ	der Klimawandel	das Wetter	die Erderwärmung
Genitiv	des Klimawandels	des Wetters	der Erderwärmung (!)

Lernen Sie extra:

	der Student /Kollege /Junge /Nachbar /Bär /Kunde /Präsident
wegen	des Studenten/Kollegen/Jungen/Nachbarn/Bären/Kunden/Präsidenten

Wegen des Lippenbären Kaveri kommen viele Besucher in den Berliner Zoo.

12 Possessivartikel im Genitiv

E 32

	der/das	*die/die (Pl.)*
ich	meines	meiner
du	deines	deiner
er/es	seines	seiner
sie	ihres	ihrer
wir	unseres	unserer
ihr	eures	eurer
sie/Sie	ihres/Ihres	ihrer/Ihrer

Das ist Vera.

Das ist ihre Schwester Evi.

Lotte ist die Oma ihrer Schwester.

13 Übersicht: Possessivartikel

		der	*das*	*die*
Singular	Nominativ	mein Hund	mein Auto	meine Firma
	Akkusativ	meinen Hund	mein Auto	meine Firma
	Dativ	meinem Hund	meinem Auto	meiner Firma
	Genitiv	meines Hundes	meines Autos	meiner Firma
Plural	Nominativ	meine Hunde/Autos/Firmen		
	Akkusativ	meine Hunde/Autos/Firmen		
	Dativ	meinen Hunden/Autos/Firmen		
	Genitiv	meiner Hunde/Autos/Firmen		

Minimemo

der/das
→ Genitiv -es
die/die
→ Genitiv -er

Regel Alle Possessivartikel *(dein, sein, unser ...)* und auch *(k)ein* haben die gleichen Endungen wie *mein*.

14 Relativpronomen

E 33

1 Relativpronomen im Genitiv

Der Film, dessen Regisseur ausgezeichnet wurde, läuft jetzt im Kino.

Das Filmprojekt, dessen Finanzierung unsicher ist, wird verschoben.

Die Regisseurin, deren Film prämiert wurde, kommt aus Köln.

Die Schauspieler, deren Verträge enden, suchen nach neuen Jobs.

2 Übersicht: Relativpronomen

Singular	Nominativ	der	das	die
	Akkusativ	den	das	die
	Dativ	dem	dem	der
	Genitiv	dessen	dessen	deren
Plural	Nominativ	die		
	Akkusativ	die		
	Dativ	denen		
	Genitiv	deren		

Lerntipp

der/das → dessen
die/die (Pl.) → deren

15 Übersicht: Adjektive vor Nomen

E 28

1 Adjektivdeklination: bestimmter Artikel

Nach dem bestimmten Artikel (*der, das, die*) können die Adjektive zwei verschiedene Endungen haben: -e oder -en.

Singular	*der*	*das*	*die*
Nominativ	der kleine Hund	das kleine Auto	die kleine Straße
Akkusativ	den kleinen Hund	das kleine Auto	die kleine Straße
Dativ	dem kleinen Hund	dem kleinen Auto	der kleinen Straße
Genitiv	des kleinen Hundes	des kleinen Autos	der kleinen Straße

Plural	*die*
Nominativ	die kleinen Hunde/Autos/Straßen
Akkusativ	die kleinen Hunde/Autos/Straßen
Dativ	den kleinen Hunden/Autos/Straßen
Genitiv	der kleinen Hunde/Autos/Straßen

Lerntipp
Die häufigste Adjektivendung ist -en.

2 Adjektivdeklination: unbestimmter Artikel

Singular	*der*	*das*	*die*
Nominativ	(k)ein großer Hund	(k)ein großes Auto	(k)eine große Straße
Akkusativ	(k)einen großen Hund	(k)ein großes Auto	(k)eine große Straße
Dativ	(k)einem großen Hund	(k)einem großen Auto	(k)einer großen Straße
Genitiv	(k)eines großen Hundes	(k)eines großen Autos	(k)einer großen Straße

Plural	*die*
Nominativ	keine großen Hunde/Autos/Straßen
Akkusativ	keine großen Hunde/Autos/Straßen
Dativ	keinen großen Hunden/Autos/Straßen
Genitiv	keiner großen Hunde/Autos/Straßen

3 Adjektivdeklination: ohne Artikel

Singular	Maskulinum	Neutrum	Femininum
Nominativ	grüner Wald	grünes Blatt	grüne Wiese
Akkusativ	grünen Wald	grünes Blatt	grüne Wiese
Dativ	grünem Wald	grünem Blatt	grüner Wiese
Genitiv	grünen Waldes	grünen Blattes	grüner Wiese

Plural	Maskulinum/Neutrum/Femininum
Nominativ	grüne Wälder/Blätter/Wiesen
Akkusativ	grüne Wälder/Blätter/Wiesen
Dativ	grünen Wäldern/Blättern/Wiesen
Genitiv	grüner Wälder/Blätter/Wiesen

Lerntipp
Adjektive (Singular) ohne Artikel
Der letzte Buchstabe im Adjektiv ist wie der letzte Buchstabe im Artikel:
das Auto → neues Auto zu verkaufen

Sympathischer, kreativer und sportlicher (Tennis, Joggen) Typ (32 / 175 cm / 75 kg) sucht verrückte, intelligente, romantische und fröhliche Traumfrau für alles, was zusammen mehr Spaß macht. Ein Bild von dir wäre toll! Texas2005@gmx.net

16 Partizip I

E31

Ein **überzeugendes** Argument ist ein Argument, dass alle überzeugt.

der ein überzeugen**d**er Bericht
das ein überzeugen**d**es Argument
die eine überzeugen**d**e Antwort

Schlafende Hunde mit Katze

überzeugen – überzeugen**d**, entscheiden – entscheiden**d**, lachen – lachen**d**

Regel Das Partizip I = Verb (Infinitiv) + **d**. Vor einem Nomen wird das Partizip I wie ein Adjektiv dekliniert.

17 Graduierende Adverbien: *ein bisschen, ziemlich, sehr, besonders*

E26

Ich muss abnehmen.	– Ich muss **ein bisschen** abnehmen.
In der Firma haben wir viel zu tun.	– In der Firma haben wir **ziemlich** viel zu tun.
In diesem Restaurant ist die Pizza gut.	– In diesem Restaurant ist die Pizza **sehr** gut.
Das Buch war interessant.	– Das Buch war **besonders** interessant.

18 Indefinita – unbestimmte Menge (Personen und Sachen)

a) *etwas, nichts, alles* (Sachen)

Hast du **etwas** gehört? Nein, ich höre **nichts**. **Alles** in Ordnung.

b) *jemand, niemand, man* (Personen)

Kennst du **jemand(en)**, der Briefmarken sammelt? Nein, ich kenne **niemand(en)**.
Man kann ja mal in der Firma fragen, vielleicht gibt es da **jemand(en)**.

c) *alle, viele, einige, manche, wenige, andere* (Personen und Sachen)

Alle Kinder kommen mit sechs bzw. sieben Jahren in die Schule. **Viele** Schüler sind mit 14 oder 15 schulmüde. **Manche** haben auch Probleme zu Hause. **Wenige** Schüler machen gerne Hausaufgaben. **Einige** Schüler haben Spaß am Lernen, **andere** nicht.

d) *irgend-*

irgend- + unbestimmter Artikel
Irgendein Problem gibt es immer.
Irgendeine(r) ist immer unzufrieden.

irgend- + *etwas, jemand*
Irgendetwas suche ich immer!
Hat **irgendjemand** meinen Schlüssel gesehen?

irgend- + Fragewort
Gibt es hier **irgendwo** ein Eiscafe?
Irgendwann brauche ich eine Pause.

19 Präteritum der regelmäßigen und unregelmäßigen Verben

E25

regelmäßig

ich	fragte	wir	fragten
du	fragtest	ihr	fragtet
er/es/sie	fragte	sie	fragten

fragen – fragte – (habe) gefragt

Lerntipp
Das Präteritum in der 2. Person (du/ihr) verwendet man fast nur bei Modalverben und *haben* und *sein*.

unregelmäßig

ich	ging	wir	gingen
du	gingst	ihr	gingt
er/es/sie	ging	sie	gingen

gehen – ging – (bin) gegangen

Lerntipp
Die unregelmäßigen Formen müssen Sie lernen. Sie finden eine Liste auf Seite 140.
Immer mit Rhythmus lernen:
gehen – ging – gegangen

20 Plusquamperfekt

E31

Omas Freundin **war** zu Besuch **gekommen**.
Nachdem Oma Besuch **bekommen hatte**, dachte sie über eine Senioren-WG nach.
Oma dachte über eine Senioren-WG nach, nachdem sie Besuch **bekommen hatte**.

	Plusquamperfekt	
ich	hatte gelesen	war gegangen
du	hattest gelesen	warst gegangen
er/es/sie	hatte gelesen	war gegangen
wir	hatten gelesen	waren gegangen
ihr	hattet gelesen	wart gegangen
sie/Sie	hatten gelesen	waren gegangen

Lerntipp
Haben oder *sein* setzt man wie beim Perfekt ein!

Regel Das Plusquamperfekt bildet man mit *haben* oder *sein* im Präteritum und dem Partizip II des Verbs.

21 Futur

E30

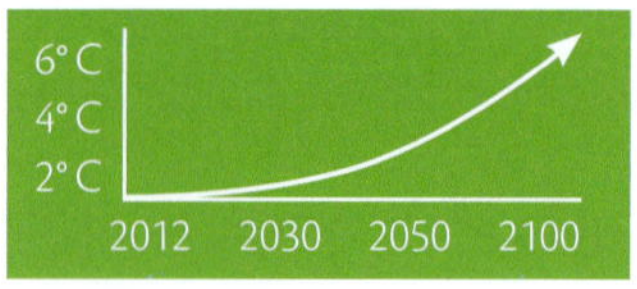

Die Temperaturen **werden** in den nächsten Jahren **steigen**.
Der Klimawandel **wird** zu Umweltkatastrophen **führen**.

Regel Das Futur bildet man mit *werden* + Infinitiv.
Mit dem Futur drückt man zukünftiges Geschehen und Prognosen aus.

	Futur		
ich	werde lesen	wir	werden lesen
du	wirst lesen	ihr	werdet lesen
er/es/sie	wird lesen	sie/Sie	werden lesen

Was machst du am Sonntag?

Ich werde meine Oma besuchen. — 1. Futur
Am Sonntag besuche ich meine Oma. — 2. Präsens mit Zeitangabe (in der Zukunft)
Ich besuche meine Oma. — 3. Präsens mit zukünftiger Bedeutung

22 Übersicht: Konjunktiv II (Präsens) der Modalverben

E 26

Meine Mutter meint, ich müsste abnehmen.
Mein Chef meint, ich könnte schneller arbeiten.

	sollen Präsens	Präteritum	Konjunktiv	**müssen** Präsens	Präteritum	Konjunktiv
ich	soll	sollte	**sollte**	muss	musste	**müsste**
du	sollst	solltest	**solltest**	musst	musstest	**müsstest**
er/es/sie	soll	sollte	**sollte**	muss	musste	**müsste**
wir	sollen	sollten	**sollten**	müssen	mussten	**müssten**
ihr	sollt	solltet	**solltet**	müsst	musstet	**müsstet**
sie/Sie	sollen	sollten	**sollten**	müssen	mussten	**müssten**

	können Präsens	Präteritum	Konjunktiv	**dürfen** Präsens	Präteritum	Konjunktiv
ich	kann	konnte	**könnte**	darf	durfte	**dürfte**
du	kannst	konntest	**könntest**	darfst	durftest	**dürftest**
er/es/sie	kann	konnte	**könnte**	darf	durfte	**dürfte**
wir	können	konnten	**könnten**	dürfen	durften	**dürften**
ihr	könnt	konntet	**könntet**	dürft	durftet	**dürftet**
sie/Sie	können	konnten	**könnten**	dürfen	durften	**dürften**

	wollen Präsens	Präteritum	Konjunktiv
ich	will	wollte	**wollte**
du	willst	wolltest	**wolltest**
er/es/sie	will	wollte	**wollte**
wir	wollen	wollten	**wollten**
ihr	wollt	wolltet	**wolltet**
sie/Sie	wollen	wollten	**wollten**

Lerntipp
musste → müsste
aber:
sollte → sollte
wollte → wollte

23 Konjunktiv II (Präsens): *wäre, hätte, würde*

E 29

Wenn jetzt Ferien wären, hätte ich viel Zeit und würde jeden Tag ausschlafen.

	sein Präsens	Präteritum	Konjunktiv II
ich	bin	war	wäre
du	bist	warst	wär(e)st
er/es/sie	ist	war	wäre
wir	sind	waren	wären
ihr	seid	wart	wär(e)t
sie/Sie	sind	waren	wären

	haben			**werden**		
	Präsens	Präteritum	Konjunktiv II	Präsens	Präteritum	Konjunktiv II
ich	habe	hatte	hätte	werde	wurde	würde
du	hast	hattest	hättest	wirst	wurdest	würdest
er/es/sie	hat	hatte	hätte	wird	wurde	würde
wir	haben	hatten	hätten	werden	wurden	würden
ihr	habt	hattet	hättet	werdet	wurdet	würdet
sie/Sie	haben	hatten	hätten	werden	wurden	würden

Regel Den Konjunktiv II (Präsens) der meisten Verben bildet man mit *würde* + Infinitiv.

24 Konjunktiv II (Präsens) – Gebrauch

E 26, E 29

Den Konjunktiv II (Präsens) benutzt man in verschiedenen Funktionen:

Ratschläge – Du solltest mal wieder zum Friseur gehen.
höfliche Bitten – Könnte ich bitte einen Kaffee haben?
Wünsche und nicht reale Dinge – Wenn ich mehr Geld hätte, würde ich mir ein Haus kaufen.

25 Alternative zum Passiv: unpersönliches Pronomen *man*

E 33

Das Restaurant wird eröffnet.
Man eröffnet das Restaurant.

In Rosas Restaurant wird oft Pizza bestellt.
In Rosas Restaurant bestellt man oft Pizza.

26 Besondere Verben

E 33

1 *lassen* + Infinitiv

- Backt Romano die Pizza selbst?
- Nein, er lässt sie von Rosa backen.

- Kochst du für die Familienfeier selbst?
- Nein, ich lasse den Partyservice kommen.

Den Tisch decke ich selbst, aber den Blumenschmuck lasse ich aus der Gärtnerei bringen.

E 34

2 *brauchen* + *zu* + Infinitiv (Verneinung: *nicht/kein*)

Im Urlaub brauche ich nicht zu kochen.
Für eine Reise nach Italien brauchen EU-Bürger keinen Pass mitzunehmen.

Regel *Brauchen* + *zu* + Infinitiv immer mit Verneinung: *nicht/kein*.

Liste der unregelmäßigen Verben

Infinitiv	Präsens	Präteritum	Perfekt
abreißen	er reißt ab	er riss ab	er hat abgerissen
anbraten	er brät an	er briet an	er hat angebraten
anfangen	er fängt an	er fing an	er hat angefangen
beschließen	er beschließt	er beschloss	er hat beschlossen
besprechen	er bespricht	er besprach	er hat besprochen
bestehen	er besteht	er bestand	er hat bestanden
betragen	er beträgt	er betrug	er hat betragen
backen	er backt/bäckt	er backte/buk	er hat gebacken
beginnen	er beginnt	er begann	er hat begonnen
bekommen	er bekommt	er bekam	er hat bekommen
benennen	er benennt	er benannte	er hat benannt
beraten	er berät	er beriet	er hat beraten
beschreiben	er beschreibt	er beschrieb	er hat beschrieben
bewerben (sich)	er bewirbt sich	er bewarb sich	er hat sich beworben
bieten	er bietet	er bot	er hat geboten
bitten	er bittet	er bat	er hat gebeten
bleiben	er bleibt	er blieb	er ist geblieben
brechen	er bricht	er brach	er hat gebrochen
brennen	es brennt	es brannte	es hat gebrannt
bringen	er bringt	er brachte	er hat gebracht
denken	er denkt	er dachte	er hat gedacht
dürfen	er darf	er durfte	er hat gedurft
einladen	er lädt ein	er lud ein	er hat eingeladen
empfinden	er empfindet	er empfand	er hat empfunden
entscheiden	er entscheidet	er entschied	er hat entschieden
entstehen	es entsteht	es entstand	es ist entstanden
erkennen	er erkennt	er erkannte	er hat erkannt
erscheinen	er erscheint	er erschien	er ist erschienen
erziehen	er erzieht	er erzog	er hat erzogen
essen	er isst	er aß	er hat gegessen
fahren	er fährt	er fuhr	er ist gefahren
fallen	er fällt	er fiel	er ist gefallen
fernsehen	er sieht fern	er sah fern	er hat ferngesehen
finden	er findet	er fand	er hat gefunden
fliegen	er fliegt	er flog	er ist geflogen
fließen	es fließt	es floss	es ist geflossen
fressen	er frisst	es fraß	es hat gefressen
geben	er gibt	er gab	er hat gegeben
gefallen	es gefällt	es gefiel	es hat gefallen
gehen	er geht	er ging	er ist gegangen
genießen	er genießt	er genoss	er hat genossen
gewinnen	er gewinnt	er gewann	er hat gewonnen
gießen	er gießt	er goss	er hat gegossen
halten	er hält	er hielt	er hat gehalten
hängen	es hängt	es hing	es hat gehangen
heben	er hebt	er hob	er hat gehoben
heißen	er heißt	er hieß	er hat geheißen
helfen	er hilft	er half	er hat geholfen
kennen	er kennt	er kannte	er hat gekannt
klingen	es klingt	es klang	es hat geklungen
kommen	er kommt	er kam	er ist gekommen
können	er kann	er konnte	er hat gekonnt

lassen	er lässt	er ließ	er hat gelassen
laufen	er läuft	er lief	er ist gelaufen
leiden	er leidet	er litt	er hat gelitten
leidtun	es tut ihr leid	es tat ihr leid	er hat ihr leidgetan
lesen	er liest	er las	er hat gelesen
liegen	er liegt	er lag	er hat gelegen
losrennen	er rennt los	er rannte los	er ist losgerannt
lügen	er lügt	er log	er hat gelogen
mögen	er mag	er mochte	er hat gemocht
müssen	er muss	er musste	er hat gemusst
nehmen	er nimmt	er nahm	er hat genommen
nennen	er nennt	er nannte	er hat genannt
pfeifen	er pfeift	er pfiff	er hat gepfiffen
raten	er rät	er riet	er hat geraten
reiten	er reitet	er ritt	er ist geritten
riechen	er riecht	er roch	er hat gerochen
rufen	er ruft	er rief	er hat gerufen
schlafen	er schläft	er schlief	er hat geschlafen
schließen	er schließt	er schloss	er hat geschlossen
scheinen	er scheint	er schien	er hat geschienen
schieben	er schiebt	er schob	er hat geschoben
schießen	er schießt	er schoss	er hat geschossen
schmelzen	es schmilzt	es schmolz	es ist geschmolzen
schneiden	er schneidet	er schnitt	er hat geschnitten
schreiben	er schreibt	er schrieb	er hat geschrieben
schreien	er schreit	er schrie	er hat geschrien
schweigen	er schweigt	er schwieg	er hat geschwiegen
schwimmen	er schwimmt	er schwamm	ist geschwommen
sehen	er sieht	er sah	er hat gesehen
sein	er ist	er war	er ist gewesen
singen	er singt	er sang	er hat gesungen
sinken	es sinkt	es sank	es ist gesunken
sitzen	er sitzt	er saß	er hat gesessen
spinnen	er spinnt	er spann	er hat gesponnen
sprechen	er spricht	er sprach	er hat gesprochen
springen	er springt	er sprang	er ist gesprungen
stehen	er steht	er stand	er hat gestanden
stehlen	er stiehlt	er stahl	er hat gestohlen
steigen	er steigt	er stieg	er ist gestiegen
sterben	er stirbt	er starb	er ist gestorben
streichen	er streicht	er strich	er hat gestrichen
streiten	er streitet	er stritt	er hat gestritten
tragen	er trägt	er trug	er hat getragen
treffen	er trifft	er traf	er hat getroffen
treiben	er treibt	er trieb	er hat getrieben
trinken	er trinkt	er trank	er hat getrunken
tun	er tut	er tat	er hat getan
übertreiben	er übertreibt	er übertrieb	er hat übertrieben
unterbrechen	er unterbricht	er unterbrach	er hat ihn unterbrochen
unterhalten (sich)	er unterhält sich	er unterhielt sich	er hat sich unterhalten
unterstreichen	er unterstreicht	er unterstrich	er hat unterstrichen
verbinden	er verbindet	er verband	er hat verbunden
verbringen	er verbringt	er verbrachte	er hat verbracht
vergehen	er vergeht	er verging	er ist vergangen
vergessen	er vergisst	er vergaß	er hat vergessen

vergleichen	er vergleicht	er verglich	er hat verglichen
verhalten	er verhält	er verhielt	er hat verhalten
verlassen	er verlässt	er verließ	er hat verlassen
verlieren	er verliert	er verlor	er hat verloren
verschieben	er verschiebt	er verschob	er hat verschoben
verschlafen	er verschläft	er verschlief	er hat verschlafen
versprechen	er verspricht	er versprach	er hat versprochen
verstehen	er versteht	er verstand	er hat verstanden
vertreiben	er vertreibt	er vertrieb	er hat vertrieben
vorschlagen	er schlägt vor	er schlug vor	er hat vorgeschlagen
wachsen	er wächst	er wuchs	er ist gewachsen
waschen	er wäscht	er wusch	er hat gewaschen
wehtun	es tut weh	es tat weh	es hat wehgetan
werben	er wirbt	er warb	er hat geworben
werfen	er wirft	er warf	er hat geworfen
widersprechen	er widerspricht	er widersprach	er hat widersprochen
wiegen	er wiegt	er wog	er hat gewogen
winken	er winkt	er winkte	er hat gewunken/gewinkt
wissen	er weiß	er wusste	er hat gewusst
zerbrechen	er zerbricht	er zerbrach	er hat zerbrochen
ziehen	er zieht	er zog	er hat gezogen

Liste der Verben mit Präpositionen

Diese Verben werden meistens mit Präpositionen verwendet. Lernen Sie die Präpositionen mit den Verben.

Akkusativ

achten	auf	Bitte achten Sie auf den Verkehr.
anmelden (sich)	für	Du musst dich morgen für den Kurs anmelden.
antworten	auf	Bitte antworten Sie auf meine Frage.
ärgern (sich)	über	Manchmal ärgere ich mich über dich.
aufpassen	auf	Lars muss auf seinen kleinen Bruder aufpassen.
bewerben (sich)	um	Frau Kalbach bewirbt sich um die Stelle.
bitten	um	Sophie bittet ihre Freundin um einen Tipp.
denken	an	Ich habe den ganzen Tag an dich gedacht.
diskutieren	über	Sie diskutieren immer über das gleiche Problem.
entschuldigen (sich)	für	Pedro entschuldigt sich für seinen Fehler.
erinnern (sich)	an	Ich kann mich nicht an den Film erinnern.
freuen (sich)	über	Franziska freut sich über ihren Erfolg.
freuen (sich)	auf	Die Kinder freuen sich auf Weihnachten.
gewöhnen (sich)	an	Ich habe mich an das deutsche Essen gewöhnt.
informieren (sich)	über	Ich möchte mich über den Kurs informieren.
investieren	in	Die EU investiert viel Geld in die Landwirtschaft.
interessieren (sich)	für	Er interessiert sich für Architektur.
kämpfen	gegen	Momo kämpft gegen die „grauen Herren".
konzentrieren (sich)	auf	Die Medien konzentrieren sich auf den Autoverkehr.
kümmern (sich)	um	Wir kümmern uns um Ihre Probleme.
nachdenken	über	Ich denke über den Deutschkurs nach.
reagieren	auf	Wir müssen schnell auf seine Frage reagieren.

schämen (sich)	für	Die Mutter schämt sich für ihr Kind.
sprechen	über	Katrin und Jan sprechen über ihre Zukunft.
streiten	über	Wir streiten oft über Kleinigkeiten.
trauern	um	Lukas trauert um seinen Vater.
verlieben (sich)	in	Nadine hat sich in einen großen Mann verliebt.
verstoßen	gegen	Man sollte nicht gegen diese Regel verstoßen.
vorbereiten (sich)	auf	Wir müssen uns auf den Test vorbereiten!
warten	auf	Fabian wartet auf seinen Vater.
wenden	an	Bei Problemen wenden Sie sich an Ihren Chef.
zuständig sein	für	Der Europäische Gerichtshof ist für das europäische Rechtssystem zuständig.

Dativ

auskommen	mit	Oma kommt gut mit Frau Müller aus.
auslassen	an	Die Kunden lassen ihre schlechte Laune an mir aus.
beitragen	zu	Internationale Lebensmitteltransporte tragen zum Klimawandel bei.
beschäftigen (sich)	mit	Wir beschäftigen uns heute mit dem Thema „Medien".
besprechen	mit	Georg bespricht das Problem mit seiner Frau.
bestehen	aus	Der Test besteht aus zwei einfachen Aufgaben.
ekeln (sich)	vor	Manche Menschen ekeln sich vor einer Spinne.
fragen	nach	Der Tourist fragt nach dem Weg.
führen	mit	Wir haben ein Interview mit einem Lehrer geführt.
führen	zu	Routine kann zum Scheitern einer Beziehung führen.
gehören	zu	Dresden gehört zum Bundesland Sachsen.
gratulieren	zu	Wir gratulieren dir zu deinem neuen Job!
klarkommen	mit	Ich komme mit dieser Übung nicht klar.
leiden	unter	Unter dem hohen Energieverbrauch leidet auch die Umwelt.
mischen	mit	Man mischt Mehl mit Eiern und Zucker.
passen	zu	Die grüne Hose passt nicht zum rosa Hemd.
schützen	vor	Die Jacke schützt vor dem Regen.
träumen	von	Ich träume von einer Weltreise.
treffen (sich)	mit	Heute treffen wir uns mit guten Freunden.
trennen (sich)	von	Maria hat sich von ihrem Freund getrennt.
verabreden (sich)	mit	Wann verabreden wir uns endlich mit deinem Freund?
verbinden	mit	Können Sie mich bitte mit dem Sekretariat verbinden?
verloben (sich)	mit	Heute hat sich Jens mit seiner Freundin verlobt.
verstehen (sich)	mit	Verstehst du dich gut mit deinen Kollegen?
warnen	vor	Der deutsche Wetterdienst warnt vor einem Sturm.
zerbrechen	an	Manche Beziehungen zebrechen an der Routine.
zusammenarbeiten	mit	Die Eltern sollten mit den Lehrern zusammenarbeiten.

Phonetik auf einen Blick

Die deutschen Vokale

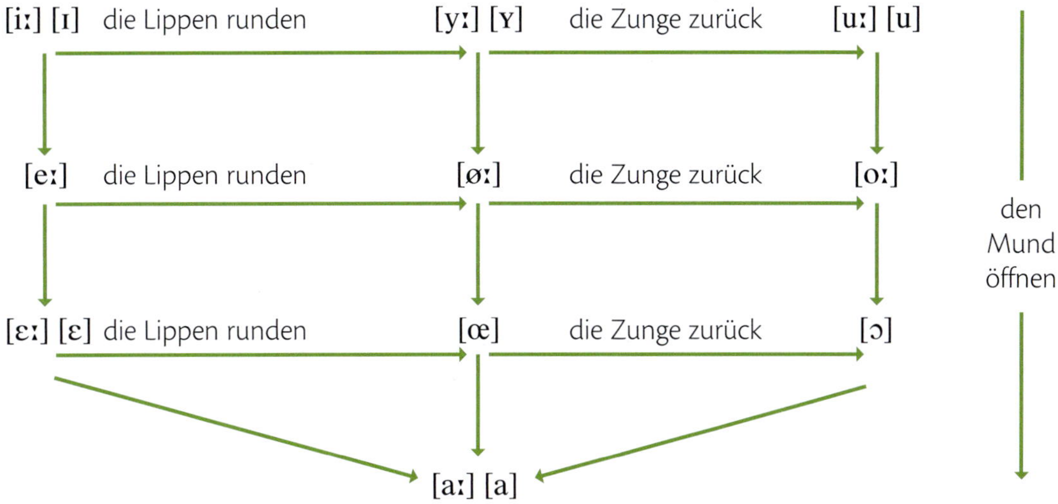

Beispiele für lange und kurze Vokale

[aː – a] gebadet – gemacht; [ɛː – ɛ] geregnet – gezeltet; [iː – ɪ] gespielt – besichtigt

Ich habe eine Radtour gemacht. Du hast dich an der Ostsee erholt. Er hat am Meer gezeltet. Wir haben Ulm besucht. Sie haben Wien besichtigt.

Das lange [eː]

[eː] nehmen, geben, leben, wenig, der Tee, der See

Die Endungen *-e, -en, -el, -er*

Ich habe heute keine Sahnetorte. Am liebsten möchten wir einen Kuchen essen. Äpfel und Kartoffeln sind Lebensmittel. Eier esse ich lieber, aber Eier sind teuer.

Beispiele für nicht runde und runde Vokale

[iː – yː] vier – für, spielen – spülen, das Tier – die Tür, Kiel – kühl

[ɪ – ʏ] die Kiste – die Küste, das Kissen – küssen, die Brillen – brüllen

[eː – øː] lesen – lösen, der Besen – die Bösen, die Meere – die Möhre

[ɛ – œ] kennen – können, der Wärter – die Wörter

Beispiele für Umlaut oder nicht Umlaut

[yː – uː] die Brüder – der Bruder, spülen – spulen

[ʏ – ʊ] drücken – drucken, nützen – nutzen

[øː – oː] schön – schon, die Größe – große, die Höhe – hohe

Drei lange Vokale nebeneinander

[iː – yː – uː] die Ziege – die Züge – im Zuge, das Tier – die Tür – die Tour, vier – für – ich fuhr, spielen – spülen – spulen

Schreibung und Aussprache [p, b, t, d, k, g]

[p] kann man schreiben: *p* wie in *das Papier*
pp wie in *die Suppe*
b am Wort- oder Silbenende wie in *halb vier*

[b] kann man schreiben: *b* wie in *ein bisschen*

[t] kann man schreiben: *t* wie in *die Tasse*
tt wie in *das Bett*
th wie in *das Theater*
dt wie in *die Stadt*
d am Wort- oder Silbenende wie in *das Geld*

[d] kann man schreiben: *d* wie in *das Datum*

[k] kann man schreiben: *k* wie in *können*
ck wie in *der Zucker*
g am Wort- oder Silbenende wie in *der Tag*

[g] kann man schreiben: *g* wie in *gern*

Schreibung und Aussprache [f] und [v]

[f] kann man schreiben: *f* wie in *fahren*
ff wie in *der Löffel*
v wie in *der Vater*
ph wie in *die Phonetik*

[v] kann man schreiben: *w* wie in *wer*
v wie in *die Universität*

Schreibung und Aussprache der Nasale [n, ŋ]

[n] kann man schreiben: *n* wie in *nein*
nn wie in *können*

[ŋ] kann man schreiben: *ng* wie in *der Junge*
n(k) wie in *die Bank*

Aussprache des Konsonanten *r*

[r] muss man sprechen: [r] wie in *richtig* für *r* am Silbenanfang
[ɐ̯] wie in *der Berg* für *r* am Silbenende (+ Konsonant/en)
[ɐ] wie in *besser* für *-er* am Silbenende

Akzent

1 Wortakzent in internationalen Wörtern

das 'Radio – die 'Kamera – die Ka'ssette – die Ziga'rette – intelli'gent – die Universi'tät – traditio'nell – die Poli'tik – interes'sant

2 Aussprache

Zuerst die Kochschokolade schmelzen lassen. Danach den Zucker und das Eigelb zugeben. Dann den Teig bei 180 Grad eine Stunde backen. Zum Schluss die Torte mit Kuvertüre überziehen.

Konsonanten

1 Lippenlaute [b], [v], [m]

Bitte ein Weißbrot mit Marmelade. Nein, lieber eine Bratwurst mit Brötchen. Dazu einen Weißwein. Ich meine: ein Weißbier. Oder doch lieber Mineralwasser?

2 *s*-Laute [z], [s] und [ts]

Susi, sag' mal: „Saure Soße".
Esel essen Nesseln nicht, Nesseln essen Esel nicht.
Am zehnten Zehnten zehn Uhr zehn zogen zehn zahme Ziegen zehn Zentner Zucker zum Zoo.

3 Aussprache *h*

Das *h* am Silbenanfang spricht man:
das Haus – hören – das Handy – der Hund – abholen – das Hotel – die Hand – halten

Das *h* nach langem Vokal spricht man nicht:
gehen – wohnen – die Ruhe – ohne – die Apotheke – fahren

4 Aussprache und Schreibung *sch*-Laut [ʃ]

[ʃ] kann man schreiben: „sch" wie in *die Schule, waschen, der Tisch*
„s(t)" wie in *der Stuhl, verstehen*
„s(p)" wie in *das Spiel, das Gespräch*
sch-Laut [ʃ] neben ch-Laut [ç] und s-Laut [s]

Deine Schlüsseltasche liegt auf dem Küchentisch. Kommst du mit ins Stadion? Ich möchte eine Flasche Wasser. Herr Rasche ist Chemiker. Ich wünsche dir einen fröhlichen Schulstart.

5 Konsonantenhäufungen: Zungenbrecher

Der Cottbuser Postkutscher putzt den Cottbuser Postkutschkasten. Der Potsdamer Postkutscher putzt den Potsdamer Postkutschkasten.	Fischers Fritze fischt frische Fische – frische Fische fischt Fischers Fritze.	Klaus Knopf liebt Knödel, Klöße, Klöpse. Knödel, Klöße, Klöpse liebt Klaus Knopf.

6 Präzise Konsonanten: „scharf flüstern"

Montag Dienstag Mittwoch Donnerstag Freitag Samstag Sonntag
Januar Februar März April Mai Juni Juli August September Oktober November Dezember

Vokale

1 Aussprache von *-er* als [ɐ]

die Mutter – der Vater – die Schwester – der Bruder – die Tochter

2 Aussprache und Schreibung der „Zwielaute"

[a͜i] kann man schreiben: „ei" wie in *ein, der Wein, die Bäckerei*
„ai" wie in *der Mai*
„ey" wie in *Herr Meyer (nur in Namen)*
„ay" wie in *Bayern (nur in Namen)*
[a͜u] kann man schreiben: „au" wie in *aus, das Haus, genau*
[ɔ͜y] kann man schreiben: „eu" wie in *euch, heute, neu*
„äu" wie in *äußern, träumen*
„oi" wie in *Toi, toi, toi!*

Mit neun hatte ich noch Träume. Ich wollte Schauspielerin werden. Doch dann habe ich eine Ausbildung zur Bankkauffrau gemacht. Heute arbeite ich für eine bayrische Firma im Ausland: Seit Mai bin ich im Team der Firma Meyer in Hanoi.

Aussprache emotional markieren

Aua, ich habe mich geschnitten!

Mist, jetzt ist die Vase kaputt!

Juhu, wir haben im Lotto gewonnen!

Iii, in meinem Bett ist eine Spinne!

Oh, was ist denn das?

Hörtexte

Hier finden Sie alle Hörtexte, die nicht oder nicht komplett in den Übungen abgedruckt sind.

1 Kaffee oder Tee?

Ü 4

+ Cola mit Eis?
– Ja, viel Eis, bitte.

* Tee oder Kaffee?
– Lieber Tee, mit viel Zucker, bitte.

Kaffee mit Milch und Zucker?
– Nein, ohne Milch und ohne Zucker, bitte.

Ü 5

b) + Entschuldigung, ist hier noch frei?
– Ja klar, bitte.
+ Danke. Ich heiße Mateusz und das ist Polina.
– Hallo, ich bin … Woher kommt ihr?
+ Wir kommen aus Polen. Und du? Woher kommst du?
– Ich komme aus …
+ Was möchtest du trinken? Tee oder lieber Kaffee?
– Tee mit Zucker.
+ Gut, dann drei Tee mit Zucker, bitte.

Ü 7

1. + Hallo, Diana! Was möchtest du trinken?
   – Guten Tag, Paul. Ich nehme Fanta mit wenig Eis.
2. + Guten Tag, was trinken Sie?
   – Ich nehme Kaffee mit viel Milch und ohne Zucker.
3. + Entschuldigung, trinken Sie Wasser oder lieber Orangensaft?
   – Orangensaft … oder nein, lieber Cola.
4. + Trinkst du Weißwein?
   – Nein, ich nehme lieber Rotwein.

Ü 9

So, da haben wir Tisch 3 … das war ein Wasser, das ist 209 und einmal Apfelschorle … Nr. 220. Dann Tisch 88: das waren die 208, 214 und 217 und Tisch 34 … einmal Sprite … ähm … Nr. 211.

Ü 10

1. + Julian, wie ist deine Telefonnummer?
   – Meine Telefonnummer ist 0172 43 74 333.
2. + Wie ist die Telefonnummer von Michaela?
   – Die Telefonnummer von Michaela? Das ist die 4569872.
3. + Sabine, hast du ein Handy?
   – Ja.
   + Und wie ist deine Nummer?
   – 0179 126 186 9.
4. + Wie ist die Handynummer von Jarek?
   – Moment … das ist die 0176 22 11 334.

Ü 11

1. + Empfang, Stein am Apparat.
   – Hallo, Paech hier. Wie ist die Telefonnummer von Frau Mazanke, Marketingabteilung?
   + Einen Moment, 68 35 und die Durchwahl ist 48 17.
   – Danke schön.
2. + Hallo, ich brauche die Telefonnummer von Herrn Feldmeier in München.
   – Ja … die Vorwahl ist 089 und dann die 448 093 87.
3. + Stein, Empfang.
   – Guten Morgen, Frau Stein. Wie ist die Telefonnummer von Frau Rosenberg in Dresden?
   + Frau Rosenberg, Serviceteam?
   – Ja.
   + Das ist die 264 651 und die 0351 für Dresden.

Ü 12

1. Liebe Fahrgäste, am Gleis 3 wartet der ICE 3043 nach München, planmäßige Abfahrt …
2. Vorsicht am Gleis 9! Es fährt ein: der EC 1509 von Erfurt nach Jena Paradies.
3. Der ICE 8878 nach Düsseldorf fährt heute vom Gleis 9 ab.

Ü 14

+ Ja, bitte?
– Ich möchte zahlen, bitte.
+ Zusammen oder getrennt?
– Zusammen, bitte.
+ Kaffee – 1,20 Euro und Milchshake – 1,80 Euro … Das macht 3 Euro, bitte.
– Hier, bitte.
+ Danke, auf Wiedersehen!

Ü 15

1. + Entschuldigung, ist hier noch frei?
   – Ja, bitte. Mein Name ist Angelina. Bist du auch im Sprachkurs A1?
   + Ja. Ich heiße Paul. Ich komme aus Frankreich. Woher kommst du?
   – Ich komme aus Italien.
2. + Was möchten Sie trinken?
   – Tee, bitte.
   + Mit Zucker und Milch?
   – Mit Milch, bitte.
3. + Wir möchten zahlen, bitte!
   – Getrennt oder zusammen?
   + Zusammen, bitte.
   – Das macht dann 5,30 Euro.
   + Bitte!
   – Danke und auf Wiedersehen!
   + Tschüss!

2 Sprache im Kurs

Ü 1

a) + Entschuldigung. Wie heißt das auf Deutsch?
– Der Radiergummi.
+ Das verstehe ich nicht. Können Sie das bitte wiederholen?
– Der Radiergummi.
+ Können Sie das bitte anschreiben?
– Ja, klar. Der Radiergummi.

Ü 5

+ Ja, bitte?
– Entschuldigung, wie heißt das auf Deutsch?
+ Das ist eine Zimmerpflanze.
– Ich verstehe das nicht. Können Sie das bitte wiederholen?
+ Ja, gerne. Das ist eine Zimmerpflanze.
– Ah. Können Sie das bitte buchstabieren?
+ Die Z-I-M-M-E-R-P-F-L-A-N-Z-E.

Ü 8

Liebe Eltern, die Kinder brauchen für das neue Schuljahr wieder neue Sachen. Hier ist die Liste: 4 Hefte, 1 Füller, 3 Stifte, 2 Kulis, 1 Englisch-Wörterbuch und 1 Radiergummi.
So, unser weiteres Thema ist …

Ü 10

1. hören – 2. begrüßen – 3. üben – 4. zählen – 5. können – 6. Österreich – 7. möchten – 8. fünf

Ü 13

b) Ich bin Maria Gonzales. Ich komme aus Mexiko und lebe in Mexiko-Stadt. Ich bin 19. Ich bin verheiratet mit José Gonzales. Wir haben keine Kinder. Ich spreche Spanisch, Englisch und Französisch. Ich lerne Deutsch im Goethe-Institut in Mexiko-Stadt. Deutschland ist für mich Technik und Fußball!

3 Städte – Länder – Sprachen

Ü 3

1. – Ich heiße Frank und komme aus Interlaken.
   + Wo ist denn das?
   – Das ist in der Schweiz.
2. – Ich bin Mike aus San Diego.
   + Wo ist denn das?
   – Das ist in den USA.
3. – Mein Name ist Nilgün und ich komme aus Izmir.
   + Wo ist denn das?
   – Das ist in der Türkei.
4. – Ich heiße Stefanie, ich komme aus Koblenz.
   + Wo ist denn das?
   – Das ist in Deutschland.
5. – Mein Name ist Světlana. Ich komme aus Prag.
   + Wo ist denn das?
   – Das ist in Tschechien.

Ü 11

Mein Name ist Anke Baier. Ich bin verheiratet und habe einen Sohn. Ich komme aus München, aber meine Familie und ich leben im Westen von Österreich – in Innsbruck.
Das liegt in Tirol. Dort spricht man Deutsch. Ich spreche Deutsch, Italienisch und Englisch.

Ü 13

b) + Woher kommen Sie?
– Ich komme aus …
+ Aha. Und welche Sprachen spricht man dort?
– Bei uns spricht man …
+ Welche Sprachen sprechen Sie?
– Ich spreche … Und Sie?
+ Ich spreche Deutsch, Englisch und ein bisschen Spanisch.

4 Menschen und Häuser

Ü 2

a) 1. + Herr Gülmaz, wie ist Ihre Adresse?
   – Meine Adresse? Wiesenstraße 65, 13357 Berlin.
2. + Und Ihre Adresse, Frau Schmidt?
   – Meine Adresse ist: An der Universität 19, 07743 Jena.
3. + Herr Heller, wie ist Ihre Adresse?
   – Das ist die Hauptstraße 98, 51817 München.

Ü 4

+ Guten Tag, Frau Wenke. Hier ist vielleicht Ihre Traumwohnung.
– Hallo, Herr Meier, na ja, mal sehen.
+ Die Wohnung hat drei Zimmer.
– Hat die Wohnung auch einen Garten?
+ Nein, sie hat keinen Garten. Aber es gibt einen Balkon. Hier!
– Schön, aber der Balkon ist sehr klein. Was kostet die Wohnung?
+ Sie kostet nur 550 Euro. Das ist sehr billig.
– Gut, dann nehme ich sie.

Ü 13

der Tisch und der Stuhl
der Schreibtisch und das Bücherregal
das Bett und der Schrank
die Küche und der Flur
das Bad und die Toilette

5 Termine

Ü 2

b) + Ackermann.
– Hallo, Herr Ackermann, Binek hier. Ich habe die Termine für nächste Woche.
+ Schön.
– Also, am Montag um acht Uhr haben Sie den Termin beim Zahnarzt. Und am Mittwoch um 11 ist das Treffen mit Frau Rein.
+ Am Mittwoch … um 11 Uhr … Frau Rein. O.k., ist das alles?
– Nein, am Dienstag und Donnerstag essen Sie um 13 Uhr mit Herrn Meier.
+ Hm, Dienstag und Donnerstag um …?
– Um 13 Uhr. Das ist alles.
+ Gut und vielen Dank!
– Gern, auf Wiederhören.

Ü 7

– Praxis Dr. Brummer, guten Tag.
+ Guten Tag. Mein Name ist … Ich hätte gern einen Termin.
– Waren Sie schon einmal hier?
+ Nein.
– Hm, nächste Woche am Mittwoch um 8 Uhr?
+ Um acht kann ich leider nicht. Geht es auch um 14 Uhr?
– Ja, das geht auch. Also, am Mittwoch um 14 Uhr.
+ Danke und auf Wiederhören!
– Auf Wiederhören!

6 Orientierung

Ü 1

1. Ich arbeite an der Universität in Münster. Münster ist klein. Ich stehe um 8.30 Uhr auf. Ich fahre 15 Minuten mit dem Fahrrad zur Arbeit.
2. Ich arbeite am Max-Planck-Institut in Jena und wohne in Weimar. Ich stehe um 8 Uhr auf. Ich fahre eine Viertelstunde mit dem Zug und 10 Minuten mit dem Bus zum Institut am Beutenberg.
3. Ich lebe in Hamburg und arbeite am Hamburger Hafen. Ich stehe jeden Morgen um 4 Uhr auf und fahre 35 Minuten mit dem Auto zur Arbeit.
4. Ich arbeite in Berlin und lebe in Potsdam. Von Montag bis Freitag stehe ich um 6.15 Uhr auf. Potsdam ist südwestlich von Berlin. Ich fahre 40 Minuten mit der S-Bahn bis zum Hauptbahnhof und fünf Minuten mit dem Bus bis zur Arbeit.

Ü 4

a) + Entschuldigung, wo finde ich die Caféteria?
– Die Caféteria ist ganz oben, in der 4. Etage.
Guten Tag, ich suche die Garderobe.
– Die Garderobe ist gleich hier hinten.
* In welcher Etage finde ich die Verwaltung?
– Die Verwaltung ist in der 3. Etage.
§ Ich suche den Lesesaal.
– Den Lesesaal finden Sie in der 1. Etage.
% Wo sind bitte die Zeitungen?
– Die Abteilung mit den Zeitungen finden Sie in der 2. Etage.
& Hallo, wo finde ich die Toiletten?
– Gleich hier im Erdgeschoss unten rechts.

Ü 6

+ Guten Tag, kann ich Ihnen helfen?
– Entschuldigung, wo ist denn bitte die Caféteria?
+ Die Caféteria ist im Erdgeschoss.
– In welcher Etage sind die Lesesäle?
+ Die Lesesäle sind in der 1. Etage.
– Und die Gruppenarbeitsräume? Wo finde ich die Gruppenarbeitsräume?
+ Die Gruppenarbeitsräume sind in der 2. Etage.
– Und ... Entschuldigung, wo sind die Toiletten bitte?
+ Die Toiletten sind gleich hier rechts.
– Vielen Dank!

Ü 9

1. + Praxis Dr. Glas, Seidel am Apparat.
– Martens, guten Morgen. Ich hätte gern einen Termin.
+ Wann geht es denn?
– Am Donnerstag um 8 Uhr?
+ Hm, da geht es leider nicht. Geht es am Mittwoch um 9.30 Uhr?
– Nein, da kann ich nicht. Da muss ich arbeiten.
+ Hm, Moment, am Dienstag um 11 Uhr?
– Ja, das ist okay.
2. + Praxis Dr. Glas, Seidel, guten Tag.
– Hier ist Finster. Ich habe heute um 10.45 Uhr einen Termin, aber ich stehe leider im Stau. Ich bin erst um 11.15 Uhr in Frankfurt. Kann ich da noch kommen?
– Ja, das geht.
3. + Praxis Dr. Glas, Seidel am Apparat.
– Weimann, guten Morgen. Ich hätte gern heute einen Termin.
+ Guten Morgen, Frau Weimann. Heute um Viertel nach zehn geht es.
– Schön, vielen Dank.

Ü 10

1. Queen Elisabeth ist am 21. Vierten 1926 geboren.
2. George Clooney ist am 6. Fünften 1961 geboren.
3. Heidi Klum ist am 1. Sechsten 1973 geboren.
4. Vitali Klitschko ist am 19. Siebten 1971 geboren.

7 Berufe

Ü 2

1. Hallo, ich heiße Abbas Samet und lebe in Düsseldorf. Ich arbeite schon viele Jahre als Taxifahrer in Dortmund und Bochum. Ich fahre gern Auto.
2. Mein Name ist Anna Zimmermann. Ich bin Floristin von Beruf und arbeite in einem Blumenladen in Stuttgart. Ich lebe mit meiner Familie in Leonberg in der Nähe von Stuttgart.
3. Ich bin Simon Winter. Ich bin Ingenieur. Ich komme aus Deutschland und lebe in Freiburg und Bern. Ich arbeite in Bern bei einer großen Firma.
4. Hi, mein Name ist Frieda Neumann. Ich arbeite als Krankenschwester in einem Krankenhaus in Graz.

Ü 5

b) Hallo, ich heiße Benjamin Herbst. Mein Geburtstag ist der 17.10.1978. Ich lebe in Frankfurt und bin Kfz-Mechatroniker. Ich arbeite im Autohaus Weber, die Adresse ist Hellerhofstraße 5 in Frankfurt am Main. Meine Telefonnummer ist 069/78634 und meine Handynummer ist 0176 748 95 52.

Ü 7

1. + Guten Tag.
– Guten Tag. Reparieren Sie auch Motorräder? Das Licht ist kaputt.
+ Ja, ja. Bringen Sie das Motorrad in die Werkstatt.
2. + Hallo, sind Sie frei?
– Ja.
+ In die Zillestr. 9, bitte.
– Aber gern.
3. + So, wie schneiden wir die Haare?
– Na ja, ich möchte sie kurz haben.
+ Kurz?! Sie haben aber doch so schöne Haare!
4. + Wie kann ich helfen?
– Mir geht es nicht gut, ich denke, ich bin krank.
+ Na, dann untersuche ich Sie erst einmal. Machen Sie Aah!
5. + Frau Toberenz, schreiben Sie bitte eine E-Mail an Herrn Wagner. Der Termin mit Herrn Böttger ist am Dienstag um 10 Uhr.
– Ja, mache ich. Ich rufe auch Frau Späth an. Sie haben morgen mit ihr einen Termin.
+ Oh, ja! Wann denn?
– Um 14 Uhr.
6. + Der Schrank hier ist schön. Was kostet er?
– 899 Euro.
+ Hmm, das ist teuer.

Ü 8

a) Guten Tag, mein Name ist Maren Kaiser. Ich komme aus Hamburg, das ist in Norddeutschland. Ich lebe mit meinem Mann und meinen drei Kindern in Halle. Ich bin Programmiererin und arbeite seit sechs Jahren bei Brüder & Hansen. Ich arbeite viel mit Computern und schreibe Programme für Computer. Hier bitte, das ist meine Karte.

Ü 10

a) – Jana, magst du deinen Beruf als Erzieherin in einem Kindergarten?
+ Ja, sehr. Es ist mein Traumberuf.
– Was magst du an deinem Job?
+ Ich kann jeden Tag mit Kindern arbeiten. Ich muss nicht im Büro am Computer sitzen. Das ist super!
– Was machst du mit den Kindern?
+ Ich kann gut Gitarre spielen und singen. Also singe ich oft mit den Kindern.
– Was magst du nicht an deinem Beruf?
+ Ich muss sehr früh aufstehen. Und ich kann nicht viel Geld verdienen.
– Jana, vielen Dank für das Interview …

8 Berlin sehen

Ü 3

1. + Entschuldigung. Wo ist das Schloss?
   – Das Schloss? Ah, ja. Gehen Sie die Straße hier links bis zum Schillerplatz. Und dann geradeaus bis zur Galerie. Bei der Galerie biegen Sie wieder links ab. Da ist dann das Schloss.
2. + Entschuldigung. Ich will zum Schloss. Können Sie mir helfen?
   – Ja, das ist einfach! Gehen Sie geradeaus bis zur dritten Kreuzung. Dann gehen Sie links und immer weiter geradeaus. Das Schloss ist das große Gebäude auf der rechten Seite.

Ü 5

+ Entschuldigung, wo geht es zur Deutschen Bank?
– Ja, gehen Sie geradeaus und an der nächsten Kreuzung rechts. Dann die nächste Straße links.
+ Also geradeaus und an der nächsten Kreuzung links?
– Nein, an der nächsten Kreuzung rechts.
+ Ach so, an der nächsten Kreuzung rechts.
– Die Bank ist das große moderne Haus auf der rechten Seite.
+ Vielen Dank. Ist es weit?
– Na ja, etwa fünf Minuten.
+ Danke. Auf Wiedersehen!

9 Ab in den Urlaub

Ü 2

– Guten Tag, Frau Mertens.
+ Guten Tag, Herr Marquardt. Waren Sie im Urlaub?
– Ja, zwei Wochen. Ich bin am Montag zurückgekommen.
+ Wo waren Sie denn?
– Wir waren auf der Insel Rügen, in Sassnitz.
+ Und wie war es?
– Es war toll. Wir waren jeden Tag draußen.
+ Und wie war das Wetter?
– Es war prima. 14 Tage nur Sonne!

Ü 5

+ Kommt mit in meine Stadt. Heute machen wir einen Spaziergang durch die Stadt Linz mit Thomas Seifert.
– Hi, ich bin Thomas und lebe seit 15 Jahren in Linz. Für Menschen, die noch nie in Linz waren: Die Stadt liegt an der Donau im Nordosten von Österreich. Viele Touristen fahren gern mit einem Schiff auf der Donau. So sieht man die Stadt vom Wasser. Linz ist die Stadt der Kultur, 2009 war Linz sogar die Kulturhauptstadt Europas. Hier gibt es viel Theater und Musik. Im Frühling und Sommer gibt es viele Festivals. Ich gehe jedes Jahr im Mai zum Linzfest, einem Musikfestival. Dort gibt es tolle Musik aus ganz Europa. Eine wichtige Touristenattraktion ist auch der Mariendom. Wenn Sie nach Linz kommen, müssen Sie unbedingt die Linzer Torte probieren. Sie ist sehr lecker und es gibt sie schon seit 1653! Und zum Schluss meine persönliche Empfehlung: Besuchen Sie auch den Botanischen Garten. Dort ist es schön ruhig und man kann dort den Stadtstress vergessen.

Ü 12

b)
1. Hi, ich fahre gern in den Urlaub. Ich mache gern Sporturlaub. Letztes Jahr habe ich eine Radtour gemacht. Ich bin mit dem Rad in die Berge gefahren – 300 km! Dort bin ich dann viel gewandert und Rad gefahren.
2. Also, ich mache Urlaub immer in der Türkei in einem schönen Hotel am Strand. Ich liebe den Strand und das Meer. Ich lese gern und viel. Museen oder Städtetouren finde ich langweilig. Ich fahre immer mit zwei Freunden in den Urlaub. Wir haben zusammen viel Spaß.
3. Ich mache gern Städteurlaube. In Europa war ich schon in vielen Städten, z. B. in London, Paris, Budapest oder Sevilla. Ich gehe gern in Cafés und Museen. Ich fahre immer mit meiner Freundin in den Urlaub. Nächstes Jahr fahren wir nach Brüssel.

10 Essen und trinken

Ü 2

b) + Ich gehe einkaufen. Was soll ich kaufen?
– 2 l Milch, 8 Brötchen, 100 g Salami …
+ Warte, warte, ich schreibe einen Einkaufszettel. So, noch einmal bitte.
– 2 Stück Butter, 2 l Milch, 8 Bananen, 8 Brötchen, 100 g Salami, 1 Stück Käse, 1 Brot und 4 Paprika.

Ü 3

Wo ist mein Einkaufszettel? Ach ja, hier. So, was brauchen wir? 1 l Milch, 2 Stück Butter, 4 Joghurt, 6 Eier, 1 kg Kartoffeln, 1 Eis, Nudeln, 500 g Erdbeeren, 5 Äpfel.

Ü 4

+ Guten Tag, Sie wünschen bitte?
– Guten Tag. Ich hätte gern fünf Äpfel.
+ Darf es sonst noch etwas sein?
– Ja, ich nehme noch zwei Paprika.
+ Noch etwas?
– Was kosten denn die Tomaten?
+ Das Kilo 3,99 Euro.
– Dann nehme ich bitte ein Pfund.
+ Bitte schön – sonst noch etwas?
– Danke, das ist alles.

Ü 6

+ 1 kg Tomaten nur 3,99 Euro, 1 kg Äpfel 2,95 Euro. Kommen Sie näher, heute haben wir ein großes Angebot! 1 Bund Möhren nur 1,49 Euro und 500 g Erdbeeren nur 1,99 Euro! Liebe Frau, schauen Sie, 1 kg Kartoffeln 1,80 Euro.
– Danke, Kartoffeln brauche ich nicht. Aber was kosten die Gurken?
+ Nur 1,29 Euro das Stück. Zwei Stück gebe ich Ihnen für 2 Euro!
– Gut, dann nehme ich zwei Gurken.

11 Kleidung und Wetter

Ü 2

+ Frau Günther, was sind die Modetrends für den Frühling und Sommer?
– Im Frühling bleibt es klassisch. Frauen und Männer tragen die Farbe Weiß.
+ Und der Trend für den Sommer?
– Für den Sommer gibt es dieses Jahr viele Farben. Bei den Frauen sieht man viel Gelb und Rot, Männer tragen Hellblau.
+ Und welches Kleidungsstück ist im Sommer besonders in?
– Für Frauen ist es das Sommerkleid, bunt oder in Rot und Pink. Bei den Männern sind es helle Hosen. Männer tragen auch wieder mehr Hüte.

Ü 4

a) 1. + Trägst du gern Röcke?
– Nein, ich trage lieber Hosen.
+ Und magst du T-Shirts?
– Ja, ich liebe T-Shirts.

2. + Trägst du gern Anzüge?
– Nein, ich trage lieber Kapuzenpullover.
+ Und magst du Hemden?
– Hemden? Nein, ich mag keine Hemden.

Ü 9

+ Kann ich Ihnen helfen?
– Ich suche eine Hose.
+ Welche Größe haben Sie?
– Größe 40. Haben Sie eine schwarze Hose fürs Büro?
+ Diese hier ist Größe 40. Leider haben wir die nur in Blau oder in Rot.
– Kann ich die in Blau anprobieren?
+ Ja, gern. Hier, bitte.
– Hmm ... die gefällt mir gut. Sie ist auch sehr bequem. Steht sie mir?
+ Ja, die steht Ihnen ausgezeichnet.
– Gut, dann nehme ich sie.

Ü 14

Herzlich Willkommen beim Europawetter. In Madrid sind 27 Grad und es ist leicht bewölkt. In Lissabon ist es mit 30 Grad sehr heiß, aber windig. In Paris ist es sonnig bei 24 Grad. In London regnet es und es sind 19 Grad. In Berlin und Wien ist es warm mit 23 Grad, aber bewölkt. In Budapest gibt es leichten Regen und 25 Grad. In Warschau scheint die Sonne und es sind 22 Grad. In Kopenhagen ist es mit 18 Grad kalt und windig.

12 Körper und Gesundheit

Ü 3

1. Knien Sie auf dem Boden. Stellen Sie die Füße auf und strecken Sie Ihre Beine und Arme. Heben Sie Ihren Po. Ihr Rücken ist gerade.
2. Gehen Sie auf die Knie. Die Hände sind fest am Boden. Heben Sie Ihren Oberkörper. Der Rücken ist nicht gerade. Legen Sie den Kopf nach unten.
3. Legen Sie sich auf den Bauch. Heben Sie Ihren Oberkörper mit den Armen hoch. Strecken Sie Ihren Kopf.
4. Stehen Sie gerade. Legen Sie den linken Fuß an das rechte obere Bein. Die Arme sind vor dem Körper.

Ü 8

+ Was fehlt Ihnen?
– Ich habe Kopfschmerzen.
+ Haben Sie auch Halsschmerzen?
– Ja, seit zwei Tagen.
+ Sagen Sie mal Aaaah!
– Aaahhhhhhhh!
+ Sie haben eine Grippe. Ich schreibe Ihnen ein Rezept.
– Wie oft muss ich die Medikamente nehmen?
+ Dreimal am Tag. Immer vor dem Essen. Gute Besserung!
– Danke. Auf Wiedersehen!

Ü 11

+ Ich habe seit Tagen Halsschmerzen und keinen Appetit.
– Ja, Sie haben eine leichte Grippe. Bleiben Sie zu Hause und ruhen Sie sich aus. Ich verschreibe Ihnen Tabletten, dann geht es Ihnen besser.
+ Wie oft nehme ich die Tabletten?
– Nehmen Sie die Tabletten zweimal am Tag vor dem Essen. Trinken Sie keinen Alkohol, aber trinken Sie viel Tee. Essen Sie viel Gemüse und Suppe. In ein paar Tagen geht es Ihnen besser!

13 Leben und lernen in Europa

Ü 1

c) 1. Ein Examen testet das Wissen, z. B. am Ende vom Studium oder von der Ausbildung.
2. Das ERASMUS-Programm ist ein Programm für Studenten. Sie können für ein oder zwei Semester im Ausland studieren und bekommen von der EU etwas Geld.
3. In Deutschland ist das Marketing-Studium sehr beliebt, viele Studenten interessieren sich für dieses Studium.
4. Viele Studenten machen in ihrem Studium ein Auslandssemester. Sie leben und studieren dann in einem anderen Land und lernen Sprachen.

Ü 2

+ Hallo Jannis, kannst du dich kurz vorstellen?
– Ja, hallo, ich heiße Jannis Topalidis und ich komme aus Griechenland. Ich bin in Athen geboren und habe dort auch studiert.
+ Und wo arbeitest du jetzt?
– Jetzt bin ich Arzt und arbeite in einem Krankenhaus in Dortmund.
+ Ach, in Dortmund. Und seit wann lebst und arbeitest du dort?

– Ich bin vor einem Jahr nach Dortmund gezogen. Ich war im Studium auch ein paar Monate in Deutschland. Ich war ERASMUS-Student in Köln.
+ Seit wann lernst du jetzt Deutsch?
– Ich lerne seit fünf Jahren Deutsch, in Athen habe ich an der Universität einen Deutschkurs besucht. Dann habe ich in Dortmund an einer Sprachenschule einen Intensivkurs gemacht.
+ Und was findest du an der deutschen Sprache gut?
– Mhh, die Grammatik gefällt mir gut. Ja, ich mag die deutsche Grammatik.
+ Und was ist schwer für dich?
– Es gibt sehr viele Wörter im Deutschen, das ist schwer.
+ Das stimmt. Danke für das Interview, Jannis.

Ü 7

b) 1. Ich höre Musik mit dem Radio oder mit dem Computer.
2. Ich studiere an der Universität Bonn Wirtschaft und Politik. In zwei Monaten gehe ich für ein Auslandssemester nach Seoul. Ich mache einen Intensivkurs Koreanisch.
3. Fremdsprachen lerne ich an der Volkshochschule. Ich lerne aber auch gern zu Hause mit dem E-Book.

14 Familiengeschichten

Ü 2

+ Guten Morgen!
– Guten Morgen.
+ Also, ich stelle euch jetzt meine Familie vor. Wie ihr wisst, ist mein Name Yasmina Haddad und das ist meine Familie. Meine Familie ist nicht so groß. Ich habe einen Bruder, er heißt Jascha. Jascha ist zwei Jahre jünger als ich und studiert Jura in Frankfurt. Er ist noch nicht verheiratet und lebt nicht mehr bei unseren Eltern. Unsere Mutter heißt Sabine, sie ist 54 Jahre alt und von Beruf Biologin. Mein Vater heißt Omid, er ist drei Jahre älter als meine Mutter. Er kommt aus dem Iran, lebt aber schon seit 32 Jahren in Deutschland. Mein Vater arbeitet als Architekt. Meine Eltern sind seit 27 Jahren verheiratet, sie leben in Darmstadt. Meine Mutter hat zwei Geschwister. Ich habe also eine Tante und einen Onkel. Meine Tante heißt Astrid und mein Onkel heißt Wolfgang, ich verstehe mich mit ihnen sehr gut. Und das sind meine Großeltern, Helga und Alfred. Sie leben auch in Frankfurt. Mein Großvater ist 87 Jahre alt, meine Großmutter ist fünf Jahre jünger. Ja, habt ihr noch Fragen? Ja, bitte …

Ü 9

Interview 1
+ Christine, du bist 35 Jahre alt und lebst allein.
– Ja, ich habe mich vor zwei Jahren von meinem Freund getrennt und bin aus unserer Wohnung ausgezogen. Eine Freundin wollte, dass ich mit ihr zusammenziehe, aber ich will lieber alleine wohnen. Im Moment genieße ich meine Freiheit.
+ Bist du manchmal einsam?
– Nein! Single sein heißt ja nicht, dass ich einsam bin. Ich habe viele Freunde und unternehme viel mit ihnen. Nur die Sonntage … da haben viele keine Zeit, weil sie mit ihren Partnern zusammen sein wollen. Das ist manchmal etwas schwierig.

Interview 2
+ Andy und Rafael, ihr seid ein Paar und wohnt seit etwa einem Jahr zusammen in einer Wohnung. Warum seid ihr zusammengezogen?
– Wir wollten uns einfach öfter sehen. Vorher haben wir uns immer gegenseitig besucht. Das war aber nicht so praktisch.
+ Als Männerpaar, habt ihr da Probleme mit den Nachbarn?
• Die meisten wissen nicht, dass wir ein Paar sind. Warum auch?
– Ja, die meisten Nachbarn denken, dass wir in einer Wohngemeinschaft zusammenleben, weil das billiger ist.
• Für unsere Eltern war es am Anfang ein Schock. Aber jetzt finden sie es ganz normal.

Interview 3
+ Karin und Uwe, ihr habt spät geheiratet.
– Ja, wir kennen uns schon seit der Schule. Dann haben wir erst mal lange studiert.
• Wir wollten noch nicht so früh Kinder haben. Nach dem Studium haben wir beide gearbeitet und viele Reisen gemacht. Mit 38 hat Karin unsere Tochter bekommen. Dann haben wir geheiratet. Unsere Tochter kommt nach den Sommerferien aufs Gymnasium.
+ Arbeitet ihr beide?
– Ja. Nach der Geburt bin ich die ersten beiden Jahre zu Hause geblieben. Dann haben wir einen Kindergarten für Lucie gefunden und ich habe wieder angefangen zu arbeiten.

Ü 12

a) + Kerstin Hilpert.
– Guten Tag, hier ist Herr Winter von der Zeitung „Neue Presse Hannover".
+ Hallo, Herr Winter!
– Sie hatten bei uns in der Zeitung eine Anzeige aufgegeben, dass Sie Ihre Katze Luci vermisst haben. Ich habe gehört, dass Ihre Katze jetzt wieder da ist. Könnte ich einen Artikel über Ihre Katze und Ihre Familie schreiben?
+ Ähm, einen Zeitungsartikel?
– Ja, genau. Über Ihre Katze Luci!
+ Ja, äh …, ok. Was wollen Sie denn wissen?
– Wie lange war Luci weg? Und seit wann ist sie wieder da?
+ Wir haben Luci zwei Wochen vermisst und sind sehr glücklich, dass sie wieder zu Hause ist. Vor zwei Tagen haben wir einen Anruf von einer älteren Dame bekommen. Luci war eine Woche bei ihr. Seit zwei Tagen ist sie wieder zu Hause.
– Und, geht es Luci gut?
+ Ja, vorgestern waren wir mit ihr beim Arzt und sie ist ganz gesund. Gestern war sie aber sehr müde und hat viel geschlafen. Heute ist sie zum Glück wieder ganz normal. Sie …

15 Unterwegs

Ü 4

b) + Hallo, Nils, hier ist Mama. Wann kommst du denn am Mittwoch in Münster an?
– Hi, Mama! Ich komme am Mittwoch mit dem ICE. Der Zug fährt um 15:44 Uhr in Bonn ab und kommt dann um 17:56 in Münster an.

+ Fährst du direkt nach Münster oder steigst du in Köln um?
– Nein, ich fahre durch und muss nicht umsteigen. Ich habe auch einen großen Koffer.
+ Kein Problem. Wir holen dich mit dem Auto vom Bahnhof ab.

Ü 5

+ Guten Tag.
– Guten Tag. Ich hätte gern eine Fahrkarte von Dresden nach Prag.
+ Hin und zurück?
– Nein, eine einfache Fahrt, bitte. Ich fahre am 15.11. nach Prag.
+ Um wieviel Uhr möchten Sie fahren?
– So früh wie möglich. Geht es so gegen 7 Uhr ab Dresden?
+ Moment, ja, die früheste Verbindung geht ab Dresden um 8.08 Uhr morgens. Sie sind dann um 10.29 Uhr in Prag. Passt Ihnen das?
– Ja, das ist in Ordnung, dann bin ich um 10.29 Uhr in Prag, das ist gut. Wie teuer ist die Fahrkarte?
+ Haben Sie eine BahnCard?
– Nein.
+ Das sind dann 34,60 Euro. Soll ich die Verbindung buchen?
– Ja, bitte. Und ich hätte gern eine Sitzplatzreservierung.
+ Ja, gern. Das macht dann 38,60 Euro. Zahlen Sie bar oder mit Kreditkarte? Und möchten Sie …

Ü 6

+ Guten Tag!
– Guten Tag, wann fährt der nächste Zug nach Hamburg-Altona ab?
+ Einen Moment bitte, der nächste Zug fährt um 14.19 Uhr, das ist in einer Stunde.
– Und wann komme ich in Hamburg-Altona an?
+ Die Ankunft in Hamburg-Altona ist um 20.41 Uhr.
– Gut, von welchem Gleis fährt der Zug ab?
+ Der Zug fährt von Gleis 3. Das ist der ICE 72 bis Hamburg-Altona.
– Vielen Dank.

Ü 10

b) + Tobi, habt ihr schon euren Sommerurlaub geplant?
– Puh, schwieriges Thema, Lea.
+ Warum? Bekommt Steffi wieder keinen Urlaub im Sommer?
– Nein, nein, wir haben beide im August zwei Wochen frei. Aber wir können uns dieses Jahr nicht entscheiden. Wir wollten vielleicht in die Türkei fahren.
+ Das ist doch super! Wo ist das Problem?
– Ja, es ist super und es gibt auch tolle Angebote: Tolle Hotels direkt am Strand mit super Essen. Aber das ist dann wieder ein typischer Hotelurlaub.
+ Aber das ist doch in Ordnung. Ihr macht doch gerne Hotelurlaub, oder nicht?
– Ja, klar, wir machen gern Hotel- und Strandurlaub, aber das haben wir schon so oft gemacht, eigentlich immer. Ich denke, eine Rundreise ist viel interessanter.
+ Das kann ich gut verstehen, ich finde Strandurlaub auch ein bisschen langweilig. Fahrt doch nach Istanbul und von dort macht ihr eine Rundreise durch die Türkei.
– Ja, das ist eine super Idee! Dann machen wir eine Rundreise und sind auch ein paar Tage am Strand. Danke Lea, ich ruf gleich Steffi an.

16 Freizeit und Hobbys

Ü 4

a) + Hi Jovan, willkommen bei Campus Radio Augsburg.
– Hallo!
+ Heute ist unser Thema: Freizeitaktivitäten. Was sind deine Hobbys?
– Die Musik! Ich liebe Musik, ich spiele in einer Band und höre auch sehr gerne Musik.
+ Was machst du für Musik?
– Ich spiele Gitarre in einer Band.
+ Super, und tanzt du auch gern?
– Nein, ich tanze nicht gern. Ich kann auch nicht gut tanzen.
+ O.k., und was ist mit Sport? Machst du auch Sport?
– Ja, ich spiele gerne Handball. Ich treffe mich oft am Samstag mit Freunden, dann spielen wir zusammen. Manchmal gehe ich auch laufen, aber das finde ich ziemlich langweilig.
+ Was machst du noch in deiner Freizeit? Spielst du z. B. auch Computer?
– Nein, Computer spiele ich nie, aber ich lese gern und viel. Am liebsten lese ich Zeitschriften, natürlich über Musik.
+ Danke, Jovan, für das Interview. Wir fragen jetzt noch mehr Studenten …

Ü 5

b) + Was machst du gern in deiner Freizeit?
+ Ich spiele gern Computer.
– Und was findest du langweilig?
+ Ich finde Gartenarbeit langweilig.
– Und was machst du am liebsten?
+ Am liebsten treffe ich mich mit Freunden.

Ü 6

b) Sabrina und Markus haben sich mit Freunden zum Essen verabredet. Sie freut sich auf den Abend, aber Markus hat keine Lust.
+ Markus, bist du schon fertig?
– Ich muss mich noch rasieren und ich will mich noch umziehen.
+ Mach bitte schnell, ich möchte nicht schon wieder zu spät kommen. Du weißt doch, Anne ärgert sich immer so schnell.
– Jaaa. Warum treffen wir uns so oft mit Anne und Jörg?
+ Nie interessierst du dich für meine Freunde! Du willst dich lieber mit deinen Freunden treffen, stimmt's?
– Nein, ich mag deine Freunde. Ich unterhalte mich nur besser mit meinen Freunden.
+ Ja, ich weiß. Aber komm jetzt!

Ü 10

+ Hi Mark, wie geht's dir? Was machst du denn da?
– Hi Leyla, mir geht's gut. Ich suche einen Verein in Köln. Ich möchte wieder Sport machen und neue Leute kennenlernen.
+ Ja, das ist eine gute Idee. Möchtest du wieder Basketball spielen?
+ Ja, ich möchte schon, ich kann aber nicht. Meine Schulter ist doch kaputt. Es gibt einen super Verein – die Rheinstars Köln, aber Basketball kann ich leider nicht mehr spielen.
+ Ach ja, stimmt. Was ist das denn?
– Die Volkstanzfreunde Köln e. V.!

\+ Ein Volkstanzverein? Mark, das ist doch eine super Idee, oder?
– Hey, ich bin doch nicht mein Vater! Nein, ich will nicht tanzen.
\+ Bei Köln muss ich immer an Karneval denken. Es gibt viele Kölner Karnevalsvereine.
– Ja, stimmt. Aber ich will nicht Karneval feiern. Das gefällt mir nicht. Ich möchte Sport machen, wie z. B. Schwimmen oder Reiten.
\+ Schwimmen finde ich langweilig, aber Reiten ist super. Geh doch in einen Reitverein!
– Reiten! Reiten ist eine gute Idee, ich bin als Kind auch oft geritten. Meinst du, ich finde hier einen guten Reitverein?
\+ Klar! Schauen wir mal, mmhh, ja hier, der Reitverein Porz e. V., der sieht gut aus, oder?

Ü 13

b) 1. Mhhmm, ich weiß nicht, was ich machen soll!
2. Was? Du kommst morgen nicht zu meinem Marathon?
3. Morgen spielen wir Fußball! Morgen spielen wir Fußball!
4. Mein Fußballverein hat schon wieder verloren.

Ü 14

b) 1. Aua, das tut weh!
2. Juhuu, endlich Ferien!
3. Iiiii, eine Spinne!
4. Mist, mein Handy ist aus!
5. Oh, was für schöne Blumen.

17 Medien im Alltag

Ü 1

\+ Liebe Hörerinnen und Hörer, ich begrüße Sie bei der Umfrage der Woche. Heute geht es um das Thema Medien. Wir haben einen ersten Anrufer. Hallo, mit wem spreche ich?
– Guten Tag, ich heiße Helge Probst und komme aus Frankfurt.
\+ Guten Tag, Herr Probst! Welche Medien nutzen Sie denn im Alltag?
– Ich lese zum Beispiel jeden Tag Zeitung. Und nach dem Mittagessen hören meine Frau und ich auch gern Radio, das machen wir mehrmals pro Woche. Ich schaue aber zum Beispiel selten Fernsehen, die meisten Sendungen gefallen mir nicht. Und seit einem Jahr habe ich auch ein Handy, das war ein Geschenk meiner Kinder: Ja, und ich finde, dass es sehr praktisch ist.
\+ Vielen Dank, Herr Probst, und wer ist der Anrufer Nummer zwei?
• Hi, ich bin Aaron und ich bin ein großer Musikfan, ich höre ständig Musik. Meinen MP3-Player habe ich eigentlich immer dabei. Zu Hause höre ich aber Musik mit meiner Stereoanlage. Und manchmal höre ich Schallplatten, aber dafür brauche ich Zeit und Ruhe und das ist selten. Außerdem arbeite ich auch viel mit meinem Notebook.
\+ Danke, Aaron, ich wünsche dir noch einen schönen Tag! Mit wem spreche ich jetzt?
° Hallo, ich heiße Samir und ich benutze Medien fast immer. Was ich immer bei mir habe, ist mein Smartphone, das ist ja heute normal. Und ich sehe gern fern, fast jeden Tag. Aber ich benutze nicht nur neue Medien. Ich lese zum Beispiel auch viele Bücher und häufig die Zeitung. Nur Radio höre ich fast nie. Aber ich finde, …

Ü 10

\+ Guten Tag. Was kann ich für Sie tun?
– Guten Tag. Ich habe zum Geburtstag zweimal diesen MP3-Player bekommen. Einen möchte ich bitte umtauschen.
\+ Haben Sie den Kassenzettel?
– Naja, es war ja ein Geschenk. Aber meine Tante hat den MP3-Player hier bei Ihnen gekauft.
\+ Es tut mir leid, ich brauche den Kassenzettel. Ohne Kassenzettel kann ich den MP3-Player leider nicht umtauschen. Aber fragen Sie doch Ihre Tante. Sie hat den Kassenzettel bestimmt noch zu Hause.
– Ja, ich rufe sie an. Und bekomme ich dann das Geld zurück?
\+ Ja, natürlich bekommen Sie dann das Geld zurück.
– Danke.
\+ Auf Wiedersehen.

Ü 11

– Guten Tag. Was kann ich für Sie tun?
\+ Guten Tag. Ich habe letzte Woche bei Ihnen ein Notebook gekauft. Das möchte ich reklamieren. Es geht nicht mehr.
– Haben Sie es schon einmal neu gestartet?
\+ Ja, das habe ich schon gemacht, aber es funktioniert nicht. Der Monitor bleibt schwarz.
– Tja, da müssen wir uns das Notebook genau ansehen und es reparieren.
\+ Auf dem Kassenzettel steht, dass ich sechs Monate Garantie habe.
– Das stimmt. Sie müssen die Reparatur natürlich nicht bezahlen.
\+ Wie lange dauert das denn?
– Das kann ich Ihnen leider nicht sagen. Wir müssen uns das Notebook erst ansehen. Aber wir reparieren es so schnell wie möglich.
\+ Gut, dann bringe ich Ihnen morgen das Notebook. Auf Wiedersehen.
– Auf Wiedersehen.

18 Ausgehen, Leute treffen

Ü 1

\+ Wie viel Zeit haben wir noch bis das Seminar beginnt?
– Ähm, eine halbe Stunde. Wir können noch einen Kaffee trinken.
\+ Super! Wir müssen auch noch den Freitagabend planen.
– Ja, ich habe Lust mit euch zu kochen. Wir könnten uns bei mir treffen mit Hanna und Paul. Was meinst du?
\+ Ja, das hört sich gut an. Kochen finde ich super! Ich frage auch noch Marek, o. k.?
– Ja, natürlich. Ich hätte Lust danach noch eine DVD zu gucken!
\+ Ach, nee, ich würde lieber in eine Kneipe oder in einen Club gehen. Es ist doch Freitagabend!
– Ich habe aber keine Lust, in einen Club zu gehen, ich muss am Samstag früh aufstehen.
\+ Dann kochen wir erst bei dir und gehen dann noch in die Kneipe „Ritter".
– Ja, das hört sich super an. Ich mag die Kneipe. Und im „Ritter" kann man doch auch Billard spielen, oder?
\+ Ja, dann spielen wir Billard und hören Live-Musik. Ich hole uns mal einen Kaffee, was willst du …

Ü 3

- • Habt ihr schon gewählt?
- \+ Ja, ich hätte gern den kleinen Salatteller. Ist der Salat mit Käse?
- – Nein, aber wenn du möchtest, bringe ich den Salat mit Käse.
- \+ Ja, gern! Dann nehme ich den Salat mit Käse und dann hätte ich gern die Fisch-Pfanne. Aber könnte ich bitte Kartoffeln statt Bratkartoffel haben?
- • Ja, natürlich, das ist kein Problem. Und was kann ich dir bringen?
- – Ich nehme den Gemüseauflauf. Und vorher hätte ich bitte noch eine Suppe. Ist die Frühlingssuppe mit Fleisch?
- • Ja, die Frühlingssuppe ist mit Fleisch, aber die Tomatensuppe ist vegetarisch.
- – Dann nehme ich bitte die Tomatensuppe.
- • Was möchtet ihr trinken?
- – Wir hätten gern eine große Flasche Mineralwasser.
- • Ich hätte gern noch eine Coca-Cola, oder nein, lieber ein Bier.
- – Ja, gern. Eine Flasche Mineralwasser und ein Bier!

Ü 5

- \+ Was kann ich Ihnen zu Essen bringen?
- – Ich hätte gern einen gemischten Salat mit Putenbruststreifen.
- \+ Gern. Ist das alles?
- – Noch ein Toast mit Tomate, bitte.
- \+ Was möchten Sie trinken?
- – Ich nehme einen Kaffee.

19 Vom Land in die Stadt

4Ü 1

- \+ Sie wissen aber, dass diese Stelle nicht in Hamburg ist?
- – Ja, natürlich. Es geht um Ihre Abteilung in Hohenlockstedt. Der Ort ist 70 Kilometer von Hamburg entfernt, richtig?
- \+ Das stimmt. Wollen Sie mit dem Auto fahren? Wir stellen Ihnen dann natürlich gern einen Firmenwagen zur Verfügung.
- – Ich möchte von Hamburg aufs Land ziehen. Mein Frau und ich wollten schon immer gern im Grünen wohnen. Mehr Ruhe, ein größeres Haus, einen Garten haben …
- \+ Nicht jeder möchte aus der Großstadt weg. Sie überraschen mich.
- – Ja, vielleicht liegt das an meiner Kindheit. Ich war in den Ferien viel bei den Großeltern auf dem Land. Das war immer sehr schön. Und ich arbeite gern im Garten. Jetzt habe ich nur einen kleinen Balkon, keinen Garten. Außerdem wollte ich, dass meine Kinder draußen spielen können und die Natur erleben. In Hamburg ist das schwierig.
- \+ Sie haben aber einen Führerschein, richtig?
- – Ja, natürlich. Und ich fahre auch sehr gern Auto. 70 Kilometer sind o.k.
- \+ Dann kommen wir doch jetzt zu den Einzelheiten …

Ü 9

a) + Immobilien Mainmetropole, was kann ich für Sie tun?
- – Guten Tag, hier Weinert. Sie haben eine Anzeige für ein 1-Zimmer-Apartment in der Frankfurter Allgemeinen Zeitung. Ich interessiere mich für die Wohnung.
- \+ Sie meinen das Apartment in Uniklinik-Nähe?
- – Genau. Wo liegt denn die Wohnung?
- \+ In der Gartenstraße, also direkt neben der Klinik, keine zwei Minuten zu Fuß.
- – Das ist natürlich super praktisch. Ich habe ab Mai eine Stelle an der Klinik.
- \+ Ja, herzlichen Glückwunsch! Möchten Sie sich die Wohnung ansehen?
- – Gerne. Ich habe nur noch ein paar Fragen. Muss man eine Kaution zahlen?
- \+ Ja, die Kaution beträgt zwei Monatsmieten. Oh, entschuldigen Sie, kann ich Sie in zwei Minuten zurückrufen?
- – Kein Problem, bis gleich.

20 Kultur erleben

Ü 7

- \+ Hallo, Oma Traudel.
- – Hallo Christina!
- \+ Wie geht's dir, Oma? Und was hast du denn da für ein Buch?
- – Ach, mir geht's gut, danke. Und das Buch musst du dir ansehen.
- \+ Mensch, das ist doch die Mühlengasse, und hier ist die Wiesenstraße.
- – Ja, es geht um Hannover – früher und heute.
- \+ Zeig nochmal! Oh – schau mal hier, früher gab es in der Wiesenstraße ein Hotel.
- – Genau, und jetzt ist dort nur noch ein Wohnhaus. Zu wenig Touristen …
- \+ Hm. Und ist da auch unsere Straße im Buch?
- – Meinst du die Goethestraße oder meine?
- \+ Erst einmal die Goethestraße.
- – Ja, die ist hier. Schau mal, da ist jetzt euer Bäcker.
- \+ Das gibt es doch nicht! Früher war hier ein Theater. Das wusste ich gar nicht.
- – Und kennst du die Schlossgasse?
- \+ Na klar, die ist bei meiner alten Schule.
- – Früher gab es dort eine Kneipe.
- \+ Und heute ist da ein Kiosk. Du, das Buch muss ich mir mal leihen. Das ist ja toll.

21 Arbeitswelten

Ü 1

a) Viele denken, dass man als Tierärztin in einer schönen sauberen Praxis arbeitet und die Patienten kommen. Bei mir ist das auch so, aber an zwei Tagen in der Woche fahre ich aufs Land und arbeite im Stall oder auf dem Bauernhof vor Ort. Viele „meiner Bauern" haben mehr als 30 Kühe im Stall stehen. Da gibt es also immer viel zu tun. Seit zwei Jahren arbeite ich auch eng mit unserem kleinen Stadt-Tierpark zusammen. Wenn ein Tier krank ist, fahre ich hin. Sehr viel Zeit verbringe ich auch in meinem Büro am Schreibtisch. Ich muss ja alle Informationen zu meinen kleinen und großen Patienten aufschreiben.

Ich bin von Beruf Landschaftsarchitektin und arbeite an unterschiedlichen Projekten, zum Beispiel plane ich gerade einen großen Park mit Fußgängerzone in einer Stadt. Natürlich arbeite ich viel im Büro am Schreibtisch, aber ich muss auch direkt vor Ort sein, das heißt, ich bin viel draußen und manchmal auch auf dem Bau. Für manche Projekte muss ich viel reisen. Dann fahre ich nicht mit dem

Auto, sondern arbeite im Zug oder sogar im Hotel. Ich finde es schön, an so vielen unterschiedlichen Orten zu arbeiten.

Ü 3

a) Ich mag keine technischen Berufe. Ich habe mich schon immer für Menschen interessiert. Also habe ich in der Schule ein Praktikum im Krankenhaus in Münster gemacht. Das war sehr spannend und eine gute Erfahrung. Mir ist wichtig, dass ich Menschen helfen kann. Natürlich habe ich nach der Schule eine Ausbildung zum Krankenpfleger gemacht. Aber nicht nur Krankenpfleger – ich habe eine Ausbildung als Kinderkrankenpfleger. Die Ausbildung dauert drei Jahre und es war auch nicht immer einfach, aber es hat mir wirklich Spaß gemacht. Man lernt viel. Ich arbeite sehr sehr gern mit kranken Kindern. Das macht mich glücklich. Und auch der Kontakt zu den Eltern ist mir wichtig. Die sind für jede Hilfe dankbar. Ich arbeite gern mit ihnen zusammen. Jetzt bin ich schon seit vier Jahren Kinderkrankenpfleger und suche nach neuen Aufgaben. Ich möchte kranken Kindern noch besser helfen können. Also studiere ich ab Oktober Medizin. Und danach? … arbeite ich als Kinderarzt auf einer Kinderstation, ganz klar.

Ü 14

+ Werner Gebäudetechnik GmbH, Sie sprechen mit Frau Hartmann.
– Guten Tag! Hier spricht Baumann von der Firma Krohn und Partner. Könnte ich bitte mit Herrn Keller sprechen?
+ Der ist gerade nicht im Haus. Kann ich Ihnen vielleicht helfen?
– Das hoffe ich. Wir haben mit der Gebäudetechnik im Haus Probleme.
+ Worum geht es denn?
– Einige elektrische Geräte sind kaputt. Wir brauchen einen Elektriker.
+ Gar kein Problem. Ich schicke Ihnen einen Kollegen und ich informiere auch Herrn Keller. Ich sehe Krohn und Partner … Das ist die Stockholmer Straße 17, richtig?
– Das stimmt. Ich bin aber nicht am Schreibtisch. Könnte mich Herr Keller bitte auf dem Handy anrufen? Das ist die 0151/18345563.
+ Aber natürlich. Herr Keller meldet sich bei Ihnen. Auf Wiederhören.
– Danke schön und auf Wiederhören.

22 Feste und Feiern

Ü 2

Juliane Weber, 32: Mein Lieblingsfest? Weihnachten, natürlich. Gar keine Frage! Dann kommt die ganze Familie zusammen und Lasse und Lea treffen ihre Cousinen und Cousins, ich meine Eltern und die Geschwister. Das ist sehr schön. Wir gehen am 24. Dezember, also an Heiligabend, zusammen in die Kirche, essen Suppe und dann warten alle auf den Weihnachtsmann. Das ist immer sehr spannend und am Abend wird es richtig gemütlich.

Hagen Steinert, 25: Klar, Weihnachten und Ostern sind wichtig, aber wir beide leben in Köln und haben uns beim Karneval am Rosenmontag kennengelernt. Nina war ein Geist und ich eine Prinzessin. Das war sehr lustig, weil wir uns gerne verkleiden. Wir feiern wirklich am liebsten Karneval und Rosenmontag ist für uns seit drei Jahren ein besonderer Tag. Nächstes Jahr wollen wir nach Basel zur alemannischen Fastnacht fahren und uns dort die Umzüge und die tollen Masken anschauen. Natürlich ist es schon schön, wenn die ganze Familie an Weihnachten zusammen kommt, aber Karneval macht einfach mehr Spaß. Ostern und Weihnachten sind mir da nicht so wichtig.

Sigrid Heuer, 58: Ich liebe Ostern. Das ist für mich das schönste Fest, weil dann der Winter zu Ende ist und endlich der Frühling kommt. Meistens ist meine Tochter mit ihrer Familie zu Besuch. Ich finde es schön, wenn wir alle zusammen sind. Bei schönem Wetter kommt der Osterhase in den Garten und versteckt die Eier. Meine Enkelkinder lieben das. Und wir Erwachsenen machen ein Picknick, essen Torte und machen viele viele Fotos.

Sven Wagner, 37: Ich mag eigentlich keine Feste. Zum Beispiel Weihnachten: Die Leute kaufen viel zu viele Geschenke. Zu Ostern gibt es jetzt auch nicht nur Eier, sondern die Leute kaufen und kaufen. Ich finde das ganz schrecklich. Oder der Valentinstag – der ist doch vor allem für die Blumenläden wichtig. Ich schenke meiner Freundin und meiner Tochter Fiona das ganze Jahr Blumen, aber ganz bestimmt nicht am 14. Februar! Aber Fiona liebt Halloween und ich mag dieses Fest auch, weil es ein großer Spaß für die Kinder ist. Ich verkleide mich dann auch und Fiona muss immer über mich lachen …

Ü 4

a) + Hallo, Geburtstagskind! Alles Liebe zum Geburtstag! Bleib gesund und munter!
– Oh, dankeschön. Das ist nett, dass du anrufst.
+ Und? Hast du wieder schreckliche Geschenke von deiner Familie bekommen?
– Von meinem Vater habe ich neue Kopfhörer bekommen. Meine sind doch seit dem Urlaub kaputt.
+ Wow. Das sind doch bestimmt sehr gute von dieser Firma, oder? Die hattest du dir gewünscht.
– Genau! Und mit meinem Bruder gehe ich zu einem Konzert.
+ Echt jetzt? Das wird ja immer besser! Zu wem geht's?
– Zu den Prinzen … Und von meiner Mutter gab es eine neue Jacke.
+ Ist nicht dein Ernst! Wow. Aber stimmt, sie arbeitet ja in einem Modegeschäft. Das klingt ja alles super.
– Rate mal, was ich von meinen Großeltern bekommen habe!
+ Ja, keine Ahnung. Wahrscheinlich etwas Witziges, oder?
– Die beiden bezahlen mir meine Party und du bist eingeladen.
+ Na das ist doch mal ein super Geschenk! Wann geht's los?

24 Ideen und Erfindungen

Ü 1

a) + Ich begrüße Sie zu unserer Morgendiskussion im Radio. Heute wollen wir Ihnen die Frage stellen, was für Sie die zwei wichtigsten Erfindungen sind. Und wen habe ich denn am Telefon?
– Hallo, hier spricht Renata Kleinert aus Bremen.
+ Ja, was denken Sie? Die zwei wichtigsten Erfindungen …
– Ich finde die Waschmaschine ist die wichtigste Erfindung und auch moderne Medikamente wie Aspirin oder Penicillin waren und sind sehr wichtig.

+ Die Waschmaschine? Daran habe ich gar nicht gedacht.
– Früher hatten Frauen wegen Wäsche und Haushalt viel weniger Zeit und so auch keine Freiheiten. Das ist mit der Waschmaschine jetzt anders. Frauen können arbeiten gehen, machen auch Haushalt, klar, aber eben nicht nur Haushalt. Ja, und moderne Medikamente retten Menschen. Es gibt so viele Krankheiten, die jetzt nicht mehr gefährlich sind, weil es Medikamente gibt.
+ Sie haben natürlich recht! Danke für Ihren Anruf und wen habe ich jetzt in der Leitung?
* Sie sprechen mit Jürgen Rosenthal aus Offenburg.
+ Schön, dass Sie die Morgendiskussion hier bei Radio DLD 88.3 eingeschaltet haben. Was denken Sie? Die zwei wichtigsten Erfindungen …
* Hm, nicht einfach. Ich denke, dass das Internet wirklich wichtig ist. Die Menschen können ganz anders, sehr viel schneller, sehr viel direkter kommunizieren. Jeder kann sich informieren. Menschen und ihre Ideen kommen viel schneller zusammen. Und natürlich ist das auch gut für die Wirtschaft.
+ Und auf dem 2. Platz?
* Das Flugzeug. Ganz klar. Das ist für mich das Symbol für Mobilität. Und es ist doch auch ein Traum von vielen Menschen – fliegen können.
+ Also ich habe Angst vorm Fliegen, aber es stimmt, was Sie sagen. Danke für den Anruf. Und wir haben noch eine Minute. Wer ist am Apparat?
° Leni Raue, aus Görlitz. Ich mag Ihre Sendung!
+ Dankeschön, das hört man gern. Was sind Ihre beiden Erfindungen?
° Der Buchdruck. Mit dem Buch hatte der Mensch ganz neue Möglichkeiten. Man konnte Informationen an viele andere Menschen weitergeben. Das ist ein bisschen wie mit dem Internet. Die Menschen konnten sehr viel schneller Ideen austauschen und viel mehr Leute konnten sich informieren.
+ Und die zweite Erfindung?
° Das Rad.
+ Das Fahrrad oder das Rad generell?
° Ich meine das Rad. So konnte man schwere Dinge transportieren. Und später konnte man Autos, Eisenbahnen, Fahrräder bauen. Mobilität ohne Rad gibt es nicht.
+ Absolut richtig. Danke für Ihren Anruf und bei uns geht's weiter mit …

Ü 9

Zuerst werden das Eigelb, der Zucker und weitere Zutaten gemischt. Dann wird die Ei-Zucker-Masse mit Mehl und Backpulver gemischt. Im dritten Schritt werden geriebene Möhren und Mandeln hinzugegeben. Nach den Möhren und Mandeln wird der Eischnee untergehoben. Die Masse wird in einer Tortenform gebacken. Nach dem Backen wird alles mit Marmelade und Puderzucker überzogen. Zum Schluss wird die fertige Rüblitorte über Nacht in den Kühlschrank gestellt.

25 Zeitpunkte

Ü 7

b) 1. seit – 2. Zoo – 3. Zehen – 4. Sieh – 5. selten – 6. See

d) 1. zusammen sein – 2. zu viel – 3. süß – 4. sicher – 5. zu Hause – 6. reduzieren – 7. zurück – 8. zahlen – 9. organisieren

Ü 8

+ Sabia Morgner.
– Hallo Sabia, hier ist Tanja. Du, wollen wir nicht mal wieder zusammen frühstücken gehen?
+ Na klar! Sehr gern. Wann passt es dir denn?
– Sonntag ist doch der perfekte Tag zum Frühstücken, oder?
+ Ja schon, aber da habe ich leider keine Zeit.
– Na dann Samstag. Das ist auch ein guter Tag zum Ausgehen!

26 Alltag

Ü 3

+ Guten Tag,
– Guten Tag.
+ Kann ich Ihnen helfen?
– Ja, ich möchte ein Konto eröffnen.
+ Gerne. Dann brauche ich bitte Ihren Personalausweis oder Reisepass.
– Ja, natürlich. Bitte, hier ist mein Reisepass.
+ Ah, Sie kommen nicht aus Deutschland. Haben Sie eine Meldebescheinigung vom Einwohnermeldeamt?
– Ja, die ist hinten im Reisepass.
+ Ach ja hier. Ich mache schnell eine Kopie von Ihrem Pass. Bitte füllen Sie schon mal das Antragsformular aus.
– Gerne. Haben Sie vielleicht einen Stift für mich?
+ Ja, hier ist ein Kugelschreiber. Bitte schön, Ihre Papiere. Jetzt brauche ich nur noch eine Unterschrift von Ihnen.
– Ja, natürlich. Wo soll ich unterschreiben?
+ Hier unten auf dem Formular.
– Bitte schön. Eine Frage: Bekomme ich auch eine EC-Karte?
+ Ja, natürlich. Aber das kann ein oder vielleicht auch zwei Wochen dauern. Aber hier am Schalter können Sie auch schon vorher Geld abheben oder Überweisungen machen.
– Das ist gut. Vielen Dank.

Ü 7

c) 1. Ich finde es sehr schön, wenn ich am Wochenende nicht arbeiten muss.
2. Es gefällt mir besonders gut, dass meine Chefin so nett ist.
3. Es ist ziemlich schade, dass viele Arbeitnehmer ihre Arbeit stressig finden.
4. Es macht mich sehr traurig, dass ich so wenig Zeit für meine Hobbys habe.

Zertifikatstraining

Beispiel

Sie sind am Bahnhof und hören folgende Durchsage.

Sehr geehrte Reisende, bitte beachten Sie: Am Gleis 5 und 6 finden zurzeit Bauarbeiten statt, deshalb kommt es zu folgenden Gleisänderungen: IC 2213 nach Bonn, Abfahrt 11:27 Uhr, fährt heute von Gleis 4 ab. Abfahrt Regionalexpress 4385 11:40 Uhr nach Rostock heute von Gleis 2. Ich wiederhole: Gleisänderung: IC 2213 nach Bonn, Abfahrt 11:27 Uhr, fährt heute von Gleis 4 ab. Abfahrt Regionalexpress 4385 11:40 Uhr nach Rostock heute von Gleis 2. Und noch eine Information für Reisende nach Berlin: Der InterCity-Express 2355, geplante Abfahrt 11:32 Uhr von Gleis 4, hat etwa 20 Minuten Verspätung.

Text 1
Sie hören eine Nachricht auf dem Anrufbeantworter.
Hallo Toni, hier ist Isabell. Sag mal, habe ich vielleicht mein Portemonnaie bei dir zu Hause vergessen? Ich wollte gerade einkaufen gehen, aber ich kann mein Portemonnaie nicht finden. Heute Morgen hatte ich es noch in meiner Handtasche. Als ich heute Nachmittag bei dir war, habe ich es aus meiner Tasche genommen und dir das Geld für die Kinokarten gegeben. Kannst du bitte mal schauen, ob du es findest? Danke und bis später. Ruf mich doch bitte sofort zurück.

Text 2
Sie hören eine Information im Radio.
Liebe Hörerinnen und Hörer, hier noch eine Bitte der Polizei an alle Besucher des Open-Air-Konzerts heute Abend im Stadion. Bitte fahren Sie mit dem Bus oder der S-Bahn zum Stadion. Es gibt dort keine Parkmöglichkeiten, weil die Parkplätze am Stadion zurzeit gesperrt sind. Wer mit dem Auto anreist, sollte möglichst am Messegelände parken und dann zu Fuß zum Stadion laufen. Mein persönlicher Tipp: Fahren Sie mit dem Fahrrad – heute bleibt es auch in der Nacht wolkenlos und warm.

Text 3
Sie hören eine Nachricht auf dem Anrufbeantworter.
Guten Tag, Frau Börner. Hier ist Hübner vom Polizeirevier Mitte. Sie haben letzten Monat eine Anzeige gegen unbekannt erstattet, weil Ihr Fahrrad gestohlen wurde. Wir haben letzte Woche einen Mann festgenommen und in seinem Keller mehrere Fahrräder entdeckt, die ihm nicht gehören. Es kann sein, dass wir auch Ihr Fahrrad gefunden haben. Bitte kommen Sie doch mal bei uns in der Brunnenstraße 7 vorbei und schauen Sie sich die Räder an. Auf Wiederhören!

Text 4
Sie hören eine automatische Telefonansage.
Herzlich willkommen bei der Direktfinanz! Wir sind gleich für Sie da. Wählen Sie bitte aus folgenden Möglichkeiten aus: Möchten Sie Informationen zu unseren Produkten, dann wählen Sie die Eins. Wenn Sie Geld überweisen möchten, wählen Sie bitte die Zwei. Wenn Sie Ihre Kredit- oder EC-Karte sperren möchten, wählen Sie die Drei. Möchten Sie einen Termin mit einem Berater in Ihrer Stadt vereinbaren, wählen Sie bitte die Vier. Soll ich Sie direkt mit einem Berater verbinden, dann wählen Sie die Fünf.

Text 5
Sie hören folgende Durchsage im Zug.
Sehr geehrte Fahrgäste. Wir haben zurzeit 25 Minuten Verspätung und werden Hannover Hauptbahnhof in etwa fünfzehn Minuten, also um 18:50 Uhr erreichen. Auf die Fahrgäste nach Hamburg wartet am Gleis 11 der Anschlusszug IC 578. Der InterCityExpress 3497 nach Stuttgart kann leider nicht auf uns warten. Reisende nach Kassel können um 19:05 Uhr den Intercity von Gleis 8 nehmen. Die nächste Reisemöglichkeit nach Stuttgart ist um 19:35 Uhr mit dem IC 769 von Gleis 9. Bitte achten Sie auch auf die Durchsagen am Bahnhof.

27 Männer – Frauen – Paare

Ü 11

1. + Hast du schon gehört, dass Saskia und Sven sich getrennt haben?
   – Wirklich? Aber warum? Die beiden waren doch so glücklich zusammen.
   + Naja, aber es gab ja immer die Diskussion über die Zukunft. Sven ist doch so ein Familienmensch und wünscht sich ja schon lange Kinder.
   – Stimmt, das ist für ihn schon lange ein Thema! Und Saskia will keine Kinder bekommen, oder?
   + Nein, hat sie noch kein Interesse daran, sie ist ja auch noch sehr jung. Sie will erst ihre Ausbildung beenden und dann einen guten Job finden und eigenes Geld verdienen.
   – Ja, das kann ich verstehen, aber …
2. + Hey, Paula! Ich bekomme das Stipendium für das Auslandspraktikum. Super, oder?
   – Herzlichen Glückwunsch, Theo! Das ist toll! Was hat Carmen gesagt?
   + Sie hat sich nicht für mich gefreut. Sie war total verständnislos. Es ist manchmal ziemlich kompliziert mit ihr. Ich denke, sie ist sauer, weil sie kein Stipendium bekommen hat.
   – Aber sie hat ja auch super gute Noten, vielleicht bekommt sie ein anderes Stipendium.
   + Ja, vielleicht. Aber es ärgert mich, dass sie sich nicht einfach auch für mich freuen kann! Weißt du, sie muss immer gewinnen: bessere Noten, bessere Jobs und und und. Das ist ein richtiger Kampf, ich verstehe das nicht. Warum geht es denn immer nur darum, wer mehr Erfolg hat? Das ist doch nicht normal in einer Beziehung, oder?
   – Nein, das ist es sicher nicht.
3. + Hi, Tom.
   – Hi, Lars. Wie geht's dir denn? Ich habe gehört, dass du mit Yuna Streit hast.
   + Naja, mir geht es schon wieder besser. Yuna und ich haben viel geredet. Jetzt ist wieder alles in Ordnung.
   – Was ist denn passiert?
   + Wir haben uns zu wenig gesehen, wir können uns ja nur noch am Wochenende treffen, seitdem sie in Stuttgart wohnt. Und ich habe ja auch immer noch Fußball am Wochenende und sie muss manchmal arbeiten. Wir hatten einfach zu wenig Zeit für den anderen.
   – Ja, das ist ein Problem, und jetzt? Ziehst du nach Stuttgart?
   + Nein, ich bleibe hier, aber wir sehen uns jetzt alle zwei Wochen am Wochenende. Ich spiele dann kein Fußball und sie arbeitet nicht. Und in der Woche telefonieren wir viel. Ich rufe sie jeden Abend an, das vergesse ich nie. Ich denke aber, dass wir so nur noch ein, zwei Jahre leben, vielleicht …

28 Arbeit im Wandel

Ü 2

+ Du, Sarah? Ich muss für einen Vortrag in der Schule eine Industrieregion in Deutschland vorstellen. Kannst du mir helfen?
– Ach Paul, schau doch einfach mal selber ins Internet.
+ Komm Sarah, du bist doch eine liebe Schwester!
– Also, welche Industrieregion möchtest du vorstellen?
+ Keine Ahnung. Welche ist denn wichtig?
– Mensch Paul, wie hast du es in die 8. Klasse geschafft? Du weißt schon, dass es Internet gibt, oder? Hör mal hier. Zu den wichtigsten Industrieregionen gehört das Ruhrgebiet.
+ Hatten wir in der Schule. Das Thema geht leider nicht.

– Und das Rhein-Main-Gebiet um Frankfurt, Mainz und Wiesbaden. Das ist auch wichtig.
+ Okay, das Rhein-Main-Gebiet. Das ist im Südosten, oder?
– Na sag mal, wo liegen denn bitteschön Frankfurt am Main und Wiesbaden? Im Südwesten … in Hessen und in Teilen von Bayern und Rheinland-Pfalz.
+ Okay, okay. Und was gibt es dort für Industrie?
– Warte kurz. … Die Rhein-Main-Region, besonders Frankfurt, ist ein wichtiges Zentrum der Finanzwirtschaft – beinahe alle großen Banken sind dort zu finden. Im Rhein-Main-Gebiet wächst der beste Wein in Deutschland. Dort ist es warm und sonnig. Auch Obst und Gemüse bauen sie dort an.
+ Ja aber das ist doch keine Industrie! Was will ich denn mit der Information?
– Ja, dann lies doch selber!
+ Entschuldigung!
– Also: Die chemische Industrie ist dort zum Beispiel sehr stark, die Elektroindustrie und auch die Automobilindustrie. Außerdem ist in Mainz die Firma „Schott" – ein weltweit bekannter Glashersteller.
+ Ach ja, die kenne ich. Schau mal, die Gläser meiner Brille sind auch von Schott.

Ü 10

b) + Ich hatte letztes Jahr einen schweren Autounfall. Das war ein totales Chaos.
– Erzähl mal. Was ist denn passiert?
+ Ich hatte einen langen Arbeitstag. Nach einem kurzen Besuch bei meiner Mutter wollte ich nach Hause, einen warmen Tee trinken und dann schlafen.
– Wenn du so müde warst, warum bist du noch zu deiner Mutter gefahren?
+ Meine Mutter hatte starke Rückenschmerzen und brauchte Hilfe im Haushalt.
– Konnte das denn nicht dein großer Bruder machen?
+ Der hatte damals einen ziemlich bösen Unfall bei der Arbeit und deshalb selber genug Ärger mit einer kaputten Hand und einem gebrochenen Bein.
– Oh je, ich verstehe! Das klingt nach einer richtigen Katastrophe.
+ Genau. Na jedenfalls hielt ich an einer Kreuzung an, weil eine alte Dame über die Straße lief. Da fuhr mir plötzlich ein älterer Herr mit einem riesigen Auto in die Seite.
– Oh, nein! Wie schwer warst du verletzt? Und hat dir sofort jemand geholfen?

d) + Der alte Herr war sofort bei mir. Der hatte richtig Angst, aber er war wirklich eine große Hilfe. Er hat die Polizei angerufen und auch den Notarzt. Mein linkes Bein und auch mein linker Arm waren gebrochen. Und ich hatte starke Rücken- und Kopfschmerzen.
– Oh, je!

Ü 14

+ Notrufzentrale, Hähnert am Apparat.
– Hallo, mein Name ist … Ich möchte einen Unfall melden.
+ Wo ist der Unfall passiert?
– Wir sind im Herkules, dem griechischen Restaurant in der Grietgasse 17.
+ Grietgasse 17. Was ist passiert?
– Mein Freund ist auf der Treppe gestürzt.
+ Welche Verletzungen hat er? Können Sie das sagen?
– Er kann das rechte Bein nicht mehr bewegen und er hat starke Schmerzen im Rücken.
+ Also, das Bein und der Rücken, ich verstehe.
– Er hat eine leichte Wunde am Kopf, aber das ist wahrscheinlich nicht so schlimm.
+ Gut, ich schicke Ihnen sofort einen Krankenwagen in die Grietgasse.
– Vielen Dank. Hoffentlich dauert es nicht so lange!
+ Nein, in 10 Minuten sind die Kollegen bei Ihnen.

Zertifikatstraining

+ Hallo, Kathrin!
– Ach, Steffen! Schön dich zu sehen! Wie geht's?
+ Super, danke und dir?
– Gut. Sag mal, was machst du denn jetzt? Wir haben uns ja schon Jahre nicht mehr gesehen!
+ Ich studiere Pflegemanagement.
– Ach was. Das ist ja toll! Aber du warst doch Krankenpfleger, oder?
+ Ja, das war ich. Weißt du, ich habe gerne als Krankenpfleger gearbeitet. Aber meine Frau arbeitet Vollzeit und da ist es mit zwei kleinen Kindern wirklich schwierig, wenn man so oft nachts und am Wochenende arbeiten muss. Jetzt habe ich zwar auch viel zu tun, aber nach dem Studium kann ich mir dann eine Arbeit ohne Schichtdienst suchen.
– Ja, das ist wahr! Und wo wohnst du jetzt? Pflegemanagement kann man hier doch nicht studieren, oder?
+ Nein, das nicht, aber wir mussten zum Glück trotzdem nicht umziehen. Ich fahre drei Tage die Woche mit dem Zug nach Fulda an die Fachhochschule.
– Und das klappt gut?
+ Ja, das passt. Das klappt eigentlich sehr gut.
– Und wie lange dauert das Studium?
+ Drei Jahre, zwei habe ich schon hinter mir. In zehn Monaten habe ich Abschlussprüfung.
– Und wie ist das mit dem Geld? Ich meine, mit Familie und dann studieren? Das ist ja nicht einfach, oder?
+ Ja, das funktioniert auch nur, weil meine Frau einen sehr guten Job bei einer Bank hat und ich freitags immer acht Stunden in einer Arztpraxis arbeite. Ich verdiene also auch ein bisschen dazu.
– Ah, okay. Das hört sich aber auch ein bisschen stressig an.
+ Ach nein, ich bin sehr zufrieden. Und du? Arbeitest du noch im Krankenhaus?
– Nein, ich arbeite auch nicht mehr in der Klinik.
+ Und was machst du jetzt?
– Ich habe eine Umschulung gemacht. Ich arbeite jetzt in einer Apotheke.
+ Ach, warum das denn? Du warst doch die beste Krankenschwester in der ganzen Klinik.
– Ach du!
+ Stimmt doch. Du warst super nett zu den Patienten und total zuverlässig. Das fand nicht nur ich, das hat auch die Chefin immer gesagt. „Auf die Kathrin Huber kann man sich verlassen! – Das ist eine Top-Mitarbeiterin."
– Ja, ja. Das war auch eine schöne Zeit!
+ Also, nun erzähl schon. Warum hast du jetzt eine andere Arbeit?
– Ja, das ist so eine Geschichte. Ich bin vor vier Jahren beim Fensterputzen von der Leiter gestürzt und habe mir den Rücken verletzt. Erst dachte ich, dass es nicht so schlimm ist. Nach drei Monaten in der Rehaklinik habe ich wieder angefangen zu arbeiten. Aber das ging nicht gut, weil mir nach kurzer Zeit immer der Rücken weh tat. Manche Dinge, wie zum Beispiel Patienten ins Bett heben, konnte ich gar nicht mehr machen.

+ Oh, Mist! Das tut mir leid!
– Ach naja, am Anfang, als mein Arzt mir sagte, dass ich lieber umschulen sollte, war ich ziemlich traurig. Ich habe meine Arbeit ja wirklich gerne gemacht. Aber jetzt ist alles gut. Die Arbeit in der Apotheke macht auch viel Spaß, die Kolleginnen sind super und weißt du was, ich treffe bei der Arbeit ganz viele Patienten, die ich von früher aus dem Krankenhaus kenne.
+ Das kann ich mir vorstellen! Die freuen sich dann sicher, dich zu sehen.
– Ja, und ich mich auch.

29 Schule und lernen

Ü 2

a) + Hallo Lennart, du kommst gerade aus der Schule, wie sieht denn eigentlich ein normaler Schultag bei dir aus?
– Also meine Schule beginnt 8.15 Uhr. Ich komme immer so fünf nach acht mit dem Bus vor der Schule an. Dann habe ich meistens acht Stunden Unterricht. Mittag esse ich meistens in der Schulkantine. Nach der Schule habe ich dann noch AGs. Ich spiele Basketball und lerne Gitarre. Und dann fahre ich mit dem Bus wieder nach Hause.
+ Aha, und was ist dein Lieblingsfach?
– Sport, das ist nie langweilig!
+ Und gibt's auch ein Fach, dass du nicht so magst?
– Ja, Deutsch. Das finde ich nicht so spannend und ich schreibe nicht gerne Aufsätze.
+ Und wie sieht es bei dir mit den Noten aus?
– Super. Ich hab' in fast allen Fächern 'ne Eins.
+ Oh, das ist ja toll!
– Naja, nur in Deutsch habe ich dieses Jahr 'ne Drei.

Ü 12

a)

+ Guten Morgen, liebe Kolleginnen und Kollegen. Ich begrüße euch zu unserem Zukunftsworkshop „Goetheschule neu denken". Ihr hattet ja „Hausaufgaben" und ich möchte gar nicht lange reden. Jeder sollte sechs Punkte aufschreiben, die wir in Zukunft an unserer Schule verändern sollten. Vielleicht startest du, lieber Holger?
# Na klar, kein Problem. Ich weiß, dass jetzt viele „Nein" sagen, aber ich würde gern nicht mehr um 7 Uhr mit dem Unterricht beginnen. Ich denke 8:30 Uhr wäre für alle besser.
* Holger, einfach früher ins Bett gehen. Willst du wirklich nachmittags bis 17 Uhr unterrichten?
+ Stopp, stopp, stopp, liebe Kolleginnen und Kollegen. Wir wollen erst einmal alle Vorschläge hören und notieren sie am Whiteboard, okay?
# Der zweite Punkt ist mir sehr wichtig. Ich finde, wir trennen die Fächer noch zu stark. Das würde ich gern ändern. Natürlich würde ich dann mit euch enger zusammenarbeiten, ich kann mir da viel vorstellen.
o Gute Idee!
Ja, und meine Schüler und Schülerinnen würden sehr viel mehr mitbestimmen.
* Das geht doch nicht! Wo soll das bitte hinführen, Holger?
+ Ruhe, bitte. Wir werden alle Punkte diskutieren. Aber ich würde gern erst einmal alles hören.
# Danke, Diana. Also weiter geht's: Ich möchte, dass die Eltern mehr mitmachen, uns aktiv unterstützen und ich meine nicht nur bei Projekten, auch im Unterricht. Ich würde Eltern gern einladen – und die stellen dann ihre Jobs vor oder unterrichten auch mal etwas.
o Klasse Idee!
Ich wünsche mir auch, dass wir einen Ordnungsdienst einführen. Die Klassenzimmer würden ordentlicher aussehen und unsere Kinder würden lernen, Ordnung zu halten. Und zum Schluss noch etwas zum Thema Fremdsprachen. Wir haben unter unseren Kollegen und Kolleginnen zwei französische Muttersprachler. Ich denke, dass wir nicht nur Französischunterricht brauchen. Élaine Louvier und André Perec könnten auch Mathematik, Sport und Biologie in Ihrer Muttersprache unterrichten. Ich würde in diesen Fächern Französisch zur Unterrichtssprache machen.

30 Klima und Umwelt

Ü 4

+ So ein Mistwetter da draußen! Es regnet und regnet.
– Ach, das ist mir egal. Aber vor Gewitter habe ich ziemlich Angst.
+ Ich bin schon einmal in ein wirklich starkes Gewitter gekommen. Das war nicht lustig.
– Das glaube ich dir. Erinnerst du dich noch an den Sommer 2015?
+ Natürlich! Das war ein extrem trockener und heißer Sommer.
– Ja, und da bin ich auch in ein Gewitter gekommen. Wir waren auf einer Fahrradtour.
+ Aber es ist doch hoffentlich niemandem etwas passiert, oder?
– Nein, nein. Ich hatte nur ziemlich Angst, weil es sehr laut donnerte und oft blitzte.

Ü 5

a) und **b)**

+ Herr Moser, viele unserer Hörer und Hörerinnen kennen Sie vielleicht als Extremsportler und Umweltaktivisten. Erzählen Sie trotzdem ein bisschen über sich, Ihre Familie, Ihre Hobbys neben dem Ultramarathon.
– Ich komme aus Brig, das ist ein ziemlich kleiner Ort im Kanton Wallis, das heißt, ich wohne im Süden der Schweiz, in den Alpen. Daher bin ich nicht nur durch mein Marathontraining viel in der Natur unterwegs. Ich liebe die Natur, habe sie vor der Haustür und bin praktisch nie länger als zehn Stunden im Haus, was meine Frau manchmal etwas nervt.
+ Bleibt denn Zeit für Familie?
– Ja, natürlich! Im Sommer bin ich mit meinem Sohn Jacob viel mit dem Velo unterwegs. Meine Frau und meine Tochter kommen nie mit, weil Jacob und ich mit unseren Mountainbikes gerne schnell die Berge runter fahren und wir ganz gern auch mal springen. Aber unsere ganze Familie fährt sehr gern Ski und ich habe ein schönes gemeinsames Hobby mit meiner Tochter. Wir beide lieben das Bergsteigen. Jacob mag es nicht so sehr.
+ Sie sind also viel in den Bergen unterwegs. Das ist sicher toll, aber auch nicht ganz ungefährlich. Zum Beispiel auch wegen des Wetters in den Bergen.
– Das ist richtig, ich habe schon oft erlebt, dass das Wetter in den Alpen nicht ungefährlich ist. Letztes Jahr bei einer Schneewanderung in den Bergen, gemeinsam mit meiner Frau und Freunden, da hatte ich sogar richtig Angst.
+ Was ist denn passiert?

– Der Tag begann eigentlich super: Wir starteten bei strahlendem Sonnenschein und wollten eine Schneewandertour machen. Ich erinnere mich noch sehr genau, dass sich das Wetter nach zwei Stunden änderte. Es wurde dunkel und es begann zu stürmen. So einen Sturm, also einen, der so schnell kommt, hatte ich vorher noch nie erlebt! Und ich bin schon oft in Stürme gekommen, glauben Sie mir. Doch es kam alles noch viel schlimmer. Meine Frau bemerkte es zum Glück sofort. Sie hörte einen Donner und zeigte sofort in eine Richtung. Dann rannten wir vier los. Danach bewegte sich die Schneedecke unter unseren Füßen, wie ein leichtes Erdbeben. Jetzt hatten wir wirklich richtig Angst! Wir rannten immer weiter. Ganz in unserer Nähe kam eine riesige Schneelawine den Berg hinunter. Wir leben noch, weil wir sofort losrannten. Ich bin so froh, dass sich damals niemand verletzt hat! Diese Lawine – das war keine schöne Erfahrung. Aber wir lieben die Berge so sehr, deshalb gehen meine Frau und ich immer noch im Schnee Bergwandern.

Ü 10

c) + Frau Pfeifer, schön, dass Sie es zu uns ins Studio geschafft haben. Sie sind heute für unsere Zuhörerinnen und Zuhörer den ganzen Vormittag per Telefon und auch per Mail erreichbar.
– Ja, ich freue mich.
+ Sie arbeiten am Umweltinstitut Offenbach und sind Expertin für Klimafragen. Wie geht es Ihnen denn, wenn Sie in der Zeitung Berichte zum Thema Klimawandel lesen?
– Das kommt ganz darauf an.
+ Also wir von dein Radio haben heute in die Zeitungen geschaut und was wir da zum CO^2 in der Luft lesen, ist extrem alarmierend.
– Ja, leider ist das korrekt. Wenn die Industriestaaten nicht ganz schnell handeln, dann werden wir bis 2050 die doppelte Menge an CO^2 haben. Das ist leider so.
+ Und dann gehen die Probleme erst richtig los. Sehen Sie hier, in dem Artikel sagen Experten, dass es in Grönland kein Eis mehr geben wird. So in etwa 300 Jahren. Und, dass der Meeresspiegel um sieben Meter steigen wird.
– Also Fakt ist, dass die Temperaturen steigen, das Eis schmilzt und der Meeresspiegel steigt. Dass es aber sieben Meter sein werden, das glaube ich persönlich nicht. Wir werden vorher handeln. Das Grönlandeis wird nicht komplett schmelzen.
+ Okay, dritte Schlagzeile. Hier, ich lese es vor: „Bis 2100 werden wir eventuell bis zu 70 % des Amazonas-Regenwaldes verlieren." Das ist doch eine Katastrophe!
– Ja, das ist schockierend, aber leider realistisch. Der Amazonas-Regenwald hat etwa 4,1 Millionen Quadratkilometer. Schon jetzt ist ein Fünftel des Waldes kaputt. Bis 2030 verlieren wir voraussichtlich weitere 20 Prozent. Bis 2100 kann diese Zahl tatsächlich auf 70 Prozent steigen.
+ Das sind keine guten Nachrichten. Und was sagen Sie zu dieser Meldung? „Wahrscheinlich wird der Meeresspiegel bis 2050 um einen halben Meter steigen. 136 Küstenstädte weltweit stehen deswegen vor ernsthaften Problemen."
– Wie gesagt: Ich glaube nicht an die sieben Meter, aber 50 Zentimeter sind sehr wahrscheinlich. Und dann haben die Küstenstädte ein echtes Problem.
+ Vielleicht bringe ich mal eine positive Nachricht. Wie finden Sie das …

Zertifikatstraining

In der Radiosendung „Pro und Contra" diskutiert die Moderatorin mit den Studiogästen Kerstin Wurzbacher und Kai Dilling über das Thema „Brauchen wir eine Geschwindigkeitsbeschränkung auf deutschen Autobahnen?".

+ Liebe Hörerinnen und Hörer, herzlich willkommen zu unserer Sendung „Pro und Contra – Zwei Bürger, zwei Meinungen". Unser Thema ist heute „Brauchen wir eine generelle Geschwindigkeitsbeschränkung auf deutschen Autobahnen?". Im Studio begrüße ich unsere beiden Gäste: Frau Kerstin Wurzbacher und Herrn Kai Dilling. Herzlich willkommen!
– Hallo, guten Tag.
* Guten Tag.
+ Frau Wurzbacher, in Deutschland gibt es zur Geschwindigkeit auf den Autobahnen eine Empfehlung von 130 Kilometern pro Stunde. Es gibt aber – im Gegensatz zu den meisten anderen Ländern der Welt – keine generelle Geschwindigkeitsbeschränkung auf der Autobahn. Man darf auf einigen Strecken also so schnell fahren, wie man will. Was glauben Sie, warum ist das so?
– Weil wir sehr gute Autobahnen und sehr sichere und moderne Autos haben. Es gibt einfach keinen Grund dafür, den Autofahrern Tempo 160 oder auch 180 zu verbieten! An gefährlichen Kurven, in Städten, an Baustellen und so weiter gibt es ja Geschwindigkeitsbeschränkungen und das ist auch gut so. Aber auf einer geraden Straße und bei wenig Verkehr kann man auch schnell fahren. Das schadet niemandem. Warum sollte man das also verbieten?
+ Herr Dilling, Sie schütteln den Kopf. Sie sehen das anders?
* Ja, ich bin ganz anderer Meinung. Ich würde es sehr gut finden, wenn man auf der Autobahn maximal 120 Kilometer pro Stunde fahren dürfte.
Bei einer Fahrgeschwindigkeit von 120 km/h verbraucht man zum Beispiel sehr viel weniger Benzin als bei höherem Tempo und auch der Lärm wird dann weniger. Außerdem ist es natürlich viel gefährlicher auf den Autobahnen, wenn es keine Geschwindigkeitsbeschränkung gibt.
– Herr Dilling, da muss ich Ihnen widersprechen. Die Diskussion über eine Geschwindigkeitsbeschränkung auf den deutschen Autobahnen gibt es ja schon viele Jahre und es wird immer wieder behauptet, dass ein Tempolimit die Zahl der Unfälle reduzieren könnte. Aber das stimmt nicht.
* Frau Wurzbacher, das ist so nicht richtig. Es passieren immer wieder schwere Unfälle auf den deutschen Autobahnen, weil die Leute bei uns oft viel zu schnell fahren.
+ Schauen wir doch mal auf die Fakten, die Statistik zeigt: Die Zahl der Unfälle in Deutschland ist in den letzten Jahren immer mehr gesunken – auch ohne Geschwindigkeitsbeschränkung.
* Ja, ich weiß und die Zahl der Schwerverletzten auf den Autobahnen ist in Deutschland niedriger als zum Beispiel in Österreich, wo auf den Autobahnen Tempo 120 gilt! Aber das kann man nicht einfach miteinander vergleichen. In Österreich führen die Autobahnen auch durch die Alpen und sind schon allein deshalb viel gefährlicher.
– Aber Herr Dilling, nur sechs Prozent der Unfälle mit Verletzten in Deutschland passieren auf der Autobahn. Unsere Autobahnen gehören weltweit zu den sichersten – auch ohne Geschwindigkeitsbeschränkung. Unfälle passieren oft, weil Autofahrer nicht die Verkehrsregeln beachten. Da hilft eine Geschwindigkeitsbeschränkung auf der Autobahn nicht weiter. Für die Sicherheit auf unseren Straßen ist es wichtig, dass die Polizei mehr kontrolliert.

Und meiner Meinung nach sollten Autofahrer, die zum Beispiel an einer Baustelle nicht wie vorgeschrieben 60, sondern 100 fahren, streng bestraft werden, denn das ist wirklich gefährlich!

\+ Liebe Gäste, kommen wir noch einmal zum Thema Umweltschutz zurück, denn das ist in der aktuellen Diskussion das häufigere Argument für eine Geschwindigkeitsbeschränkung. Durch eine Beschränkung der Geschwindigkeit auf 120 Kilometer pro Stunde könnte man jährlich bis zu 3,2 Millionen Tonnen Kohlendioxid sparen. Das ist eine ganze Menge. Was sagen Sie dazu, Frau Wurzbacher?

– Ich kann diese Zahlen nicht glauben. Und es gibt auch Experten, die das anders sehen. Ich bin sicher, dass schnelles Fahren auf der Autobahn nicht das Hauptproblem ist. Die vielen Staus, die es bei uns gibt, sind sicher viel schlimmer für die Umwelt. Gegen diese Staus müssen wir unbedingt etwas tun.

* Ja, genau und deshalb brauchen wir ein Tempolimit! Denn das hilft auch, Staus zu vermeiden.

– Auch das stimmt nicht. Viele Experten sagen, dass eine Geschwindigkeitsbeschränkung auf 120 oder 130 km/h nicht gegen Staus hilft!

\+ Das ist tatsächlich ein Thema, über das von Experten viel gestritten wird. Es gibt da sehr verschiedene Meinungen.

* Nun gut, aber es gibt noch ein wichtiges Argument für ein Tempolimit: Wenn man nicht schneller als 120 km/h fahren darf, braucht man auch keine Autos mehr, die 200 km/h fahren können. Wenn wir ein Tempolimit hätten, würden die Autohersteller sparsamere Autos bauen. Für schnelle Autos, die viel Benzin verbrauchen, hätten wir dann keinen Markt mehr.

– Und das wollen Sie? Das wäre eine Katastrophe für die deutschen Autohersteller! Deutsche Autos sind doch gerade deshalb so beliebt, weil sie schnell sind!

* Aha, jetzt wird es spannend.

– Wieso, wie meinen Sie das?

* Nun, das ist meiner Meinung nach der wahre Grund, warum es bei uns noch keine Geschwindigkeitsbeschränkung gibt: Die Autoindustrie will das ganz einfach nicht. Sie verdient mit den großen, schnellen Autos viel Geld. Und sie will, dass das so bleibt.

\+ Liebe Studiogäste, es tut mir leid, dass ich die Diskussion an dieser spannenden Stelle kurz unterbrechen muss, aber wir haben eine sehr wichtige Verkehrsdurchsage. Liebe Hörerinnen und Hörer, bleiben Sie dran, es geht gleich weiter mit unserer Diskussion.

31 Das ist mir aber peinlich!

Ü 4

\+ Entschuldigung, wir möchten zahlen, bitte!

– Zusammen oder getrennt?

\+ Alle drei zusammen, bitte.

* Aber nein, das kommt überhaupt nicht in Frage, Theo. Ich zahle.

\+ Ach was, das geht doch nicht. Hast du nicht beim letzten Mal gezahlt?

* Wir können ja teilen.

\# Aber ich hatte doch eine Vorspeise und ihr nicht – nein, lasst mich zahlen. Obwohl, ich weiß gar nicht, ob ich so viel Geld dabei habe …

* Nein, nein. Kein Problem, ich könnte ja …

\+ Sagen Sie, wie viel macht es denn zusammen?

– 82,50 Euro. Bitte, hier ist die Rechnung.

* Also, ich denke, das Einfachste ist, jeder zahlt für sich.

\+ Ja, gut, also ich hatte die Ente und zwei Wein … oder doch drei? Irene, weißt du das?

\# Du hattest drei.

\+ Also drei Wein.

\# Ja, und ich hatte die Zwiebelsuppe, das Huhn und zwei Mineralwasser.

* Und ich die Pizza und zwei Bier.

– Und ich habe hier noch einen Cappuccino.

\# Conrad, den Cappuccino hattest du, oder?

* Ja, stimmt.

Ü 11

a) + Mira Unger.

– Hi Mira, ich bin's, Sabrina

\+ Hallo Sabrina, wie war die Prüfung?

– Ach, frag bloß nicht. Eine Katastrophe!

\+ Aber wieso das denn? Was ist passiert?

– Ich hatte die ganze Nacht gelernt und heute Morgen hörte ich dann den Wecker nicht.

\+ Also hast du verschlafen! Oh je! Und nachdem du aufgewacht warst?

– Ja, da bin ich dann in die Uni zu meiner Prüfung gerannt.

\+ Und, hatte die Prüfung schon begonnen?

– Als ich ankam, war die Prüfung schon beendet! Die Tür war zu. Niemand war da. Ich bin durch die ganze Uni gerannt bis ich meinen Professor in der Mensa fand. Alles so ärgerlich!

\+ Nun erzähl schon! Was war denn dann, nachdem du ihn gefunden hattest?

– Ich habe mich entschuldigt und gefragt, was jetzt passiert. Er sagte, dass ich gern zum zweiten Versuch in drei Wochen kommen kann.

\+ Oh, das ist nicht nett.

– Ja, das ist wirklich blöd!

\+ Ach komm, sei nicht traurig, du schaffst das doch ohne Probleme! Ich lerne auch gerne noch einmal mit dir zusammen.

– Danke, du bist super.

Ü 13

1. + Oh, nein, die teuren Gläser! Kannst du nicht aufpassen?
   – Entschuldige Ina, so ein Missgeschick, ich kaufe zwei neue.
2. + Wer hat denn beim Kopierer das Papier verbraucht und kein neues in das Gerät gelegt?
   – Entschuldigung, das war mein Versehen. Ich hole Papier.
3. + Hallo, Herr Fischer. Hier ist Frau Simon von der Firma Bautec. Es gibt ein Problem. Ich habe letzte Woche bei Ihrer Kollegin zwei Computer bestellt und nun haben wir 200 Computer bekommen.
   – Das muss ein Missverständnis sein! Ich kläre das noch heute.
4. + Sie haben meinen Nachnamen falsch geschrieben. Ich heiße Thalmann, mit th.
   – Oh, verzeihen Sie, bitte. Das wusste ich nicht. Th – ist notiert.

32 Generationen

Ü 8

b) + Willkommen in einer neuen Folge von Fünf gewinnt. Hier bei mir im Studio sitzt Sarah Lißner. Sind Sie bereit für fünf fiese Fragen?
– Na klar.
+ Und nicht vergessen, wenn Sie alle Fragen richtig beantworten, bekommen Sie 1000 Euro!
– Oh je...
+ Erste Frage: Wann wurde der Kühlschrank erfunden? 1876 von Carl von Linde oder 1930 von Werner von Siemens?
– 1930? Von Siemens?
+ Nein, leider falsch, es war 1876. 1930 hatten schon viele Haushalte in Deutschland einen Kühlschrank. Egal. Nächste Frage. Sie können noch 800 Euro verdienen ...
– Na dann ...
+ Wann kam der erste Tablet-Computer auf den Markt? 1989 oder 2010?
– Na 2010 kam das iPad. Aber Tablet-Computer gibt es schon länger, nur eben nicht so erfolgreich.
+ Stimmt, genau. 1989 gab es das erste Tablet der Welt. 200 Euro für Sie!
– Super!
+ Seit wann gibt es elektrisches Licht? Seit 1841 oder 1880?
– Oh, das ist schwierig. Ich denke 1841.
+ Und das ist richtig. Frederick de Moleyns erhielt 1841 das erste bekannte Patent auf eine Glühlampe. Aber erst Edison – mit seinem Patent von 1880 – hat es geschafft, dass man Glühlampen länger als ein paar Stunden benutzen konnte.
– Interessant.
+ Und Sie haben schon 400 Euro verdient. Nächste Frage. Seit wann gibt es die Waschmaschine? 1691 oder 1901?
– Puh! Also die gibt es erst seit 1901. Die ist noch nicht so alt.
+ Also seit 1901 gibt es die erste elektrische Waschmaschine, aber ob Sie es glauben oder nicht – das erste Waschmaschinen-Patent gab es 1691.
– So ein Pech!
+ Wenn Sie die letzte Frage richtig beantworten, haben Sie 600 Euro. Das ist doch auch was! Also ... seit wann gibt es das Fahrrad? 1817 oder 1917?
– Ja, ganz klar. 1817.
+ Richtig. Das war zwar noch kein richtiges Rad mit Pedalen, aber ein Rad zum Laufen. Man nannte es Draisine. Und damit haben Sie 600 Euro gewonnen. Was machen Sie mit Ihrem Gewinn?

Ü 10

+ Hallo, Frau Gärtner, schön Sie zu sehen.
– Hallo, schön Sie zu sehen! Wie geht es Ihnen?
+ Gut. Seit die Mutter meines Mannes krank ist, haben wir aber viel zu tun.
– Was ist denn mit Ihrer Schwiegermutter?
+ Sie ist jetzt 76. Seit ihr Mann gestorben ist und sie alleine lebt, geht es ihr nicht mehr so gut. Sie vergisst sehr viel und braucht viel Hilfe im Alltag.
– Ja, man wird nicht jünger und das ist nicht leicht! Und wie geht es Ihren Eltern? Ich habe sie lange nicht gesehen.
+ Danke der Nachfrage. Meinen Eltern geht es gut. Sie sind viel unterwegs, seit sie in Rente sind. Sie machen viele Reisen.
– Ach, das ist schön. Wir machen nächste Woche auch eine Reise – mit den Kindern unserer ältesten Tochter.
+ Schön. Wie alt sind denn die Kinder Ihrer Tochter?
– Fünf und sieben. Wir fahren in den Schwarzwald.

Ü 11

b) Bevor wir unsere Hörerinnen und Hörer zum Thema „Seniorenheim" in unserer Sendung zu Wort kommen lassen, möchte ich einige Punkte unserer Expertenrunde zusammenfassen. Seniorenheime stehen oft in der Kritik, vor allem, weil es oft zu wenig Pflegepersonal gibt. Kritisch sehen viele Menschen auch, dass man sein gewohntes Zuhause verlassen und im Heim eventuell auf bestimmte Gewohnheiten verzichten und die Regeln der Hausordnung akzeptieren muss. Zudem kann die Pflege im Heim auch teuer sein. Das stimmt und das ist auch ein Punkt, den ich persönlich sehr kritisch sehe. Andererseits bieten Seniorenheime auch sehr viele Vorteile. Zum Beispiel geben diese den Senioren sehr viel Sicherheit und, was nicht zu vergessen ist, Service rund um die Uhr. Das Pflegepersonal kann sich professionell um die Gesundheitsprobleme der Bewohnerinnen und Bewohner kümmern. Und auch die festen Zeiten und Routinen sind für ältere Leute, vor allem wenn sie krank sind, sehr wichtig und daher nicht schlecht. Die Familie kann jederzeit zu Besuch kommen, dennoch ist man unabhängig von der Hilfe der Kinder oder der Verwandten. Das ist für viele ältere Menschen sehr wichtig und – wie ich finde – eine sehr gute Sache. Dass man das Haus oder die Wohnung aufgeben muss und meist nicht mehr so viel Platz hat, ist nicht nur negativ. Meistens schaffen es die alten Leute gar nicht mehr, eine große Wohnung sauber zu halten und benötigen weniger Platz, aber mehr Service. Die persönlichen Dinge ziehen natürlich mit ins Heim. Meist dauert es nicht lange, bis sich neue Bekanntschaften finden. Viele Senioren genießen die neuen Freizeitangebote und Kontakte. Von gemeinsamen Ausflügen auf den Markt bis hin zur Zeitungslesegruppe – es ist für jeden etwas dabei. Wichtig ist für viele auch, nicht mehr allein sein zu müssen. Wie sie sehen – Seniorenheime bringen vielfältige Vorteile. Dass es in vielen Heimen zu wenig Pflegepersonal gibt, ist das eigentliche Problem. Die Begründung – mehr Pflegepersonal ist nicht bezahlbar – entschuldigt nicht, dass es so ist. Wir brauchen mehr gut bezahltes Pflegepersonal.

Zertifikatstraining

Sie nehmen am Informationstag im Interkulturellen Seniorenzentrum Fischerstraße in Frankfurt am Main teil. Zu Beginn der Veranstaltung gibt es eine kleine Einführung.

Sehr geehrte Damen und Herren. Ich möchte Sie herzlich begrüßen zu unserem Informationstag im Interkulturellen Seniorenzentrum Fischerstraße. Mein Name ist Afife Schuster, ich bin die Leiterin dieses Seniorenzentrums.
Ich freue mich sehr, dass der Raum hier heute so voll ist. Herr Tiehl, unser Hausmeister, holt gerade noch ein paar Stühle, damit sich alle setzen können.
Kurz zum Programm des heutigen Tages: Ich werde Ihnen zunächst einiges zu unserem Haus erzählen und dann gemeinsam mit meinen Kolleginnen und Kollegen, die hier vorne sitzen, Ihre Fragen beantworten.
Danach, um circa 11:30 Uhr, werden Ihnen unsere Bewohnerinnen und Bewohner die verschiedenen Räume des Seniorenzentrums zeigen. Sie können sich einzelne Bewohner-

zimmer anschauen, die Gemeinschaftsräume, unsere Cafeteria, unsere Küche und auch unsere Gästezimmer. Und weil wir hier im Seniorenzentrum sehr gerne zusammen feiern, findet dann ab 14 Uhr in unserem schönen Garten ein kleines Fest statt. Wir haben kleine Gerichte vorbereitet, es gibt Getränke und es wird auch ein kleines Musikprogramm geben.
Soweit zum Programm. Nun möchte ich Ihnen unsere Einrichtung kurz vorstellen. Das Interkulturelle Seniorenzentrum Fischerstraße gibt es seit zehn Jahren. Zu Beginn waren wir eine sehr kleine Einrichtung, mit nur 36 Bewohnern. 2013 wurde dann unser zweites Gebäude direkt neben diesem Haus eröffnet. Mittlerweile leben hier 86 Seniorinnen und Senioren.
Und so wie in unserer Stadt Menschen aus vielen verschiedenen Kulturen und Ländern leben, haben auch wir hier Bewohnerinnen und Bewohner verschiedener Herkunft. Sehr viele unserer Seniorinnen und Senioren wurden zum Beispiel in der Türkei, Tunesien oder Marokko geboren. Deutsch ist also für einen Teil unserer Bewohner nicht die Muttersprache, für manche von ihnen ist es noch immer eine fremde Sprache. Da in unserem Seniorenzentrum zu 80 Prozent zwei- oder mehrsprachige Pflegekräfte arbeiten, die selbst Migrationserfahrungen haben und teilweise auch die Herkunftsländer unserer Bewohnerinnen und Bewohner kennen, gibt es bei uns jedoch kaum Verständigungsschwierigkeiten. Es ist in der Regel immer jemand im Haus, der bei Sprachproblemen helfen und übersetzen kann.
Wichtig ist uns auch, dass unsere Bewohner und Bewohnerinnen hier im Seniorenzentrum nicht auf die Lebensmittel und Gerichte verzichten müssen, die sie gewohnt sind und von Zuhause kennen. Daher achten wir bei unserem Essensangebot darauf, dass immer für jeden etwas dabei ist und wir bieten natürlich immer auch Gerichte ohne Schweinefleisch an. Zweimal in der Woche gibt es zudem die Möglichkeit, dass Bewohner und Bewohnerinnen mit Unterstützung einer Küchenmitarbeiterin traditionelle Gerichte aus ihrer alten Heimat kochen können. Dieses Angebot ist sehr beliebt. Außerdem gibt es bei uns die Möglichkeit, dass …

33 Migration

Ü 1

a) Ich freue mich in unserer Talkrunde zwei wunderbare Frauen im Studio begrüßen zu dürfen. Hatice Akyün und Franka Potente. Sie sind unseren Zuhörerinnen und Zuhörern mit Sicherheit bekannt, aber ich möchte sie doch kurz vorstellen.
Zu meiner Linken sitzt Journalistin und Schriftstellerin Hatice Akyün. Ihr Vater ist 1972 gemeinsam mit der gesamten Familie als Gastarbeiter ins Ruhrgebiet gekommen, um genau zu sein nach Duisburg. Sie waren zu diesem Zeitpunkt drei Jahre alt. Mittlerweile leben und arbeiten Sie in Berlin. Sie schreiben auf Deutsch. In einem Interview sagten Sie einmal, dass Sie eher Probleme mit dem Türkischen hätten. Bei Ihren Eltern sei es hingegen genau umgedreht. Darüber und über viele andere interessante Fragen möchten wir später sprechen.
[…] Unser zweiter Gast zu meiner Rechten, Franka Potente, ist sicherlich einem sehr großen Kinopublikum aus Filmen wie „Lola rennt" oder „The Bourne Identity" bekannt. Sie arbeiten mittlerweile aber auch erfolgreich als Schriftstellerin. Sie sind in Nordrhein-Westfalen aufgewachsen, leben nun jedoch schon seit einigen Jahren mit ihrem US-amerikanischen Mann und Ihrer gemeinsamen Tochter in Los Angeles. In den USA sind Sie seit einigen Jahren auch in sehr erfolgreichen Fernsehserien, wie zum Beispiel in „Dr. House" oder „The Bridge", zu sehen.

Ü 7

\+ Guten Abend, Sie kommen gerade aus dem Kino. Ich mache eine Umfrage für ein Kinomagazin. Haben Sie Zeit für ein, zwei Fragen?
– Ja, klar. Warum nicht.
* Kein Problem.
\+ In welchem Film waren Sie?
– In „Solino".
\+ Der ist doch aus dem Jahr 2002?
* Ja, aber das ist doch egal. Mir gefällt es sehr, dass dieses Kino hier alte und aktuelle Spielfilme zeigt, Hauptsache es sind Filme, die eine gute Geschichte aus dem Leben erzählen.
– Und es macht einfach mehr Spaß, einen alten Film nicht vor einem kleinen Fernseher zu sehen. Und die Preise im Kino sind super. Deshalb gehen wir jede Woche hierher.
\+ Mögen Sie „Solino"?
* Naja, ich glaube, es ist schwer, den Film nicht zu mögen, oder?
– Fatih Akın erzählt diese Geschichte der beiden Brüder mit so viel Energie und Freude.
* Das macht er ja in jedem seiner Filme. Er erzählt nicht nur, sondern er möchte, dass man traurig, fröhlich, vielleicht auch wütend, auf jeden Fall anders aus dem Kino kommt.
\+ Großartiger Regisseur, da stimme ich Ihnen zu. Und der Film?
* Ist super, aber ein bisschen zu lang. Der Film geht über zwei Stunden.
– Das sehe ich nicht so – er erzählt ja eine Geschichte über einige Jahrzehnte. Das macht man nicht in 90 Minuten! Und ich finde sogar, es war richtig, sich Zeit zum Erzählen zu nehmen. Man sieht die italienische Kultur und die kleinen und großen Unterschiede zu Deutschland, … auch was es bedeutet auszuwandern.
\+ Ich fasse mal den Abend zusammen: tolles Kino, super Regisseur, guter Film – war das für Sie der perfekte Abend?
* Na klar, das war der perfekte Kinoabend.
– Auf jeden Fall – so muss ein Kinoabend sein.
\+ Dann danke ich Ihnen für das Gespräch.

34 Europa

Ü 5

a) + Hallo Hannah, wie geht's? Was machst du denn so?
– Hallo Miray, schön dich zu sehen. Ja, ich habe mich an der Universität in Heidelberg um ein Stipendium beworben. Und ich habe es auch bekommen.
\+ Herzlichen Glückwunsch! Heidelberg? Ja, da denke ich sofort an ein Medizinstudium.
– Nein, nein. Ich interessiere mich für Geschichte.
\+ Für Geschichte ist das sicherlich auch eine sehr gute Uni. Ich war noch nie in Heidelberg. Kennst du die Stadt?
– Nein, aber ein Freund hat mir schon viel über die Stadt erzählt.
\+ Na, das reicht aber nicht, oder? Fährst du mal hin?
– Ja klar, ich muss mich noch über so viele Dinge informieren.
\+ Freust du dich auf den Umzug?

– Ich freue mich auf mein erstes Seminar, über das Organisatorische ärgere ich mich aber jetzt schon. Es nervt, in Ämtern zu sitzen oder ewig nach einer Wohnung zu suchen.
+ Ach freu dich doch! Lass uns vor deinem Umzug noch einmal einen Kaffee trinken ...

Ü 9

a) + So, es geht los. Wo waren wir in unserer letzten Stunde? Genau, das Thema war: Politik geht uns alle etwas an. Wir hatten uns mit den Parteien beschäftigt. Ihr solltet als Hausaufgabe politische Forderungen formulieren. Ich bin gespannt. Justus, was hast du notiert?
– Ich finde, dass die Politiker zu viel reden und zu wenig tun.
+ Und deine Forderungen?
– Also erstens ... Eine meiner Forderungen an die Politik ist die Reduzierung der Arbeitslosigkeit unter Jugendlichen. Nicht nur hier in Deutschland, sondern auch in ganz Europa. Ein Problem, was man ganz schnell lösen muss, ist natürlich auch die Finanzkrise. Es darf nicht sein, dass Banken die Welt regieren und dabei Staaten kaputt machen. Wir brauchen eine soziale Gemeinschaft, ein Wir-Gefühl.
+ Ja, das sehe ich ganz genauso. Sehr wichtiger Punkt.
– Das wichtigste Ziel für mich ist aber, dass Politiker und auch wir für Frieden und Stabilität in Europa und der Welt sorgen. Es gibt momentan viel zu viele Konflikte – auch in Europa! Ich finde, die Politiker weltweit, sollten daher mehr Geld in die Bildung der Menschen investieren, denn mehr Bildung bedeutet weniger Konflikte. Dann könnte man auch das Ziel – Frieden und Stabilität für alle – sehr viel schneller erreichen. Ach ja, und eine weitere wichtige Forderung an die Politik ist, mehr Geld in Kunst und Kultur zu investieren. Es kann doch nicht sein, dass Theater schließen oder Künstler kaum noch von ihrer Arbeit leben können, weil das Geld fehlt. Der Mensch braucht Kunst.
+ Das sind alles ganz wichtige Punkte. Mit euch diskutieren möchte ich gerne Justus' Aussage „Mehr Bildung bedeutet weniger Konflikte". Wie seht ihr das?

Ü 14

a) + Guten Tag, wie kann ich Ihnen helfen?
– Wir möchten gern zwei Wochen Urlaub machen.
+ Wunderbar, haben Sie schon konkrete Ideen?
* Es soll warm sein und wir wollen baden, Natur erleben ...
– Ja, aber auch einkaufen, Museen besuchen, Städte sehen.
+ Was halten Sie vom Süden Italiens, von Kalabrien? Es ist nicht allzu weit weg, bezahlbar und dort scheint die Sonne bei 24 Grad, die Wassertemperatur liegt bei 22 Grad.
– Hm, das klingt toll, aber ich möchte nicht mit dem Auto anreisen.
* Ach, das sind 12, 13 Stunden ...
+ Warum nehmen Sie nicht einfach den Flieger? Sie können entweder mit dem Bus oder mit der Bahn zum Flughafen München reisen. Wir haben ein tolles Angebot und es ist stressfrei.
– Sehr gut. Ich möchte mit der Bahn zum Flughafen.
* Ja, das ist gut.
+ Wollen Sie sofort zum Urlaubsort fliegen? Sie können entweder in Rom zwei, drei Tage Zwischenstopp machen – Sie wollen ja Stadt und Kultur erleben – oder direkt zum Ziel.
– Zwischenstopp in Rom – ganz klar.
+ Dann hätte ich noch ein paar weitere Fragen. Ich kann Ihnen entweder ein Ferienhaus anbieten oder ein Doppelzimmer im Hotel.
– Hotel. Ich will keinen Stress mit Haushalt.
* Aber ...
+ Sie können aber auch im Hotel eine Suite mit kleiner Küche haben. Sie können entweder Voll- oder aber Halbpension buchen.
– Vollpension, was sonst?
+ Ah ja, noch eine Frage. Wir sind jetzt bei 980 Euro mit Flug und Vollpension für eine Woche Kalabrien. Sie können entweder an Reiseausflügen teilnehmen – dann kostet die Reise 1170 Euro pro Person – oder Sie organisieren sich Ihre Ausflüge selbst.
– Nein, wir sind nicht an Ausflügen und Reiseleitern interessiert.
* Na ein Glück!
+ Dann eine letzte Frage: Sie können am Samstag entweder sehr früh zurück fliegen oder um 17:15 Uhr. Was ist Ihnen lieber?
– Ich denke, wir reisen früh ab.
* Nein, lieber am Nachmittag.
+ Also ...
– Gut, dann nehmen wir den Flieger um Viertel nach fünf.
+ Sehr schön. Dann brauche ich jetzt Ihre Daten.

Bildquellenverzeichnis

Cover (1): imago/Westend61; **Cover (Hintergrund):** Fotolia/ARTENS (Hintergrund); **4 un.** Fotolia/Kzenon; **6 un.** Deutsche Bahn AG/Volker Emersleben; **8 ob. (1)** Fotolia/photoGrapHie; **8 ob. (2)** fotolia/Rick Sargeant; **8 ob. (3)** Fotolia/Kramografie; **8 Auf. 2** Collage: alle Fotolia: oben links – photoGrapHie; oben Mitte – Rick Sargant; oben rechts – Kramografie, 1 – liquidImage, 2 – al62; 3 – photoGrapHie; 4 – ssen; 5 – Marek Kosmal; 6 – Endrille; 7 – Pedro Diaz; 8 – Andreas; 9 – Photoman; 10 – guteksk7; **9 Mi.** Fotolia/Kitty; **10 Auf. 9 (1)** fotolia/Rick Sargeant; **10 Auf. 9 (2)** Fotolia/Stockcity; **10 Auf. 9 (3)** Fotolia/Photoman; **10 Auf. 9 (4)** Fotolia/Pedro Díaz; **10 Auf. 9 (5)** Fotolia/liquidImage; **10 Auf. 9 (6)** Fotolia/Endrille; **11 Auf. 12** Shutterstock/Goodluz; **11 Auf. 13** Fotolia/Le monde en photos; **12 Auf. 2 (ob.)** Fotolia/Fotolyse; **12 Auf. 2 (1)** Fotolia/l-pics; **12 Auf. 2 (2)** Fotolia/Anibal Trejo; **12 Auf. 2 (3)** Elbphilharmonie, Herzog de Meuron; **12 Auf. 2 (4)** Fotolia/Gül Kocher; **12 Auf. 2 (5)** Fotolia/Digitalpress; **12 Auf. 2 (6)** Fotolia/Simon Ebel; **13 Auf. 7 (1)** Fotolia/Dmitry Koksharov; **13 Auf. 7 (2)** Shutterstock/ Paul Vinten; **13** Shutterstock; Business; **14 Auf. 9** Shutterstock/ Shutterstock/cinemafestival; **14 Auf. 10 (1)** Shutterstock/hightowernrw; **14 Auf. 10 (2)** Fotolia/Anibal Trejo; **14** Shutterstock/Feng Yu; **14 Auf. 10 (3)** Fotolia/Monkey; **16 Auf. 1(1)** Fotolia/Jean-Jacques Cordier; **16 Auf. 1(2)** Fotolia/Thomas Reimer; **16 Auf. 1(3)** Fotolia/elxeneize; **16 Auf. 1(4)** Fotolia/Levent Sevimli; **16 Auf. 1(5)** Cornelsen/K. Hoppe-Brill; **16 Auf. 1(6)** Cornelsen Schulverlage/Hugo Herold-Fotokunst; **17 Auf. 3 (1)** Shutterstock/Nadino; **17 Auf. 3 (2)** Shutterstock/Fotoluminate LLC; **21 Auf. 4 (1)** Fotolia/Stephen Coburn; **21 Auf. 4 (2)** Shutterstock/Odua Images; **21** Shutterstock/Feng Yu; **23 Auf. 11** Fotolia/Africa Studio; **24 Auf. 1 (1)** Fotolia/ACP prod; **24 Auf. 1 (2)** Fotolia/Kzenon; **24 Auf. 1 (3)** Fotolia/Kzenon; **24 Auf. 1 (4)** Fotolia/Claudia Paulussen; **24 Auf. 2** Fotolia/Artusius; **27 Auf. 10 (1)** action press/HUSSEIN, ANWAR; **27 Auf. 10 (2)** Shutterstock/DFree; **27 Auf. 10 (3)** Shutterstock/s_bukley; **27 Auf. 10 (4)** Shutterstock/Featureflash Photo Agency; **28 Auf. 1 (1)** Shutterstock/Margoulliat photo; **28 Auf. 1 (2)** Shutterstock/Maxx-Studio; **28 Auf. 1 (3)** Shutterstock/Mircea Maties; **28 Auf. 1 (4)** Shutterstock/VladiesCern; **28 Auf. 1 (5)** Fotolia/Rainer Golch; **28 Auf. 1 (6)** Shutterstock/Swapan; **29 Auf. 5a** Fotolia/Kurhan; **30 Auf. 11** Shutterstock/dmitrimaruta; **31 Auf. 15** Fotolia/Olly; **33 Auf. 6a** Cornelsen/Carlos Borrell Eiköter (Karte); **33 Auf. 6a re.** Fotolia/Stanisic Vladimir (Handy); **34 Auf. 8** Cornelsen/Filma Media Productions; **34 Auf. 9** Fotolia/gpointstudio; **36 Auf. 1 (1)** Fotolia/ Horst Schmidt; **36 Auf. 1 (2)** Fotolia/Bettina Eder; **36 Auf. 1 (3)** Fotolia/borisb17; **36 Auf. 2** Fotolia/Wiw; **36 Auf. 3 li.** Shutterstock/ESB Professional; **36 Auf. 4** Fotolia/Yury Shchipaken; **36 Auf. 3 re.** Fotolia/Dan Race; **37 Auf. 6 b** Fotolia/Fredredhat; **37 Auf. 5 a (1)** Linzfest/a_kep-subtext; **37 Auf. 5 a (2)** Picture Alliance/Bildagentur Huber/Leimer; **37 Auf. 5 a (3)** Shutterstock/Reinhold Leitner; **37 Auf. 5 a (4)** Fotolia/Sebastian Krüger; **39 Auf. 11** Fotolia/Docrabe Media; **39 Auf. 12 (1)** Shutterstock/Phovoir; **39 Auf. 12 (2)** Fotolia/Production Perig; **39 Auf. 12 (3)** Shutterstock/Peter Kirillov; **39** Shutterstock; **40 Auf. 1 (1)** Fotolia/seen; **40 Auf. 1 (2)** Fotolia/Eyewave; **40 Auf. 1 (3)** Fotolia/Malyshchyts Viktar; **40 Auf. 1 (4)** Fotolia/ atoss; **40 Auf. 1 (5)** Shutterstock/Vitaly Korovin; **40 Auf. 1 (6)** Fotolia/ExQuisine; **40 Auf. 1 (7)** Fotolia/rdnzl; **40 Auf. 1 (8)** Shutterstock/Picsfive; **40 Auf. 1 (9)** Shutterstock/Zijlstra; **40 Auf. 1 (10)** Fotolia/seite3; **40 Auf. 1 (11)** Fotolia/Schenk; **40 Auf. 1 (12)** Fotolia/rdnzl; **40 Auf. 3** Fotolia/Mangostock; **41 Auf. 4** Fotolia/berc; **41 Auf. 6** Fotolia/Aleksangel; **42 Auf. 9 (1)** Shutterstock/takayuki; **42 Auf. 9 (2)** Shutterstock/michaeljung; **43 Auf. 12** Fotolia/Lunaundmo; **44 Auf. 2** Fotolia/Jeanette Dietl; **44 Auf. 4 (1a)** Fotolia/Andres Rodriguez; **44 Auf. 4 (1b)** Fotolia/pikselstock; **44 Auf. 4 (2a)** Fotolia/eldadcarin; **44 Auf. 4 (2b)** Fotolia/Viorel Sima; **45 Auf. 5** Fotolia/Remo; **45 Auf. 6 (1)** Shutterstock/Andresr; **45 Auf. 6 (3)** Shutterstock /Yuri Arcurs; **45 Auf. 6 (5)** Fotolia/Amir Kaljikovic; **45 Auf. 6 re. (1)** Fotolia/.shock; **45 Auf. 6 re. (2)** Fotolia/fancy123; **46 Auf. 8** Fotolia/Archideaphoto; **47 Auf. 13** Fotolia/Tatsiana; **47 Auf. 14** Dr. Volkhard Binder, Berlin; **48 Auf. 1 (a - 1)** Fotolia/East-WestImages; **48 Auf. 1 (a - 2)** Fotolia/Auremar; **48** Shutterstock/Giraphics; **51 Auf. 13 (1, 2, 3, 4, 5)** Klein & Halm; **51 Auf. 13 (2, 7)** Shutterstock; **52 Auf 1 (1)** Fotolia/Gina Sanders; **52 Auf 1 (2)** Fotolia/Peshkova; **52 Auf 1 (3)** Fotolia/Robert Kneschke; **52 Auf 1 (4)** Fotolia/Contrast-werkstatt; **53 Auf. 3** picture-alliance/picturedesk.com/Deak Marcus E.; **55 Auf. 9 (1)** Shutterstock/Photobar; **55 Auf. 9 (2)** Shutterstock/Marc Bridger; **55 Auf. 9 (3)** Shutterstock/SeanPavone-Photo; **55 Auf. 9 (4)** Shutterstock/rm; **55 Auf. 9 (5)** Shutterstock/Joel Shawn; **55 Auf. 9 (Hintergrund)** Shutterstock/Aaron Amat; **56 Auf. 2 (1)** Shutterstock/aastock; **57 Auf. 2 (2)** Shutterstock/Andreas Saldavs; **57 Auf. 6** Shutterstock/Vitalinka; **58 Auf. 2 (3)** Shutterstock/Lisa F. Young; **58 Auf. 8 li. (1)** Fotolia/StefanieB; **58 Auf. 8 li. (2)** Fotolia/Gabriela (Schuhe); **58 Auf. 8 re.** Shutterstock/Mega Pixel; **58 Auf. 9 (1)** Shutterstock/Shestakoff; **58 Auf. 9 (2)** Fotolia/ Monkey Business; **58 Auf. 9 (3)** Shutterstock/Goodluz; **59 Auf. 2 (4)** Shutterstock/Paul Vasarhelyi; **59 Auf. 11** Fotolia/Nadine Haase; **59 Auf. 13** Fotolia/belahoche; **60 Auf. 2 (5)** Shutterstock/Monkey Business Images; **61 Auf. 2 (6)** Shutterstock/Lucian Coman; **61 Auf. 5** Deutsche Bahn AG; **62 Auf. 2 (7)** Fotolia/Andy Dean; **62 Auf. 9** Shutterstock/salva29; **63 Auf. 2 (8)** Fotolia/Oleksii Sergieiev; **63 Auf. 13** Fotolia/Blickfang; **66 Auf. 9** Fotolia/Jürgen Feldhaus; **66 Auf. 9 (Logo)** Volkstanzfreunde e.V., Köln; **67 Auf. 13 (1)** Fotolia/Laurin Rinder; **67 Auf. 13 (2)** Shutterstock/cristovao; **67 Auf. 13 (3)** Fotolia/ArTo; **67 Auf. 13 (4)** Shutterstock/Mehmet Dilsiz; **68 Auf. 1 (1)** Shutterstock/Christopher Futcher; **68 Auf. 1 (2)** Fotolia/Sandor Kacso; **68 Auf. 1 (3)** Shutterstock/Laurin Rinder; **68 Auf. 3** Shutterstock/Welf Aaron; **70 Auf. 6** © IFA, Messe Berlin GmbH, Berlin; **70 Auf. 8 (1)** Fotolia/Dreadlock; **70 Auf. 8 (2)** Fotolia/fergregory; **70 Auf. 8 (3)** Shutterstock/QiLux; **70 Auf. 8 (4)** Shutterstock/MikhailSh; **70 Auf. 8 b** Shutterstock/Alexander Demyanenko; **71** Shutterstock; **72 Auf. 2 (1)** Shutterstock/ER_09; **72 Auf. 2 (2)** Fotolia/ manulito; **72 Auf. 2 (3)** Shutterstock/Karl Allgaeuer; **72 Auf. 2 (4)** Shutterstock/Karl Allgaeuer; **72** Shutterstock/Garsya; **74 Auf. 7** Shutterstock/Goodluz; **74 Auf. 9 (1)** Shutterstock/erwinova; **74 Auf. 9 (2)** Shutterstock/Silberkorn; **74 Auf. 9 (3)** Shutterstock/Subbotina Anna; **74 Auf. 9 (4)** Shutterstock/El Nariz; **74 ob.** Fotolia/diez-artwork (Zeitung); **75 Auf. 10** Shutterstock (Browser); **75 Auf. 10 b** Clipdealer/Monkey Business Images; **76 Auf. 1** Shutterstock/racorn; **77 Auf. 3 (1)** Shutterstock/Yuriy Davats; **77 Auf. 3 (2)** mauritius images/Alamy; **79 Auf. 8** Shutterstock/goir (Zeitung); **80 Auf. 1 a (1)** Shutterstock/Andreas Juergensmeier; **80 Auf. 1 a (2)** Fotolia/volff; **80 Auf. 1 a (3)** Shutterstock/Kletr; **80 Auf. 1 a (4)** Fotolia/Olaru Radian; **82 Auf. 7 (1)** Shutterstock/Andrey Arkusha; **82 Auf. 7 (2)** Shutterstock/wavebreakmedia; **82 Auf. 7 (3)** Shutterstock/Lisa S.; **82 Auf. 9** Interfoto e.K./Sammlung Rauch; **83 Auf. 11 re.** Shutterstock/Belinka; **83 Auf. 11 li.** akg-images/Louis Held; **84 Auf. 1 (1)** Shutterstock/Mila Supinskaya; **84 Auf. 1 (2)** Shutterstock/Monkey Business Images; **84 Auf. 3** Fotolia/Minerva Studio; **85 Auf. 5** Shutterstock/Rawpixel; **87 Auf. 11** Shutterstock/Goodluz; **88 Auf. 1 b** Fotolia/Lennartz (Osterhase); Fotolia/babimu

(Brezel); Shutterstock/Monika Hunackova (Karte); Shutterstock/Radha Design (Briefumschlag); Shutterstock/LeonART; Shutterstock/Malchev (Tanne); Fotolia/koya979 (Kürbis); **88 Auf. 2 (1)** Shutterstock/Iakov Filimonov; **88 Auf. 2 (2)** Shutterstock/baranq; **88 Auf. 2 (3)** Shutterstock/Gabriela Insuratelu; **88 Auf. 2 (4)** Shutterstock/lightwavemedia; **91 Auf. 7** Fotolia/Stefan Körber; **92 Auf. 1 (a)** Shutterstock/Iakov Filimonov; **92 Auf. 1 (b)** Shutterstock/Minerva Studio; **92 Auf. 1 (c)** Shutterstock/wavebreakmedia; **92 Auf. 1 (d)** Shutterstock/Minerva Studio; **92 Auf. 1 (e)** Shutterstock/Maridav; **93** Shutterstock (Browser); **93 Auf. 4/ 94 Auf. 5** action press/Jörg Eberl; **94** Shutterstock (Browser); **95 Auf. 6** unsicht-Bar GmbH, Köln; **96** Shutterstock; **96 Auf. 1 (1)** Shutterstock/StockLite; **96 Auf. 1 (2)** Shutterstock/wavebreakmedia; **96 Auf. 1 (3)** Fotolia/Khorzhevska; **97 Auf. 4 b (1)** Fotolia/MP2; **97 Auf. 4 b (2)** Fotolia/katrin_timoff; **97 Auf. 4 b (3)** Shutterstock/dantess; **97 Auf. 4 b (4)** Fotolia/vetkit; **97 Auf. 4 b (5)** Fotolia/Palabra; **97 Auf. 4 b (6)** Fotolia/Pixelfeger; **98 Auf. 6** Shutterstock/Billion Photos; **100 Auf. 2 (1)** Shutterstock/My Good Images; **100 Auf. 2 (2)** Fotolia/iofoto; **100 Auf. 2 (3)** Fotolia/Andreas Wolf; **104 Auf. 13 b** F1online; **104 Auf. 13 re.** Shutterstock/Image Point Fr; **104 Auf. 13 a** Dieter Urban; **109** Shutterstock/rtbilder; **109 Auf. 9 (1)** Shutterstock/Simone van den Berg; **109 Auf. 9 (2)** Shutterstock/BestPhotoStudio; **109 Auf. 9 (3)** Fotolia/contrastwerkstatt; **109 Auf. 9 (4)** Fotolia/Syda Productions; **110 Auf. 11** Shutterstock/Monkey Business Images; **112 Auf. 3** Shutterstock/Phovoir; **113** Shutterstock/Feng Yu (Papier); **113** Fotolia/www.pelzinger.de (Papier); **115** Shutterstock (Browser); **115 Auf. 8** Shutterstock/racorn; **115 Auf. 8 e (1)** Fotolia/eyeQ; **115 Auf. 8 e (2)** Shutterstock/Phovoir; **115 Auf. 8 e (3)** Fotolia/goodluz; **118 Auf. 2 (a)** Fotolia/El Gaucho; **118 Auf. 2 (b)** Fotolia/ARTENS; **118 Auf. 2 (c)** Fotolia/Paolo Gallo; **118 Auf. 2 (e)** Fotolia/red150770; **118 Auf. 2 (d)** Shutterstock/Rainer Plendl; **119 Auf. 5 (1)** ullstein bildullstein bild – Haeckel Archiv; **119 Auf. 5 (2)** Fotolia/Robert Kneschke; **119 Auf. 5 (3)** Shutterstock/tlorna; **120 ob.** Shutterstock/Feng Yu (Papier); **120 ob.** Shutterstock/Fajne obrazki (Papier); **122** Shutterstock/Lukiyanova Natalia (Kleks); **124** Shutterstock (Browser); **124 Auf. 2** Fotolia/jerome berquez; **125 Auf. 3 (1)** Shutterstock/mharzl; **125 Auf. 3 (2)** Fotolia/DOC RABE Media; **125 Auf. 3 (3)** Fotolia/goodluz; **126 Auf. 7** Shutterstock/lolo00; **128 Auf. 12** Shutterstock/racorn; **131 Auf. 5 (1)** Shutterstock/bikeriderlondon; **131 Auf. 5 (2)** Fotolia/mma23; **131 Auf. 5 (3)** Fotolia/Rido; **131 Auf. 5 (4)** Shutterstock/Mikadun; **132 Auf. 7** Klein & Halm; **133** Shutterstock/Feng Yu (Papier); **133** Fotolia/diez-artwork (Zeitung); **135 ob. re .** Shutterstock/defotoberg; **139** Fotolia/diez-artwork (Zeitung); **140 Auf. 14** Fotolia/Monkey Business; **144 Auf. 8 (1)** Shutterstock/Ksander; **144 Auf. 8 (2)** Shutterstock/; **144 Auf. 8 (3)** Shutterstock/Somchai Som; **144 Auf. 8 (4)** Shutterstock/Shell114; **144 Auf. 8 (5)** Shutterstock/Vladyslav Starozhylov; **145** Shutterstock; **145 Auf. 11c** Shutterstock/Monkey Business Images; **146** Shutterstock/Axstokes (Heft); **148** Shutterstock; **148 Auf. 1 a (1)** imago/Horst Galuschka; **148 Auf. 1a (2)** action press/Michael Underwood; **149** Shutterstock/Fajne obrazki; **152 Auf. 10 li.** Shutterstock/Valentyn Volkov; **152 Auf. 10 re.** Shutterstock/Rob Stark; **153 Auf. Sprechen Teil 2 (1)** Shutterstock/Diego Cervo; **153 Auf. Sprechen Teil 2 (4)** Shutterstock/Photographee.eu; **154 Auf. 1 (1)** Fotolia/Mapics; **154 Auf. 1 (2)** Fotolia/SeanPavonePhoto; **154 Auf. 1 (3)** Fotolia/TTstudio; **154 Auf. 1 (4)** Fotolia/Scanrail; **154 Auf. 1 (5)** Fotolia/gadagj; **154 Auf. 1 (6)** Fotolia/Alexander Ozerov; **154 Auf. 1 (7)** Fotolia/dinozzaver; **154 Auf. 1 (8)** Fotolia/smuki; **155 Auf. 5** Shutterstock/Olesia Bilkei; **157 Auf. 10** Shutterstock/Ahmet Misirligul; **157 Auf. 11** Fotolia/Freesurf; **159** Shutterstock; **163 Auf. 9 (1)** Fotolia/Oleksandr Delyk; **163 Auf. 9 (2)** Fotolia/Günter Menzl; **163 Auf. 9 (3)** Fotolia/Photoman; **163 Auf. 9 3. (1)** Fotolia/PhotoSG; **163 Auf. 9 3. (2)** Fotolia/Franz Pfluegl; **165 Auf. 13 (1)** Cornelsen/Hermann Funk; **165 Auf. 13 (2)** Cornelsen/Hermann Funk; **165 Auf. 13 (3)** Cornelsen/Hermann Funk; **165 Auf. 13 (4)** Cornelsen/Hermann Funk; **170 Auf. 27** Fotolia/Uros Petrovic; **170 Auf. 28** Fotolia/Olly; **174 Auf. 4 (1)** Fotolia/kab-vision; **174 Auf. 4 (2)** Fotolia/hjschneider; **175 Auf. 8** Shutterstock/300dpi; **176 Auf. 12** Shutterstock/Sinoptik61; **177 Auf. 13** Fotolia/Africa studio; **180 Auf. 26** Fotolia/fotohansel; **188 Auf. 3** Beatrix Schnippenkoetter: Was siehst Du, wenn Du aus dem Fenster schaust. Campus Verlag Frankfurt/New York Umschlagmotiv von Antje Damm, vermittelt durch die Agentur Susanne Kopp, www.auerlesen-ausgezeichnet.de; **191 Auf. 5** Fotolia/koldunova; **192 Auf. 6** Shutterstock/Hirurg; **192 Auf. 11 un.** Fotolia/Stefan Richter; **192 Auf. 11 ob.** Fotolia/Zacarias da Mata; **195 Auf. 18 d.** Shutterstock/Iakov Filimonov; **198 Auf. 25** Fotolia/Denizo

Textquellen

S. 146 Monika Feth, Die blauen und die Grauen Tage © 1996 cbj Verlag, München, in der Verlagsgruppe Randomhouse GmbH